旅游高等职业院校精品课程系列教材

旅游策划实务

LÜYOU CEHUA SHIWU

李得发　邵长芬　郭艳芳 / 主　编
李建涛　吴海燕　李　津 / 副主编

中国旅游出版社

项目策划：张文广
项目统筹：谯　洁
责任编辑：李冉冉
责任印制：冯冬青
封面设计：中文天地

图书在版编目（CIP）数据

旅游策划实务 / 李得发，邵长芬，郭艳芳主编；李建涛，吴海燕，李津副主编. -- 北京：中国旅游出版社，2025.9. -- ISBN 978-7-5032-7640-8

Ⅰ.F590.1

中国国家版本馆CIP数据核字第2025AD3330号

书　　名：	旅游策划实务
作　　者：	李得发，邵长芬，郭艳芳主编；李建涛，吴海燕，李津副主编
出版发行：	中国旅游出版社
	（北京静安东里6号　邮编：100028）
	https://www.cttp.net.cn　E-mail：cttp@mct.gov.cn
	营销中心电话：010-57377103，010-57377106
排　　版：	北京中文天地文化艺术有限公司
印　　刷：	北京工商事务印刷有限公司
版　　次：	2025年9月第1版　2025年9月第1次印刷
开　　本：	787毫米×1092毫米 1/16
印　　张：	19.25
字　　数：	307千
定　　价：	42.00元
ISBN	978-7-5032-7640-8

版权所有　翻印必究
如发现质量问题，请直接与营销中心联系调换

旅游高等职业院校精品课程系列教材
编写指导委员会

主　任：陈　敏
副主任：郭　君　　柏文涌
委　员：肖泽平　　曾声隆　　袁昌曲　　郭艳芳　　谢　强　　何守亮
　　　　高　翔　　于才年　　刘大龙　　陈　泉　　代　银

《旅游策划实务》编委会

主　编：李得发　　邵长芬　　郭艳芳
副主编：李建涛　　吴海燕　　李　津

项目一　旅游策划基础　　/ 001
任务一　认识旅游策划　　/ 004
任务二　实施旅游策划　　/ 021
任务三　项目实训与总结　　/ 038

项目二　旅游产品策划　　/ 046
任务一　认识旅游产品策划　　/ 048
任务二　实施旅游产品策划　　/ 064
任务三　项目实训与总结　　/ 078

项目三　旅游活动策划　　/ 086
任务一　认识旅游活动策划　　/ 090
任务二　实施旅游活动策划　　/ 104
任务三　项目实训与总结　　/ 117

项目四　旅游营销策划　　/ 125
任务一　认识旅游营销策划　　/ 128
任务二　实施旅游营销策划　　/ 141
任务三　项目实训与总结　　/ 156

项目五　旅游形象策划 / 164
　任务一　认识旅游形象策划 / 166
　任务二　实施旅游形象策划 / 180
　任务三　项目实训与总结 / 199

项目六　旅游商品策划 / 206
　任务一　认识旅游商品策划 / 209
　任务二　实施旅游商品策划 / 226
　任务三　项目实训与总结 / 242

项目七　旅游项目策划 / 249
　任务一　认识旅游项目策划 / 255
　任务二　实施旅游项目策划 / 278
　任务三　项目实训与总结 / 295

项目一　旅游策划基础

◆ 项目导学

　　本项目旨在全方位培养学生在旅游策划领域的基础能力与素养。通过学习理论知识，使学生深度理解旅游策划的核心概念、分类方式、意义原则等基础理论；在实践环节，引导学生全程参与从承接旅游策划项目到评估项目实施效果的完整流程，涵盖项目计划编制、团队组建、调研开展、主题创意确定、方案制订论证与执行等关键步骤。在整个项目过程中，学生将理论与实践紧密结合，不仅能掌握扎实的旅游策划知识，更能提升实际操作技能，为日后投身旅游策划行业积累丰富的经验，助力其在旅游策划领域实现长远发展。

◆ 项目导图

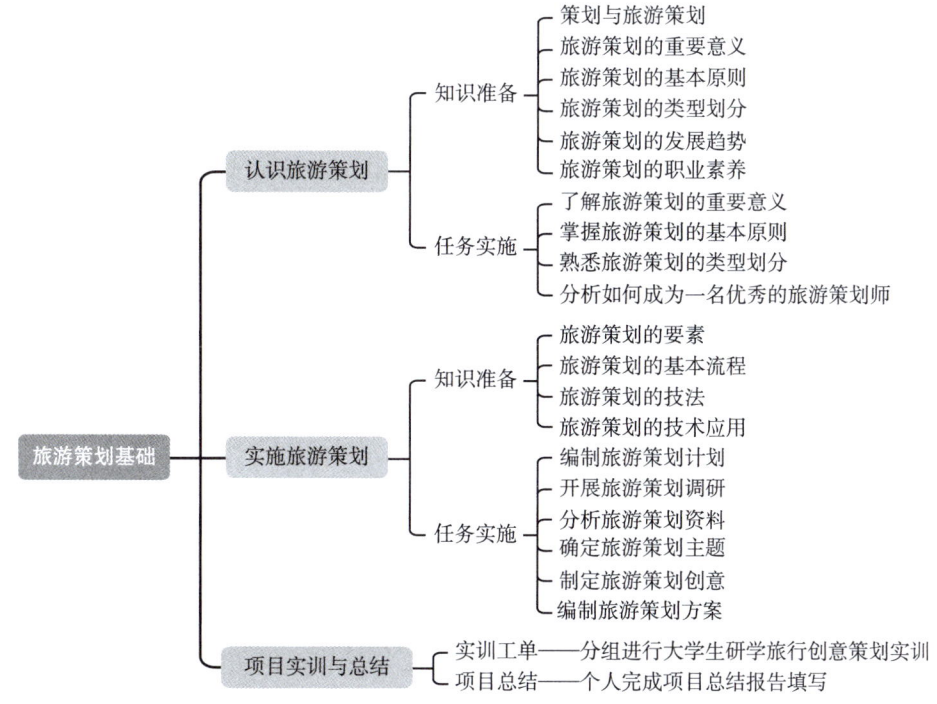

图1-1　本项目导图

◆ 项目成果

1. 旅游创意策划方案
2. 旅游创意策划路演视频

◆ 项目引学

文旅项目：没有创意就没有生意，没有震撼就只有遗憾！

近年来，中国文旅项目发展遭遇诸多挑战，尤其是古镇类文旅项目，在经历短暂繁荣后，纷纷陷入经营困境。成都龙潭水乡古镇、北京古北水镇、长沙铜官窑古镇等项目，虽投入巨大资金，却未能实现预期的经营效益，这一现象值得深入探究与反思。

以古北水镇为例，该项目在开发之初，有着看似合理的规划逻辑。其瞄准北京 2000 万人口的庞大市场，且北京缺乏特色古镇的市场空白；尝试将江南水乡的特色复制到缺水的北方，期望以此吸引游客；同时依托中青旅强大的导流能力，以及乌镇操盘手的丰富经验，力求复刻乌镇的辉煌。这种开发思路与国内众多景区类似，聚焦于交通便利性、项目水景资源以及大型旅行社合作等方面。然而，全国高达 95% 的景区处于不盈利状态，古北水镇也未能摆脱困境，游客量出现持续负增长。

深入剖析古北水镇失败的原因，核心在于其缺乏旅游项目成功的关键要素——震撼性创意。项目虽拥有仿古的建筑群，却定价过高，住宿价格动辄 1500 元；缺乏原住居民，导致失去了游客所向往的真实生活场景；经营模式上，自身全经营且门面使用率仅约 1/2，运营成本高昂；小吃等产品毫无特色与品牌。这些问题致使古北水镇成为一个仅有建筑形式，却无原生生活气息与灵魂的仿古项目。开业初期，凭借宣传和品牌效应，吸引了大量游客，但由于缺乏持续的创意与体验，难以吸引游客多次到访，最终客流量不断下滑。

长沙铜官窑古镇同样面临相似的困境。新华联集团斥资 100 亿元，按照国家 5A 级旅游景区标准打造该项目，其占地面积 200 万平方米，建筑面积约 100 万平方米，是"一带一路"的样板工程。景区内建筑仿照汉唐风格，业态丰富，吃喝玩乐一应俱全。开业首日接待3万多名游客，开局看似良好，但随后游客量急剧下降。

铜官窑古镇在开发过程中，同样存在思维误区。尽管项目交通便利，且新华联集团通过收购湖南海外旅游股权，与多家旅行社及在线旅游平台合作，试图保障客流，但仍未能改变失败的命运。项目投资巨大，为还原历史文化场景，从各地收购古宅并复迁，成本高昂。同时，其"古镇+主题乐园"的创新模式虽在全国首创，却也大幅增加了项目打造和运营的成本。然而，这些都不是项目失败的根本原因，其本质还是陷入了房地产思维，过度依赖地段和龙头商家，忽视了"创意"这一文旅项目的核心要素。

与之形成鲜明对比的是大理的古城、古镇。在大理的游客构成中，旅行社带来的客流仅占17%，占比极小。大理能够取得成功，关键在于其丰富的创意。从"五朵金花""天龙八部"等经典文化元素，到"蝴蝶泉边好梳妆"的浪漫意境，再到"风花雪月，自在大理"这句极具感染力的宣传语，创意无处不在。在交通等基础设施尚不发达的20世纪八九十年代，大理就已凭借创意吸引了大量游客，远超全国其他古城古镇。这充分证明，在文旅项目中，创意才是吸引客流的核心因素，而非地段和旅行社等传统要素。

综上所述，当前中国文旅项目的发展困境，根源在于投资者和决策者对旅游行业关键要素的认知不足。将房地产思维套用到文旅项目开发中，过度关注地段、交通、景观和龙头商家，而忽视了震撼性创意的重要性。要实现文旅项目的成功，必须转变思维，以创意为核心，打造具有独特魅力和深度体验的文旅产品，才能在激烈的市场竞争中脱颖而出。

（资料来源：作者根据网络资料整理. 文旅项目：没有创意就没有生意，没有震撼就只有遗憾[EB/OL]. https://travel.sohu.com/a/648640017_121124414，2023-03-03/2025-05-06）

【讨论与思考】

1. 古镇文旅项目如何通过挖掘和展示原生文化来吸引游客？
2. 如何评估古镇文旅项目的创意和震撼程度？

任务一　认识旅游策划

◇ **课前准备**

假设你要为即将大学毕业的自己策划一场说走就走的"研学主题毕业旅行"，以此纪念即将结束的大学生涯。请本着"我的旅行，我做主"的原则，以小组为单位，围绕"我的大学毕业研学之旅"这一主题开展头脑风暴，并于表1-1中对各项设计要素进行详尽阐释，着重体现创新思维与独特视角。

表1-1　头脑风暴记录

分类	问题	答案
旅行目标	1.这次毕业研学旅行最主要想达成的目标是什么，是增长专业知识、拓宽视野，还是增进同学情谊、留下难忘回忆？	
	2.希望通过这次旅行在个人成长方面获得哪些收获，例如，提升独立解决问题能力、培养新的兴趣爱好等？	
目的地选择	1.基于大学所学专业或个人兴趣，哪些地方适合作为毕业研学旅行目的地，是专业领域相关的产业聚集地、著名的学术研究中心，还是文化底蕴深厚且能带来别样体验的小众地点？	
	2.目的地的哪些特色能与毕业研学主题紧密结合，例如，当地独特的历史文化与专业知识的关联，或者自然景观可开展的研究探索方向？	
研学内容设计	1.在旅行目的地可以安排哪些具体的研学活动，例如，参观专业实验室、参与当地文化传承人的工作坊、进行实地调研考察等？	
	2.如何将大学所学知识运用到这些研学活动中，实现知识的实践与深化？同时，怎样从活动中获取新的知识和见解？	
行程规划	1.整个毕业研学旅行计划安排多少天？每天的行程如何分配，以确保既充实又不会过于紧凑？	
	2.设计一条合理的旅行线路，涵盖重要的研学地点和休闲放松区域，考虑交通便利性和时间成本。	
预算安排	1.预估这次毕业研学旅行的总预算大概是多少？各项费用，如交通、住宿、餐饮、活动参与费用等，分别占比多少？	
	2.有哪些节省成本的方法，同时又不影响旅行的质量和研学效果，例如，选择合适的住宿类型、利用学生优惠政策等？	

任务描述

你是一名旅游管理专业新生,对旅游策划满怀好奇与向往。目前你对策划仅有初步印象,不清楚从普通策划到旅游策划的独特之处,也不了解旅游策划在行业中的意义、遵循的原则、常见的类型,以及未来发展方向和从业者应具备的素养。为在旅游策划领域深入探索,你亟须系统学习相关知识,构建起全面的认知体系。

任务分析

旅游策划知识体系丰富且有序。明晰策划的通用概念是基石,能帮助理解旅游策划的本质。旅游策划作为特殊领域的策划,有着自身独特的内涵与特征。知晓其意义,能把握在旅游产业发展中的关键作用。原则为旅游策划提供方向指引,不同类型的旅游策划则对应不同的场景与需求。发展趋势展现行业动态,为学习和实践指明方向。职业素养则是成为优秀旅游策划人的必备条件。

对于你而言,要认识旅游策划,首先需要从策划的基础概念入手,对比理解旅游策划的定义。其次,探究其意义与原则,明确价值与方向。再次,梳理旅游策划的类型,熟悉不同场景应用。然后,关注发展趋势,与时俱进。最后,了解职业素养要求,为未来职业发展做好准备。

一、任务目标

(1)知识目标:理解旅游策划的概念、类型、原则及发展趋势,掌握旅游策划与旅游产品、活动、营销等的关联。

(2)能力目标:能运用旅游策划的基本理论分析实际案例,区分不同类型策划的应用场景。

(3)素养目标:培养系统化思维与创新意识,树立旅游资源保护与可持续发展理念。

二、任务重点

旅游策划的核心原则(市场导向、创新性、可行性等)和类型划分(规模、层次、时间、内容)。

三、任务难点

结合实际案例理解旅游策划的系统性与动态性，如宏观策划与微观策划的差异及应用。

◇ **知识准备**

一、策划与旅游策划

（一）策划

策划是一种具有前瞻性、创造性与系统性的思维活动及实践行为。它是在对特定目标、环境及资源等进行深入分析与研究的基础上，运用创新思维与专业知识，制订出达成目标的一系列策略、方案及行动步骤。策划涵盖了从目标设定、信息收集、创意构思、方案制订到执行评估等多个环节。

例如，在商业领域，企业为推出新产品，会策划一系列营销活动。首先明确产品定位与销售目标，接着收集市场数据、分析竞争对手，构思新颖的营销创意，如举办新品发布会、开展线上线下促销活动等，制订详细的执行方案，包括时间安排、人员分工、预算分配等，在活动执行过程中进行监控与调整，最后对活动效果进行评估总结，以确定是否达到预期目标。策划的核心在于通过精心规划与设计，整合各类资源，优化行动路径，高效地实现预期目标，在各个领域都发挥着至关重要的作用，帮助组织或个人在复杂多变的环境中把握机会，应对挑战。

（二）旅游策划

旅游策划是基于对旅游市场的深入调研与分析，整合各类旅游资源，运用创新思维与专业知识，为实现旅游项目的特定目标而制定的一系列策略与方案。它包括对旅游项目的主题定位、产品设计、线路规划、宣传推广、活动策划以及运营管理等多个方面的统筹安排。

旅游策划是策划理念在旅游领域的具体应用，是针对旅游产业发展与旅游项目开发而进行的专项策划活动，它围绕旅游资源的开发利用、旅游产品的设计推广以及旅游市场的拓展等核心内容展开。旅游策划师需要深入了解旅游市场的动态与趋势，精准把握消费者的需求与偏好，同时充分挖掘旅游目的地的各类资源，包括自然景观、历史文化、民俗风情等。在此基础上，运用创新的思维方式和专业的策划方法，对旅游项目进行全方位的规划与设计。这包括为旅游目的地确定独特的主题定位，设计富有吸引力的旅游产品与线路，制定有效的宣传推广策略以及策划丰富多彩的旅游活动等。

比如，针对一个历史文化古镇，旅游策划师可能会将古镇的历史故事、传统建筑、民俗文化等资源进行整合，设计出以"穿越历史，体验古镇风情"为主题的旅游项目，规划出包含古镇游览、传统手工艺制作体验、民俗表演观赏等内容的旅游线路，并制订相应的宣传推广策略，吸引游客前来体验。再如，为一个海滨旅游胜地策划旅游项目时，策划师可能会将其主题定位为"浪漫海滨休闲度假"，设计包含海景酒店住宿、海上娱乐项目体验、海滨美食节参与等内容的旅游产品，通过线上线下结合的宣传推广方式吸引游客，同时举办沙滩音乐节等特色活动，提升旅游地的吸引力与知名度。旅游策划旨在通过科学合理的规划，将旅游资源转化为具有市场竞争力的旅游产品与服务，满足游客多样化的需求，推动旅游产业的可持续发展。

二、旅游策划的重要意义

（一）提升旅游产品竞争力

在竞争激烈的旅游市场中，通过精心策划，能够挖掘旅游资源的独特卖点，打造出与众不同的旅游产品。独特的主题、新颖的活动设计以及个性化的服务，能够吸引更多游客的关注，使旅游产品在众多竞争者中脱颖而出，从而提升其市场竞争力。例如，一些主题公园通过不断推出新颖的游乐项目和特色表演，吸引了大量游客，成为热门旅游目的地。

（二）优化旅游资源配置

旅游策划能够对各类旅游资源进行合理整合与优化配置。通过科学分析资源的优势与劣势，将不同类型的资源进行有效组合，避免资源的浪费和重复开发。比如，将自然景观与周边的文化景点相结合，设计出综合性的旅游线路，既能充分利用各类资源，又能为游客提供更加丰富多样的旅游体验。

(三）满足游客多样化需求

随着人们生活水平的提高，游客对旅游的需求越来越多样化。旅游策划能够深入了解游客的需求和偏好，根据不同的目标客户群体，设计出满足其需求的旅游产品和服务。无论是追求刺激的探险旅游，还是注重文化体验的深度游，抑或适合亲子家庭的休闲游，都能通过旅游策划得以实现，从而提升游客的满意度。

(四）促进旅游产业可持续发展

合理的旅游策划注重对旅游资源的保护与可持续利用。在策划过程中，充分考虑环境保护、文化传承等因素，制订出既能促进旅游发展，又能保护生态环境和文化遗产的方案。例如，在开发生态旅游项目时，通过合理规划游客流量、设置环保设施等措施，实现旅游与环境的和谐共生，推动旅游产业的可持续发展。

(五）推动旅游目的地经济发展

成功的旅游策划能够吸引更多游客前往旅游目的地，带动当地的餐饮、住宿、交通、购物等相关产业的发展，增加就业机会，促进经济增长。旅游项目的开发和运营还能吸引投资，改善当地的基础设施建设，进一步提升旅游目的地的经济发展水平。例如，一些原本经济落后的地区，通过精心策划旅游项目，发展旅游业，实现了经济的快速发展。

三、旅游策划的基本原则

(一）市场导向原则

旅游策划必须紧密围绕市场需求。通过深入的市场调研，了解不同游客群体的喜好、消费能力、出行习惯等。只有精准把握市场动态，策划出的旅游产品与活动才能吸引目标客户。例如，随着老龄化社会的到来，针对老年游客注重休闲、养生的特点，策划以康养度假为主题的旅游产品，安排温泉疗养、中医理疗体验等项目，满足市场特定需求。

(二）创新性原则

在竞争激烈的旅游市场中，创新是脱颖而出的关键。这包括主题创新、产品创新、服务创新等。可以从文化、科技、艺术等多领域汲取灵感，打造独特的旅游体验。例如，利用光影技术，在历史古迹中策划沉浸式夜游项目，让古老文化以全新形式展现，给游客带来前所未有的感受。

（三）可行性原则

策划方案需在现实条件下能够实施。要综合考虑资源、资金、技术、政策等多方面因素。例如，策划一个大型户外探险旅游项目，应确保当地有合适的地理环境，具备完善的安全保障技术与设备，且符合当地的生态保护政策及相关法律法规，同时项目成本在预算范围内，保证项目可落地执行。

（四）特色性原则

挖掘旅游目的地的独特资源，突出特色。无论是自然风光、历史文化还是民俗风情，都可以作为特色元素融入策划中。像贵州的千户苗寨，以独特的苗族建筑、民俗文化为核心，策划苗寨生活体验游，游客能参与苗族传统节日庆典、学习苗族手工艺制作，感受原汁原味的民族特色。

（五）可持续发展原则

旅游策划要兼顾经济、社会与环境效益。在开发旅游资源时，注重生态环境保护，传承和弘扬当地文化，促进社区参与。例如，在生态旅游策划中，严格控制游客数量，采用环保交通工具，开发的旅游活动有助于当地文化传承与社区经济发展，实现旅游的长期可持续发展。

四、旅游策划的类型划分

（一）按旅游策划的规模分类

（1）宏观旅游策划：通常涉及一个国家、地区或大型旅游目的地的整体规划。例如，海南省的全域旅游策划，涵盖了全省各个市县的旅游资源整合与布局。从打造国际旅游消费中心的定位出发，统筹规划了海滨度假、热带雨林探秘、民俗文化体验等多种旅游产品体系。在基础设施建设方面，统一规划交通网络，加强机场、港口与各景区的连接；在旅游品牌塑造上，以"阳光海南，度假天堂"为主题进行整体宣传推广，提升海南在国内外旅游市场的知名度和影响力。这种规模的策划对区域旅游产业的长期发展具有战略性指导意义，影响范围广泛且深远。

（2）中观旅游策划：针对特定区域内的旅游项目或景区集群展开。例如，云南大理洱海周边的旅游策划。围绕洱海这一核心资源，整合周边的古镇（如双廊古镇、喜洲古镇）、苍山自然景观以及白族文化等元素。策划内容包括打造环洱海生态旅游廊道，将沿线的景点串联起来，提供骑行、观光巴士等多种游览方式；举办以"白族文化"为主题的系列活动，如三月街民族节、白族传统手工艺展览等，吸引游客深度体验当地文化；同时，对洱海周边的住宿、餐饮等配套服务进行规范与提升，形成一个功能较为完善的旅游区域，促进区域内旅游产业的协同发展。

（3）微观旅游策划：聚焦于单个旅游景区、景点或旅游企业的具体项目。以主题公园内新游乐项目的策划为例，从项目的主题设定、设施设计、运营管理到营销推广都进行细致规划。例如，迪士尼乐园推出新的漫威主题游乐项目，在主题设定方面，紧密围绕漫威超级英雄的故事背景，打造沉浸式的场景体验；在设施设计方面，运用先进的科技手段，让游客在游玩过程中仿佛置身于漫威电影世界；在运营管理方面，制订合理的排队等候策略、安全保障措施；在营销推广方面，则通过线上线下结合，利用社交媒体、影视宣传等渠道，吸引漫威粉丝和广大游客前来体验，提升该主题公园的吸引力和竞争力。

（二）按旅游策划的层次分类

（1）战略层旅游策划：主要确定旅游目的地或企业的长期发展方向和总体战略目标。例如，某旅游城市为实现从传统观光旅游向休闲度假旅游转型的战略目标，在策划中明确提出加大对高端度假酒店、康养旅游项目的引进与建设力度；加强旅游品牌建设，塑造"慢生活休闲之都"的城市形象；培养专业的旅游服务人才，提升整体服务质量。通过一系列战略举措，推动城市旅游产业的升级，提升在旅游市场中的竞争力，实现可持续发展。

（2）战术层旅游策划：基于战略目标，制订具体的行动方案和实施策略。以一家旅行社为例，在战略上确定了拓展亲子旅游市场的目标后，战术层策划包括设计一系列亲子旅游产品，如"迪士尼欢乐亲子游""海洋公园科普亲子行"等线路；与景区、酒店、交通等供应商协商合作，争取优惠政策和优质服务；制订针对性的营销战术，如在亲子类社交媒体平台投放广告、举办亲子旅游讲座、开展亲子旅游优惠活动等，吸引目标客户群体，实现市场拓展的战略目标。

（3）操作层旅游策划：关注具体旅游项目或活动的日常运营与执行细节。例如，一个景区举办大型音乐节活动的操作层策划，涉及活动场地的布置，包括舞台搭建、观众区域划分、安全通道设置；活动流程的安排，从开场表演、乐队演出顺序到互动环节的时间把控；人员调配，包括安保人员、工作人员、志愿者的分工；物资筹备，如音响设备、餐饮供应、应急医疗物资等的准备。通过精心的操作层策划，确保音乐节活动顺利进行，为游客提供良好的体验。

（三）按旅游策划的时间分类

（1）长期旅游策划：时间跨度一般在5年以上，着眼于旅游目的地或企业的长远发展。例如，某新兴旅游城市制订了10年的旅游发展规划，规划中明确了在未来10年内逐步完善旅游基础设施，建设多个大型主题公园、文化创意园区；加强旅游人才培养体系建设，建立旅游专业院校；打造具有国际影响力的旅游品牌，吸引国际游客。通过长期的规划与实施，推动城市旅游产业从起步到成熟，实现质的飞跃。

（2）中期旅游策划：时间跨度通常为1～5年，是对长期规划的阶段性细化和落实。以一个旅游景区为例，在长期规划中确定了打造综合性旅游度假区的目标，中期策划则具体规划在未来3年内建设一批度假酒店、休闲娱乐设施，如温泉浴场、高尔夫练习场；完善景区内部的交通网络，建设观光缆车、电瓶车线路；开展景区品牌宣传活动，提升景区在区域内的知名度，为实现长期目标奠定基础。

（3）短期旅游策划：时间一般在1年以内，针对当前市场需求和旅游热点进行策划。例如，某景区在当年暑期推出"清凉一夏"主题旅游活动策划，包括打造水上娱乐项目，如漂流、水上乐园；举办夜间灯光秀活动，延长景区营业时间；推出针对学生群体的优惠门票政策；通过线上线下宣传，吸引周边城市游客在暑期前来游玩，提升景区在短期内的客流量和经济效益。

（四）按旅游策划的内容分类

（1）旅游战略策划：立足旅游目的地或企业的长远发展，对整体发展方向、目标及核心竞争力进行规划。例如，某旅游城市为在竞争激烈的旅游市场中脱颖而出，制订差异化发展战略。经深入调研，发现自身拥有丰富且独特的工业遗迹资源，于是确立了以"工业文明探秘旅游"为核心的战略方向。策划内容包括整合市内废弃工厂、矿山等资源，打造工业旅游景区集群；引入专业团队开发工业主题旅游产品，如工业遗址沉浸式体验项目、工业科普教育课程；制订人才培养战略，培育工业旅游专业讲解、运营人才，提升服务水平。通过该战略策划，为城市旅游发展开辟新路径，实现可持续增长。

（2）旅游品牌策划：重点在于塑造和传播旅游目的地或企业的品牌形象。以"好客山东"旅游品牌策划为例，通过挖掘山东的历史文化、民俗风情、自然风光等特色资源，提炼出"好客"这一核心品牌理念。在品牌传播方面，制作精美的宣传广告，在央视等主流媒体投放；举办各类文化旅游活动，如孔子文化节、青岛啤酒节等，以活动为载体传播品牌形象；规范旅游服务标准，提升游客在山东旅游的体验，通过口碑传播进一步强化"好客山东"的品牌形象，提升山东旅游在国内外的知名度和美誉度。

（3）旅游项目策划：针对具体旅游项目从构思到落地运营进行全方位规划。例如，某景区计划打造一个大型户外探险主题项目。在前期构思阶段，结合景区地形地貌与市场需求，确定项目包含高空滑索、丛林穿越、洞穴探险等子项目；设计阶段，邀请专业团队规划线路，确保安全性与趣味性兼顾，如合理设置滑索长度、高度与坡度，在丛林穿越项目中配备专业防护设施；运营策划方面，制订员工培训计划，提升服务人员专业技能，同时设计会员制度、优惠套餐等营销方案，吸引游客多次参与，保障项目长期稳定运营。

（4）旅游产品策划：专注于旅游产品的设计与开发。例如，在线路设计上，设计"丝绸之路文化体验游"线路，将西安、敦煌、吐鲁番等沿线城市的历史文化景点串联起来，让游客感受丝绸之路的魅力；在项目设计方面，开发以民俗文化为主题的旅游项目，如游客可参与蒙古族的那达慕大会，体验骑马、射箭、摔跤等传统竞技活动，品尝蒙古族美食，深入了解蒙古族文化。通过创新的旅游产品策划，满足不同游客的需求，提升旅游产品的吸引力和竞争力。

（5）旅游形象策划：精心打造旅游目的地或企业独特且鲜明的形象，以增强吸引力与辨识度。以重庆旅游形象策划为例，充分挖掘其"山城""江城"地貌特征，以及独特的巴渝文化、热辣美食文化。将"8D魔幻山城，热辣巴渝风情"作为核心形象定位，通过影视宣传，如《火锅英雄》等电影展现重庆独特城市风貌；利用社交媒体平台，传播洪崖洞、李子坝轻轨穿楼等网红打卡点，塑造充满活力、热情且富有奇幻色彩的旅游形象，吸引大量国内外游客前来探索。

（6）旅游活动策划：致力于策划各类旅游活动，提升游客体验。例如，某古镇策划了"古镇民俗文化节"活动，活动内容包括传统民俗表演，如舞龙舞狮、戏曲表演；民俗手工艺展示与体验，如剪纸、陶艺制作；特色美食展销，让游客品尝当地传统美食。通过举办丰富多彩的旅游活动，吸引更多游客前来古镇，增加古镇的人气和知名度，同时也传承和弘扬了当地的民俗文化。

（7）旅游商品策划：围绕旅游目的地特色，设计、开发、营销具有纪念意义与实用价值的商品。例如，杭州以西湖文化为核心进行旅游商品策划，推出西湖龙井衍生产品，像龙井香薰、龙井面膜等，将茶叶的文化价值与美容、养生等实用功能结合；开发以"西湖十景"为图案的文创产品，如精美书签、拼图、丝巾等，满足游客对西湖文化纪念品与收藏品的需求；在销售渠道上，除传统景区商店，还拓展至线上电商平台、城市特色集市，提升旅游商品销售额，传播杭州旅游文化。

（8）旅游营销策划：主要围绕旅游产品的推广与销售。以某海滨度假酒店为例，营销策划包括制定线上营销策略，利用社交媒体平台进行宣传推广，发布酒店的美景图片、特色服务视频，吸引潜在客户关注；举办线下推广活动，参加旅游展会，设置特色展位，展示酒店的优势；开展促销活动，如推出"亲子度假套餐""情侣浪漫之旅套餐"等，通过价格优惠吸引客户预订；与旅行社、在线旅游平台合作，扩大销售渠道，提升酒店的入住率和市场份额。

五、旅游策划的发展趋势

（一）数字化与智能化融合

随着大数据、人工智能、物联网等技术的迅猛发展，旅游策划将深度融入数字化与智能化元素。利用大数据分析游客的行为轨迹、消费偏好、兴趣点等信息，能够实现旅游产品的精准定制。例如，在线旅游平台根据用户过往的浏览和预订记录，为其推送个性化的旅游线路与酒店推荐。人工智能可应用于旅游客服，通过智能聊天机器人随时解答游客疑问，提供即时服务。物联网技术则能提升旅游体验，如景区内的智能导览设备，可基于游客位置实时推送周边景点介绍、语音讲解等内容，让游客获得更便捷、高效且个性化的旅游体验。

（二）可持续发展理念深化

如今，人们对生态环境保护和社会文化可持续性的关注度日益提高，这促使旅游策划更加注重可持续发展。在旅游项目开发中，会优先考虑采用环保材料与节能技术，减少对环境的负面影响。例如，一些生态旅游景区建设生态步道，避免对自然地貌的破坏；推广清洁能源在旅游设施中的使用，像太阳能路灯、电动汽车充电桩等。同时，注重对当地文化的保护与传承，将文化元素融入旅游产品，让游客在体验中增进对当地文化的了解与尊重，实现经济、环境与社会文化的协调发展。

（三）跨界融合创新

旅游与其他行业的跨界融合趋势越发明显，旅游策划将不断挖掘新的融合点，创造新颖的旅游产品与体验。与科技行业融合，打造科技主题旅游，如参观智能工厂、体验虚拟现实科技园区等；与健康产业融合，推出康养旅游产品，包含温泉疗养、中医养生旅游线路等；与农业融合，发展乡村休闲旅游，像农事体验、采摘节庆等活动。通过跨界融合，拓展旅游产业边界，满足游客多样化、个性化的需求，提升旅游产品的吸引力与竞争力。

（四）沉浸式体验主导

游客不再满足于传统的观光旅游，对沉浸式体验的需求日益增长。旅游策划将致力于打造全方位、多层次的沉浸式旅游场景，借助虚拟现实、增强现实、全息投影等技术，以及情境化的空间营造、剧情式的体验设计，让游客深度融入旅游情境之中。例如，以历史文化为背景打造的沉浸式实景演艺，游客不仅是观众，更能参与剧情互动中；沉浸式主题民宿，通过房间布置、活动安排等，让游客仿佛穿越到特定的时代或场景，获得独特难忘的旅游体验。

（五）小众与定制化崛起

随着旅游市场的不断细分，小众旅游目的地和定制化旅游服务逐渐成为趋势。旅游策划将更加关注小众特色旅游资源的挖掘与开发，如一些鲜为人知但极具特色的古村落、小众海滨岛屿等。同时，针对不同游客群体的特殊需求，提供定制化的旅游策划服务。无论是家庭亲子游、情侣浪漫游，还是摄影爱好者、户外运动爱好者等特定兴趣群体，都能获得量身定制的旅游方案，满足其个性化的旅游追求。

六、旅游策划的职业素养

（一）扎实的专业知识储备

（1）旅游行业知识：对旅游行业的各个环节，包括旅游目的地资源、旅游交通、旅游住宿、旅游餐饮、旅游娱乐、旅游购物等有全面且深入的了解。熟悉不同类型旅游景区（如自然景区、人文景区、主题公园等）的特点与运营模式，掌握旅游市场的发展动态、趋势以及相关政策法规，能够准确判断旅游市场需求和潜在机会。

（2）地理与文化知识：具备丰富的地理知识，了解全球各地的自然地理特征，包括地形地貌、气候条件、生态环境等，以便合理规划旅游线路和开发特色旅游产品。同时，对历史文化、民俗文化、宗教文化等有广泛涉猎，能够深入挖掘文化内涵，并将其巧妙融入旅游策划中，为旅游项目赋予独特的文化魅力。例如，在策划一个古镇旅游项目时，要熟知古镇的历史变迁、传统建筑风格、民俗节庆活动等，从而设计出富有文化底蕴的旅游体验。

（3）市场营销知识：掌握市场营销的基本理论和方法，了解市场调研、市场细分、目标市场选择、市场定位、产品策略、价格策略、渠道策略和促销策略等方面的知识。能够运用这些知识制订有效的旅游营销推广方案，提升旅游项目的知名度和市场竞争力。例如，通过市场调研分析目标客户群体的需求和偏好，制订具有针对性的线上线下促销活动，吸引游客关注和参与。

（二）多元的能力技能

（1）创意创新能力：旅游策划需要不断推陈出新，以吸引游客的目光。具备敏锐的洞察力，能够从平凡的事物中发现独特的旅游元素，并通过创新性的思维将其转化为新颖的旅游产品或活动。例如，将废弃的工厂改造为工业文化创意旅游园区，或是设计出结合科技与艺术的沉浸式夜游项目。创意创新能力还体现在能够突破传统旅游模式的束缚，为游客带来前所未有的旅游体验。

（2）沟通协作能力：旅游策划涉及多个利益相关方，包括旅游企业、景区管理部门、当地居民、游客等。良好的沟通能力是与各方进行有效交流的基础，要清晰准确地表达自己的想法和观点，同时倾听他人的意见和建议。在团队协作方面，能够与不同专业背景的人员（如设计师、营销人员、工程师等）密切合作，充分发挥各自的优势，共同完成旅游策划项目。例如，在景区规划设计过程中，与设计师沟通旅游项目的功能需求和创意理念，与工程师探讨项目的可行性和技术实现方案。

（3）数据分析与决策能力：在大数据时代，能够收集、整理和分析各类旅游相关数据，如游客行为数据、市场调研数据、财务数据等，通过数据分析洞察市场趋势和游客需求，为旅游策划决策提供科学依据。同时，具备在复杂情况下做出明智决策的能力，能够权衡利弊，综合考虑各种因素，选择最优的策划方案。例如，根据分析数据，发现某一细分市场对亲子研学旅游产品的需求增长迅速，从而及时调整旅游策划方向，开发相关产品。

（4）项目管理能力：旅游策划项目从启动到实施，再到后期评估，都需要进行有效的项目管理。制订详细的项目计划，合理安排时间、资源和人员，确保项目按进度顺利推进。具备风险管理意识，能够识别项目实施过程中可能出现的风险，并制订相应的应对措施。在项目执行过程中，能够及时解决出现的问题，协调各方关系，保证项目的质量和效果。例如，在策划一个大型旅游节庆活动时，合理安排活动筹备的各个阶段，确保活动现场的安全、有序进行。

（三）良好的职业精神

（1）责任心与敬业精神：对旅游策划工作充满热情，认真对待每一个项目，将客户的需求和利益放在首位。具备高度的责任心，对策划方案的质量和实施效果负责到底。无论是前期的调研分析，还是后期的项目跟进，都能全身心投入，敬业奉献，努力为客户打造出优质的旅游策划方案。

（2）诚信与道德素养：在旅游策划过程中，秉持诚信原则，不夸大宣传旅游项目的优势，不隐瞒可能存在的问题。遵守职业道德规范，保守客户的商业秘密，不抄袭他人的策划成果。以诚信和良好的道德素养赢得客户的信任和行业的认可。

（3）学习与适应能力：旅游行业发展迅速，新的理念、技术和市场需求不断涌现。具备强烈的学习意愿和学习能力，能够持续关注行业动态，学习新知识、新技能,不断提升自己的专业素养。同时,能够快速适应旅游行业的变化,灵活调整旅游策划思路和方法,以应对各种挑战。例如,随着虚拟现实、人工智能等技术在旅游领域的应用,及时学习并将这些技术融入旅游策划项目中。

◇任务实施

一、了解旅游策划的重要意义

旅游策划从多个主体维度看都意义重大,请从旅游目的地、旅游企业、游客、当地社区这几个主体出发,阐述旅游策划在促进经济发展、提升体验、文化传承等方面的重要作用。请将结果填入表1-2。

表1-2 旅游策划的重要意义

主体	重要意义
旅游目的地	
旅游企业	
游客	
当地社区	

二、掌握旅游策划的基本原则

从市场导向原则、创新性原则、可行性原则、特色性原则、可持续发展原则五个维度,举例说明各原则在实践中如何发挥作用、体现内涵。请将结果填入表1-3。

表1-3 旅游策划基本原则的内涵阐释

基本原则	内涵	举例
市场导向原则		
创新性原则		
可行性原则		
特色性原则		
可持续发展原则		

三、熟悉旅游策划的类型划分

依据不同的标准可以将旅游策划分为不同的类型,请从规模、层次、时间、内容四个方面分析旅游策划的主要类型,并在表 1-4 中举例说明每种类型的主要特征。

表 1-4　旅游策划的分类

划分依据	类型	特征与实例
规模		
层次		
时间		
内容		

四、分析如何成为一名优秀的旅游策划师

小组分工协作,收集整理招聘网站上有关旅游策划工作岗位的招聘信息,分析旅游策划师的岗位职责与能力要求,并讨论如何成为一名优秀的旅游策划师。请将分析过程与结果填入表 1-5 中。

表 1-5　旅游策划师的岗位职责与能力要求

招聘企业名称	岗位职责	能力要求	讨论结果

◇ **任务小结**

请将学生自评结果填入表 1-6 中。

表 1-6　学生自评

学生姓名	
学习内容概述	
收获与经验	
存在的问题	
改进措施	
学生自评（0~100分）	

说明：学生自评得分计入表 1-7。

任务评价

以个人为单位进行评价，具体评价指标见表 1-7。

表 1-7　任务评价

评价维度	评价指标	评价标准	学生互评	教师评价	学生自评
职业技能（60分）	完成情况（20分）	是否按时完成了任务的所有要求			
	分析深度（20分）	对内容的分析是否深入			
	创新创意（10分）	是否提出了有创意的内容或解决方案			
	解决问题（10分）	是否解决了实际问题且具有可行性和操作性			
职业素养（40分）	学习态度（10分）	主动参与讨论研究，展示学习兴趣和理解			
	时间管理（10分）	按时完成工作，没有拖延和临时赶工			
	团队协作（10分）	有效沟通协作，积极参与任务分配与执行			
	总结反思（10分）	自我总结不足和优缺点，并提出改进建议			
总计					
总分					

说明：学生自评20%，学生互评30%，教师评价50%。总分90分及以上为优秀；80~89分为良好；70~79分为中等；60~69分为及格；60分以下为不及格。

◇ **拓展任务**

一、案例分享：重庆鹅岭二厂文创园创意策划

（一）历史背景与转型历程

鹅岭二厂原为1937年建立的"中华民国"中央银行印钞厂，后更名为重庆印制二厂，是重庆彩印中心和西南印刷工业的重要组成部分。随着城市化进程的加快，该厂在2012年整体搬迁，原址闲置，直到2014年才开始改造为文创园区。这一转型过程体现了重庆市政府对工业遗产保护与再利用的重视，旨在通过文化创意产业激活老工业区的经济与文化价值。

（二）设计理念与改造策略

鹅岭二厂文创园的改造遵循"Do Not Over Design"（不要过度设计）的原则，强调保留老建筑的历史风貌，同时通过现代设计赋予其新的功能与活力。设计团队由英国著名建筑师维尔·奥尔索普（Wilfredo Althorp）主导，采用"寄生建筑"和"在地化"设计策略，保留了老厂房的结构与历史痕迹，同时在外部添加标志性构筑物，以增强园区的文化氛围。此外，园区内设有三条以"印刷"为主题的主要街巷——"Test Design""Test Joy""Test Spirit"，以及两个广场和近十栋工业建筑，形成了六大商业功能区，包括文化区、艺术区、设计区、娱乐区、市集区及精品酒店区。

（三）空间布局与功能分区

鹅岭二厂文创园的空间布局充分考虑了地形与景观资源，位于渝中半岛最高处，可俯瞰长江和嘉陵江的壮丽景色。园区总面积约4.7万平方米，建筑面积达2.5万平方米，拥有丰富的山地地形和植物资源。园区内设有广场、街巷、厂房等，形成了一个多层次、多维度的文化创意空间，具体功能分区如下。

文化区：设有美术馆、展览馆等，展示艺术作品与历史记忆。

艺术区：聚集了艺术家工作室、设计室、创意市集等，为艺术创作提供平台。

设计区：引入设计师品牌、创意品牌，推动设计产业的发展。

娱乐区：设有咖啡馆、酒吧、小剧场等，为游客提供休闲娱乐场所。

市集区：定期举办创意市集，展示手工艺品、文创产品等。

精品酒店区：引入高端民宿与精品酒店，提升园区的住宿体验。

（四）文化与艺术融合

鹅岭二厂文创园不仅是一个商业空间，更是一个文化与艺术的融合体。园区内随处可见"江湖"方言标注的英文翻译，如"耙耳朵"，增强了地方文化的传播与认同。此外，园区内设有《从你的全世界路过》电影取景地——贰厂天台，以及网红路标"318此生必驾重庆站"，成为外地游客打卡的热门地点。园区还定期举办各类文化艺术活动，如电影放映会、作品交流会等，为文艺爱好者提供交流平台。

二、案例评析

重庆鹅岭二厂文创园的规划设计充分体现了对历史工业遗产的保护与再利用，通过现代设计与文化创意的融合，打造了一个集文化、艺术、休闲于一体的综合性文创园区。园区不仅保留了老厂房的历史风貌，还通过创新设计赋予其新的功能与活力，成为重庆重要的文化地标之一。

三、案例借鉴

选择当地某一旅游目的地或景区，绘制旅游创意策划思维导图。

任务二 实施旅游策划

◇ 课前准备

请每位同学自主收集并分析 2 个具有创意的旅游策划案例，重点分析案例概述、策划亮点、成功因素及启示或借鉴，将分析要点填写至表 1-8 中，并在课堂上进行分享讨论。

表 1-8　旅游创意策划案例分析

序号	案例名称	案例描述	创意亮点	成功因素	启示或借鉴

◇ **任务描述**

你身为一家知名旅游策划公司的核心策划师，承接了一个热门旅游目的地的整体策划项目。客户期望通过本次策划，充分挖掘当地旅游资源潜力，提升旅游服务品质，打造具有独特魅力的旅游体验。你需要依据旅游策划的要素，遵循既定的基本流程，运用各类技法与先进技术，对该旅游目的地进行全方位、深层次的策划，涵盖景点打造、线路规划、活动设计等多方面内容，确保最终策划成果能够满足市场需求，提升该旅游目的地的市场竞争力与吸引力。

◇ **任务分析**

作为负责该项目的策划师，你要深入理解旅游策划的要素，包括旅游资源、目标市场、旅游产品等，明确各要素在项目中的作用与相互关系。严格按照旅游策划的基本流程推进工作，从前期的调研分析，到策划方案的制订，再到后期的实施与评估，每一步都要严谨细致。熟练运用各种策划技法，如头脑风暴法激发创意、SWOT分析法明确优势与劣势。同时，借助先进的技术应用，如地理信息系统（GIS）进行资源分析与布局规划，通过大数据技术洞察市场需求与游客偏好，以此打造出高质量、创新性的旅游策划方案。

一、任务目标

（1）知识目标：掌握旅游策划的要素（资源分析、市场分析、主题定位等）、基本流程及技法（头脑风暴、思维导图等）。

（2）能力目标：能运用调研数据制订策划方案，通过资源整合与技术应用（如大数据、GIS）提升策划的可行性。

（3）素养目标：培养逻辑思维与系统规划能力，强化跨部门协作与执行力。

二、任务重点

策划流程中的调研分析（资源与市场）、主题定位、创意设计及实施计划制订。

三、任务难点

如何通过数据分析提炼核心卖点，平衡创意设计与落地可行性，如大型活动的风险预判与资源调配。

◇ **知识准备**

一、旅游策划的要素

（一）资源分析

资源分析是对旅游目的地或项目所拥有的各类资源进行全面梳理与评估。这包括自然旅游资源，如山川、河流、森林、海滨等独特的自然景观；人文旅游资源，如历史古迹、文化遗址、传统民俗、特色建筑等承载着地域文化内涵的资源；还有社会经济资源，如当地的交通设施、住宿餐饮条件、人力资源状况等。资源分析为旅游策划提供了基础素材与方向指引。明确丰富且优质的资源，有助于挖掘旅游项目的独特卖点，为后续的主题定位、产品设计等环节奠定坚实基础。例如，若某地区拥有保存完好的古老村落，在旅游策划中便可围绕古村文化打造特色旅游产品。

操作要点：实地考察资源，详细记录其位置、规模、特色等信息；评估资源的吸引力、稀缺性与可开发性；分析资源之间的关联性，以便进行整合利用，如将周边的自然景观与历史古迹串联成旅游线路。

（二）市场分析

市场分析聚焦于旅游市场的动态研究，涵盖对旅游市场规模、发展趋势、消费者需求、竞争对手情况等多方面的调研与分析。了解不同年龄段、地域、消费层次的游客对旅游产品的偏好、消费能力以及出行习惯等信息，同时剖析竞争对手的产品特点、价格策略、宣传推广手段等。通过市场分析，旅游策划能够精准定位目标客户群体，把握市场需求，制订出具有针对性和竞争力的策划方案。例如，发现亲子旅游市场需求增长迅速，便可有针对性地策划亲子主题的旅游项目。

操作要点：运用问卷调查、访谈、大数据分析等方法收集市场信息；对收集的数据进行整理、统计与深入分析，挖掘潜在市场机会；关注政策法规变化、社会热点等对旅游市场的影响，及时调整策划方向。

（三）主题定位

主题定位是根据资源分析与市场分析结果，为旅游项目确定一个核心主题，该主题需要贯穿于整个旅游策划之中，成为吸引游客的关键元素。主题定位要突出旅游项目的特色与差异化优势，能够引发目标客户群体的情感共鸣。独特鲜明的主题定位使旅游项目在市场中脱颖而出，让游客清晰认知旅游项目的核心价值。例如"浪漫海滨度假"的主题定位，能迅速吸引追求休闲浪漫旅游体验的游客。

操作要点：结合旅游资源的独特性与市场需求的空缺或热点，提炼主题；确保主题简洁易记、富有感染力，且具有可延展性，便于围绕主题开发一系列旅游产品与活动。

（四）创意设计

创意设计是在主题定位的基础上，运用创新思维，对旅游产品、活动、服务等进行设计。包括设计新颖的旅游线路，规划富有吸引力的旅游活动，打造独特的旅游体验项目，以及优化旅游服务流程与方式等。创意设计为旅游项目注入活力，提升其吸引力与趣味性，满足游客日益多样化、个性化的需求。例如，在旅游活动中融入虚拟现实技术，可以为游客带来全新的沉浸式体验。

操作要点：从文化、科技、艺术等多领域汲取灵感；注重创意的可行性与可操作性，避免过于天马行空；充分考虑游客的参与性与互动性，增强游客体验感。

（五）实施计划

实施计划是将旅游策划方案转化为实际行动的具体安排，包括确定项目的时间进度、人员分工、资金预算、资源调配等内容。制订详细的实施步骤，明确每个阶段的任务与责任人。合理的实施计划能够保障旅游策划有条不紊地推进，确保各项工作按时、按质、按量完成，避免出现混乱与延误。例如，明确旅游景区建设的工期安排，保证按时开业。

操作要点：运用项目管理工具，如甘特图来制定时间进度表；根据工作内容与人员专业技能进行合理分工；编制详细的资金预算，严格控制成本；建立有效的沟通协调机制，及时解决实施过程中的问题。

（六）效果评估

效果评估是在旅游策划实施一段时间后，对其成果进行全面评价。从游客接待量、游客满意度、旅游收入、市场份额等多个维度收集数据，分析旅游策划是否达到预期目标。通过效果评估，总结经验教训，发现策划方案中的优点与不足，为后续旅游策划的改进与优化提供依据。例如，若发现游客对某旅游活动参与度不高，可分析原因，调整活动设计。

操作要点：建立科学合理的评估指标体系；运用问卷调查、数据分析、实地观察等多种方法收集评估数据；定期对旅游策划效果进行评估，及时调整策略。

二、旅游策划的基本流程

图1-2展示了旅游策划的基本流程。

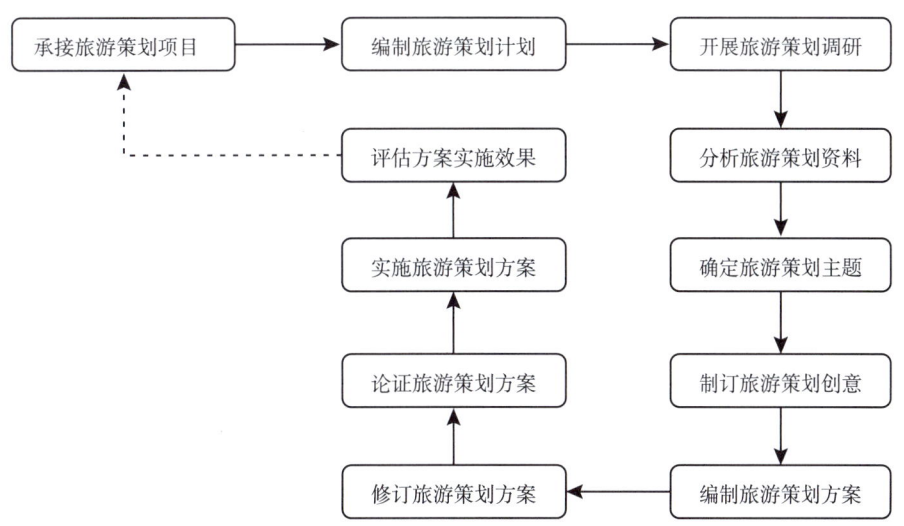

图1-2 旅游策划的基本流程

（一）承接旅游策划项目

承接项目是旅游策划工作的起点，核心在于建立与旅游项目委托方的有效沟通与合作关系。策划团队需要深入了解委托方发起项目的初衷——开发新的旅游景区、提升现有旅游产品的吸引力，还是举办特定的旅游活动等。同时，明确项目的各项边界条件，包括项目实施的地理范围、可投入的资金预算以及预期完成的时间期限等关键信息。通过展示团队在旅游策划领域的专业实力、过往成功案例以及针对该项目初步构思的策划方向，赢得委托方的信任，从而正式承接项目并签订具有法律效力的合作协议，确立双方的权利与义务关系。

（二）编制旅游策划计划

编制旅游策划计划是对整个策划项目进行系统性规划与布局的过程。基于承接项目所明确的目标与要求，将策划工作拆解为多个相互关联的阶段性任务。为每个任务设定合理的时间节点，确保工作有序推进，避免出现拖延或混乱的情况。依据团队成员的专业技能与特长，进行科学合理的人员分工，明确各成员在不同阶段的工作职责。同时，对策划过程中所需的各类资源，如信息资源、人力资源、物力资源等进行全面梳理与调配安排，运用甘特图等项目管理工具，直观清晰地呈现项目的整体进度安排与任务分配情况，为后续策划工作的顺利开展提供行动指南。

（三）开展旅游策划调研

旅游策划调研是为获取全面且准确的信息，以支撑后续策划决策的关键环节。此环节涵盖多维度调研内容，不仅聚焦于旅游市场的现状与动态，还着重开展旅游资源调查。在市场调研方面，综合运用多样化手段，通过问卷调查广泛收集不同类型游客的需求、偏好、消费习惯等信息；借助实地考察，调研人员亲身感受旅游目的地的旅游市场氛围，包括旅游服务设施的使用情况、旅游产品的市场反响等。通过访谈行业专家、旅游从业者等，获取专业见解与一手市场资料；利用大数据技术以及已有的行业报告，挖掘市场趋势、竞争态势等深层次信息。在旅游资源调查上，调研人员深入实地，对自然旅游资源展开详细勘查，记录山川的地理位置、海拔、地形地貌特征，河流的走向、流量、水质状况，森林的覆盖面积、植被种类等信息。针对人文旅游资源，考察历史古迹的建筑风格、年代、保存现状，文化遗址的发掘情况、文化内涵，以及传统民俗的活动形式、传承现状等。同时，运用访谈、问卷调查等方式，收集当地居民、游客对旅游资源的认知与看法。通过对这些一手和二手资料的广泛收集，为后续深入分析旅游市场与资源状况奠定坚实基础。

（四）分析旅游策划资料

分析旅游策划资料是从大量繁杂的调研数据中提取有价值信息，洞察市场与资源本质的过程。资料分析范畴既包含市场分析，也包括旅游资源分析。在市场分析方面，对收集到的市场相关资料进行整理与分类，将数据、文本、图像等不同形式的资料按照市场细分维度，如客源地、年龄层次、消费能力等进行归类。运用统计分析方法对定量数据进行处理，如计算不同客源地游客数量的平均数、特定旅游产品偏好的频率等，以了解数据的集中趋势与分布特征；采用SWOT分析法等工具，对旅游项目在市场中的优势、劣势、机会与威胁进行全面评估，明确项目在市场竞争中的地位。在旅游资源分析上，对前期收集的旅游资源资料进行系统梳理。从资源品质层面，评估自然景观的美学价值，人文景观的历史文化价值；考量旅游资源的独特性，分析其在区域乃至全国范围内的唯一性或稀缺性；从资源组合状况出发，判断不同类型旅游资源之间的关联性与互补性。通过综合分析旅游资源的吸引力、开发可行性、市场潜力等多方面的因素，提炼出旅游资源的独特卖点与局限性等关键信息。通过这些分析手段，为后续确定旅游策划主题、制订策划方案提供有力的数据支撑与决策依据。

（五）确定旅游策划主题

确定旅游策划主题是为整个旅游项目塑造核心灵魂的关键步骤。基于对旅游市场需求与旅游资源特色的深度分析，运用创新思维与创意构思，提炼出一个能够精准传达旅游项目核心价值，且具有独特性、吸引力与感染力的主题。这个主题应紧密围绕旅游资源的独特之处，同时契合目标客户群体的兴趣与需求，能够引发他们的情感共鸣。主题不仅要在语言表述上简洁易记，更要具备延展性，以便在后续的旅游产品设计、活动策划、营销推广等环节中，能够围绕主题进行深度开发与拓展，形成一个有机统一的整体。

（六）制订旅游策划创意

制订旅游策划创意是在确定主题的基础上，为旅游项目注入创新活力与独特魅力的过程。从旅游产品设计层面，构思新颖独特的旅游线路、旅游项目与服务体验，打破传统旅游模式的束缚，满足游客日益多样化与个性化的需求。在活动安排方面，设计富有创意与趣味性的旅游活动，增加游客的参与度与互动性，如结合当地文化特色举办主题节庆活动、沉浸式体验活动等。营销推广创意则旨在运用创新的传播手段与营销策略，提升旅游项目的知名度与影响力，如利用社交媒体平台开展互动式营销、举办话题性活动吸引公众关注等。通过全方位的创意构思，使旅游项目在激烈的市场竞争中脱颖而出，吸引更多游客前来体验。

（七）编制旅游策划方案

编制旅游策划方案是将前期的策划思路、创意构思转化为具体可执行方案的过程。方案涵盖项目的各个方面，项目概述部分对旅游项目的背景、目标、定位等进行简要介绍，让阅读者快速了解项目全貌。市场分析深入剖析旅游市场现状、趋势、竞争对手等情况，为后续策略制订提供依据。主题定位明确旅游项目的核心主题及其内涵。产品与服务设计详细规划旅游产品的内容、形式、服务标准等，包括旅游线路设计、旅游活动安排、住宿餐饮配套等。营销推广策略制订针对目标客户群体的宣传推广计划，包括宣传渠道选择、营销活动策划等。运营管理计划涉及旅游项目运营过程中的人员管理、质量管理、安全管理等方面的规划。预算编制对项目所需的各项费用进行详细估算，确保项目在预算范围内实施。风险评估与应对措施则对项目可能面临的风险进行识别与评估，并制订相应的防范与应对策略，保障项目的顺利推进。

（八）修订旅游策划方案

修订旅游策划方案是对初步编制完成的方案进行优化完善的重要环节。策划团队内部首先对方案进行全面审核，从策划思路的连贯性、策略的可行性、内容的完整性等多个角度进行审视，发现潜在的问题与不足之处。同时，广泛邀请相关领域的专家、团队成员以及可能涉及的利益相关者提出意见和建议。根据收集到的反馈信息，对方案中的不合理之处进行修改，包括调整策划思路、优化策略细节、完善内容表述等。通过反复修订，不断提高策划方案的质量与可行性，使其更符合旅游市场实际情况与项目目标要求。

（九）论证旅游策划方案

论证旅游策划方案是借助多方专业视角，对策划方案进行全面评估与检验的过程。组织专家评审会、行业研讨会等活动，邀请旅游行业内具有丰富经验的专家学者、熟悉政策法规的相关部门领导以及对旅游市场有深入了解的潜在客户等参与论证。从专业理论知识、行业实践经验、政策法规要求以及市场需求等多个维度，对策划方案的科学性、合理性、可行性、创新性等方面进行严格评估。各方参会人员基于自身专业背景与经验，提出客观公正的意见和建议，为策划团队进一步完善方案提供参考依据，增强策划方案的可信度与权威性，确保方案在实施过程中能够有效应对各种挑战与问题。

（十）实施旅游策划方案

实施旅游策划方案是将精心策划的方案转化为实际旅游项目运营的核心环节。按照策划方案所制定的详细计划安排，组织策划团队成员以及各类相关资源，有条不紊地推进旅游项目的建设与运营。在实施过程中，建立高效的沟通协调机制，确保团队成员之间、团队与外部合作单位之间能够及时交流信息、协调工作。密切关注实施过程中出现的各种问题，如资源调配困难、人员协作不畅、市场环境变化等，及时采取有效的解决措施，保障项目按照预定计划顺利推进，逐步实现旅游项目的各项预期目标，为游客提供优质的旅游体验。

（十一）评估方案实施效果

评估方案实施效果是对旅游策划方案实施后的成果进行全面衡量与总结的过程。制订一套科学合理的评估指标体系，涵盖游客接待量、游客满意度、旅游收入、市场份额、社会效益、环境影响等多个维度。运用数据分析手段，收集项目实施前后相关数据的变化情况，通过对比分析评估项目在经济、社会、环境等方面的成效。同时，通过游客满意度调查，了解游客对旅游项目的体验感受与评价意见；收集市场反馈信息，掌握旅游市场对项目的认可度与接受程度。通过对这些多方面信息的综合分析，总结策划方案实施过程中的成功经验与存在的问题，为后续旅游策划工作的改进与优化提供宝贵参考，促进旅游项目的持续发展与提升。

三、旅游策划的技法

（一）创意构思技法

（1）头脑风暴法：是一种激发群体创造力的经典方法。组织旅游策划团队成员、行业专家、相关利益者等聚集在一起，针对特定的旅游策划主题，如开发一个新的旅游景区项目，营造自由、开放的讨论氛围。鼓励每个人不受限制地提出各种创意和想法，无论这些想法看似多么荒诞或不切实际，都不进行当场批评或否定。在讨论过程中，思维相互碰撞，往往能激发出意想不到的灵感。例如，在讨论景区特色项目时，有人提出打造一个以"星际穿越"为主题的沉浸式体验区，设置模拟宇宙飞船、星空步道等设施，为后续策划提供了全新的方向。

（2）思维导图法：以旅游策划主题为核心，将与之相关的各种要素，如旅游资源、目标客户群体、市场趋势、竞争对手等，通过分支形式展开。每个分支再进一步细分，形成一个层次分明、逻辑清晰的图形结构。例如，在策划乡村旅游项目时，以"乡村旅游"为中心，分支可以包括乡村自然景观（如田园风光、山林湖泊）、乡村文化（民俗活动、传统手工艺）、目标客户（亲子家庭、城市白领、老年游客等）。通过思维导图，策划者能够全面、系统地梳理思路，发现不同要素之间的关联和潜在的创意点，比如结合亲子家庭需求和乡村文化，设计亲子手工编织传统农具的体验活动。

（3）逆向思维法：是指打破常规的思维模式，从问题的相反方向进行思考。在旅游市场竞争激烈、产品同质化严重的情况下，逆向思维能帮助策划者发现独特的市场机会。例如，当大多数旅游景区都在强调白天丰富的游览项目时，逆向思考可以聚焦于夜间旅游的开发。一些古镇通过策划夜间灯光秀、夜间民俗表演等活动，为游客带来了全新的旅游体验，吸引了更多追求新奇的游客群体，提升了景区的竞争力。

（二）资源整合技法

（1）资源盘点与评估技法：是对旅游目的地或项目所涉及的各类资源进行全面

清查和梳理。自然旅游资源方面，详细记录山川、河流、森林、海滨等的地理位置、规模、特色和吸引力；人文旅游资源则涵盖历史古迹、文化遗址、传统民俗、特色建筑等。例如，在评估某历史文化名城的旅游资源时，对城内的古建筑群、历史名人故居、传统节庆活动等进行逐一登记和分析。同时，运用科学的评估方法，从资源的独特性、稀缺性、市场吸引力、开发可行性等维度进行打分评价，确定各类资源的价值和潜力，为后续的资源整合提供依据。

（2）资源嫁接与融合技法：是将不同类型的旅游资源进行有机组合和创新融合，创造出具有独特吸引力的旅游产品或项目。可以是自然与人文资源的融合，如在具有壮丽自然风光的山区，结合当地的民俗文化，开发民俗文化体验与自然景观观赏相结合的旅游线路；也可以是不同行业资源的跨界融合，如与影视行业合作，打造影视主题旅游基地，借助热门影视作品的影响力吸引游客。像浙江横店影视城，就是将影视拍摄场景与旅游观光、影视体验活动相结合，成为知名的旅游目的地。

（3）资源优化配置技法：是根据旅游策划的目标和市场需求，合理分配和利用各类资源，确保资源的高效利用。在旅游项目开发过程中，应合理安排资金、人力、物力等资源。例如，在建设一个大型主题公园时，可以根据各个游乐区域的重要性和游客预期流量，合理分配建设资金和人力资源，优先保障核心游乐项目的建设和运营；同时，优化景区内的空间布局，合理安排游客服务中心、餐饮设施、休息区域等的位置，提高游客游览的便利性和舒适度。

（三）市场定位技法

（1）市场细分技法：根据游客的年龄、性别、地域、兴趣爱好、消费能力等因素，将旅游市场划分为不同的细分市场。例如，按照年龄可分为儿童旅游市场、青年旅游市场、中年旅游市场和老年旅游市场；按照兴趣爱好可分为文化旅游市场、生态旅游市场、体育旅游市场等。通过市场细分，旅游策划者能够更精准地了解不同细分市场的需求特点和消费行为，为后续的目标市场选择和产品定位提供基础。

（2）目标市场选择技法：在市场细分的基础上，评估各个细分市场的规模、增长潜力、竞争状况以及与旅游项目的匹配度，选择一个或几个最具潜力和适合的细分市场作为目标市场。例如，一个以"高端度假"为主题的旅游项目，经过市场评估，选择高收入、注重品质生活的中年商务人士和追求浪漫体验的新婚夫妇作为目标市场，因为这两个细分市场对高端度假产品的需求较大，且消费能力较强，与项目定位相契合。

（3）市场定位差异化技法：在目标市场中，突出旅游项目与竞争对手的差异，树立独特的市场形象。可以从旅游产品特色、服务质量、价格策略、品牌形象等方面实现差异化。例如，某民宿以"禅意生活体验"为特色，在建筑风格、室内装饰、服务内容等方面都融入禅文化元素，与周边其他普通民宿形成明显区别，吸引了对禅文化感兴趣、追求宁静生活的游客群体，成功在市场中占据一席之地。

（四）营销推广技法

（1）故事营销技法：为旅游项目或目的地创作具有吸引力的故事，通过故事来传递旅游的价值和魅力。这个故事可以基于当地的历史文化、传说典故，也可以是游客的真实体验。例如，宣传一个古镇时，讲述古镇中流传已久的爱情故事，以及古镇在历史长河中的兴衰变迁，将古镇的建筑、民俗等元素融入故事中。通过各种渠道，如社交媒体、旅游宣传册、导游讲解等，传播这些故事，引发游客的情感共鸣，吸引他们前来探寻故事中的场景和文化，提升旅游项目的吸引力和记忆点。

（2）事件营销技法：策划和举办具有新闻价值、社会影响力的事件，吸引媒体和公众的关注，从而达到推广旅游项目的目的。可以是大型的旅游节庆活动，如青岛啤酒节、哈尔滨冰雪节等，通过丰富多彩的活动内容、盛大的场面吸引大量游客参与，同时借助媒体报道提升城市旅游的知名度；也可以是具有创新性的主题活动，如某景区举办"世界首个悬崖音乐会"，独特的活动形式吸引了众多媒体报道和游客关注，极大地提升了景区的曝光度和品牌形象。

（3）口碑营销技法：通过提供优质的旅游产品和服务，鼓励游客进行口碑传播。建立游客反馈机制，及时处理游客的意见和建议，不断优化旅游体验。同时，利用在线旅游平台、社交媒体等渠道，引导游客分享旅游经历和评价。例如，一些酒店通过为客人提供超出预期的贴心服务，如为过生日的客人准备生日蛋糕、为带小孩的客人提供儿童专属用品等，让客人在社交媒体上主动分享自己的入住体验，吸引更多潜在客人选择该酒店。此外，与旅游达人、意见领袖合作，邀请他们体验旅游项目并进行口碑推荐，也能有效扩大口碑传播的影响力。

四、旅游策划的技术应用

（一）大数据分析技术

大数据是洞察旅游市场的有力工具。它不仅能整合在线旅游平台数据，还可收集社交媒体、旅游论坛等多渠道信息。通过数据挖掘算法，能深度剖析游客画像，精准定位目标客户群体。例如，通过分析游客在社交媒体上分享的旅游照片与文字，挖掘出游客对小众、原生态旅游地的潜在兴趣，旅游策划者据此开发小众旅游线路，结合游客消费能力制定合理价格策略，并利用精准广告投放技术，将产品推送给目标客户，提高营销效果。

（二）地理信息系统（GIS）技术

GIS 技术在旅游领域应用广泛。除了用于旅游线路规划和景区布局，还可辅助旅游资源评估。通过构建旅游资源数据库，结合地形地貌、气候等地理信息，对旅游资源的吸引力、适宜开发程度进行量化评估。例如，在评估某一山区开发徒步旅游项目的可行性时，利用 GIS 技术分析地形坡度、植被覆盖、水源分布等因素，确定安全且风景优美的徒步路线，同时规划配套设施位置，保障游客安全与体验。

（三）新媒体技术

新媒体平台是旅游宣传推广的前沿阵地。旅游策划者要精通不同平台特性，制定差异化营销策略。在微博上，利用热门话题、大 V 合作进行广泛传播；在微信公众号，通过优质内容创作培养忠实粉丝群体；在抖音等短视频平台，制作富有创意、趣味性的短视频吸引流量。同时，利用直播技术，实时展示旅游目的地风光、特色活动等，增强游客互动与参与感。此外，旅游 App 开发要注重用户体验，融入智能客服、行程分享、语音导览等功能，提升游客满意度。

（四）人工智能（AI）技术

AI 技术在旅游策划中发挥着重要作用。利用 AI 客服，能及时解答游客咨询，提供 24 小时服务；借助智能推荐算法，根据游客历史行为、偏好为其推荐个性化旅游产品，如为喜欢文化旅游的游客推荐相关博物馆、历史遗迹游览线路。在旅游舆情监测方面，AI 技术可实时分析社交媒体、在线评论等数据，及时掌握游客对旅游项目的评价与反馈，以便旅游策划者快速调整策略。

◇ **任务实施**

一、编制旅游策划计划

学生围绕"大学生毕业季研学旅行创意策划"主题，明确策划目标、团队分工，制订时间进度与资源需求规划，为策划工作搭建框架（见表1-9）。

表1-9　旅游策划计划

序号	计划类别	任务要求	具体内容
1	策划目标	明确研学旅行需达成的具体成果（如覆盖学生人数、主题特色方向等）	
2	团队分工	细化成员职责（市场调研、文案撰写、创意设计等），或个人工作模块	
3	时间进度	制订精确到天的阶段计划（调研期、策划期、方案编制期等）	
4	资源规划	列出调研经费预算、工具（问卷平台、数据分析软件）及资料渠道	

二、开展旅游策划调研

通过设计问卷、分析竞品及调研目的地，多维度收集大学生毕业季研学旅行需求数据，为策划提供客观依据（见表1-10）。

表1-10　旅游策划调研任务

序号	调研方向	任务要求	具体内容
1	需求调研	设计≥15个问题的问卷，线上线下收集≥100份大学生需求反馈	
2	竞品分析	选取5~8个毕业旅行/研学产品，分析产品特色、价格、营销模式	
3	目的地调研	调研3~5个适合目的地，记录交通、住宿、研学资源等信息	

三、分析旅游策划资料

运用数据工具剖析调研数据,对比竞品优劣势,筛选适配目的地,提炼策划核心方向(见表1-11)。

表1-11 旅游策划资料分析

序号	分析要点	任务要求	具体内容
1	数据提炼	用图表分析大学生需求偏好,总结核心诉求(如需求、时长、预算)	
2	竞品洞察	对比竞品优缺点,提出差异化竞争机会点	
3	目的地筛选	基于需求匹配度,选定1~2个目的地并说明筛选理由	

四、确定旅游策划主题

构思候选主题并评估筛选,明确核心主题及旅行核心价值,构建策划创意主线(见表1-12)。

表1-12 旅游策划主题确定

序号	主题任务	任务要求	具体内容
1	主题构思	提出3~5个候选主题,阐述内涵、创意来源及调研契合度	
2	主题评估	从独特性、吸引力等维度评分,选定1个核心主题	
3	价值提炼	围绕核心主题,明确旅行文化价值、情感价值及特色定位	

五、制订旅游策划创意

基于主题设计行程、策划活动、优化服务,打造具有吸引力的研学旅行产品方案(见表1-13)。

表1-13 旅游策划创意方案

序号	创意板块	任务要求	具体内容
1	行程设计	规划每日活动安排(景点参观、课程体验、互动环节等)	
2	特色活动	策划3~5个主题活动,说明目的、流程及预期效果	
3	服务细节	提出≥3项个性化服务(纪念礼品、专属摄影、毕业仪式等)	

六、编制旅游策划方案

整合前期成果，撰写涵盖多板块的完整方案，确保内容翔实、逻辑严谨、具备落地性（见表 1-14）。

表 1-14　旅游策划方案编制

序号	方案要素	核心内容	内容概要
1	项目概述	策划背景、目标及毕业季研学旅行的必要性	
2	行程规划	细化日程安排、交通食宿、景点衔接等执行细节	
3	活动执行	明确特色活动组织方式、人员分工及物资需求	
4	营销推广	制订线上线下宣传策略、品牌传播计划	
5	预算明细	核算交通、住宿、活动、宣传等各项费用	
6	风险管控	识别安全、天气、舆情等风险并制定应对措施	

◇ 任务小结

请学生将自评结果填入表 1-15 中。

表 1-15　学生自评

学生姓名	
学习内容概述	
收获与经验	
存在的问题	
改进措施	
学生自评（0~100 分）	

说明：学生自评得分计入表 1-16。

◇ 任务评价

以个人为单位进行评价，具体评价指标见表 1-16。

表 1-16　任务评价

评价维度	评价指标	评价标准	学生互评	教师评价	学生自评
职业技能（60分）	完成情况（20分）	是否按时完成了任务的所有要求			
	分析深度（20分）	对内容的分析是否深入			
	创新创意（10分）	是否提出了有创意的内容或解决方案			
	解决问题（10分）	是否解决了实际问题且具有可行性和操作性			
职业素养（40分）	学习态度（10分）	主动参与讨论研究，展示学习兴趣和理解			
	时间管理（10分）	按时完成工作，没有拖延和临时赶工			
	团队协作（10分）	有效沟通协作，积极参与任务分配与执行			
	总结反思（10分）	自我总结不足和优缺点，并提出改进建议			
总计					
总分					

说明：学生自评20%，学生互评30%，教师评价50%。总分90分及以上为优秀；80~89分为良好；70~79分为中等；60~69分为及格；60分以下为不及格。

◇ 拓展任务

大学生研学旅游市场调研

一、调研目的

深入了解大学生群体对研学旅游的认知与需求，以爱国主义教育、文化自信培育为核心，挖掘研学旅游中红色文化、传统文化、科技创新等思政元素的融合路径，引导大学生在实践中厚植家国情怀、增强社会责任感，同时为开发兼具教育性与趣味性的研学产品提供依据，助力构建"大思政"实践育人体系。

二、核心调研内容

（1）大学生群体特征：包括不同年级、专业、性别大学生的分布情况，以及他们的学习压力、课余时间安排等。

（2）研学旅游认知度：大学生对研学旅游的了解程度，是否参与过研学旅游活动，获取研学旅游信息的渠道。

（3）需求偏好：期望的研学主题（如科技、文化、自然等）、时长、预算、同行伙伴偏好，以及对研学课程、导师、住宿、交通等方面的要求。

（4）消费行为：决策影响因素（如价格、口碑、课程内容等）、支付意愿、预订渠道偏好。

三、执行方向

（1）设计针对大学生的线上调查问卷，通过校园论坛、社交媒体、学生会群等渠道发放。

（2）选取部分高校进行线下访谈，邀请不同专业的学生代表参与，深入了解他们的想法。

（3）分析现有大学生研学旅游案例，总结成功经验与不足。

任务三 项目实训与总结

◇ 实训工单

一、项目名称

本次项目名称：大学生研学旅游创意策划。

二、实训任务

任课教师将结合高校毕业季特点与旅游行业趋势，明确"大学生毕业季研学旅游创意策划"实践方向（如有条件，可对接真实高校或旅游企业需求）。学生以小组为单位，模拟以旅游策划团队（乙方）身份开展实训。各小组需要围绕大学生毕业季研学旅游主题，综合运用文献研究、问卷调查、深度访谈等方法，精准剖析大学生在毕业阶段的情感诉求、知识拓展需求与旅行消费偏好；同时研究市场竞品，挖掘行业创新趋势。在此基础上，结合地方文化资源、教育资源与旅游特色，设计融合毕业纪念、职业探索、文化体验等元素的研学旅游产品，涵盖主题定位、行程规划、特色活动设计等内容。此外，还需要制订配套的品牌营销方案、推广计划与执行预算，最终形成完整且具备落地可行性的旅游创意策划方案。

三、实训目标

（1）通过市场调研数据（如大学生研学需求偏好、消费行为），精准定位目标客群需求，设计兼具教育性与趣味性的研学产品。

（2）掌握"需求分析→主题提炼→课程设计→资源整合"的策划流程，提升跨学科创意策划能力。

（3）形成可落地的研学旅游方案，具备向旅游企业或学校汇报提案的能力。

四、实训内容

（一）市场调研应用

（1）分析"大学生研学旅游市场调研"数据，提炼核心需求（如科技/文化主题偏好、3~5天行程、预算区间）。

（2）对比现有研学案例（如执行方向中提及的案例），总结成功要素与改进空间。

（二）创意策划执行

（1）设计1个主题研学产品（如"科技+自然"双主题研学），包含行程线路、核心课程（如实验室参观+野外生态调研）、导师配置、安全预案。

（2）制订差异化卖点（如"学分认证""朋辈导师制"），匹配大学生社交与成长需求。

（三）方案编制与汇报

（1）撰写《研学旅游策划方案》，含市场分析、产品设计、运营流程、预算明细。

（2）制作 PPT，模拟向校方或旅游企业进行方案汇报，重点阐述"需求匹配度"与"执行可行性"。

请将小组成员的任务分工填入表 1-17 中。

表 1-17　小组成员任务分工

组别	成员姓名	具体负责完成的工作及主要内容

五、实训要求

（一）项目流程规范

各小组需严格按照"市场调研—需求分析—创意策划—方案编制—成果汇报"五阶段推进工作，每阶段需提交过程性文档，并留存不少于 10 张反映工作场景的实景照片。要求采用甘特图工具绘制项目进度表，明确各环节时间节点及质量验收标准。

（二）成果质量要求

（1）最终成果材料（见表 1-18）包含：① 5000 字以上策划方案；② 8 分钟路演视频。

（2）策划方案排版标准规范，需设置三级标题并自动生成目录，商业数据必须注明来源并附原始调研问卷。

（3）路演环节采用"5+3"模式（5分钟陈述+3分钟问答），要求使用智慧教室或虚拟直播间采集录像视频。

表1-18 实训项目成果提交

序号	成果名称	具体内容
1	5000字以上策划方案	提交完整的策划方案，包括封面、目录、背景分析、旅游资源与条件分析、市场分析、定位分析、创意内容策划、保障与实施、附件等，要求内容完整、排版规范、图文并茂、创新可行
2	8分钟路演视频	以团队为单位，进行策划方案的展示汇报，展示汇报内容包括团队协作分工及主要完成内容和总体贡献度、旅游创意策划方案的主要内容和创意展示

六、实训评价

以小组为单位进行评价，具体评价指标见表1-19。

表1-19 项目实训评价

评价维度	评价指标	评价内容	评分标准	得分
职业技能（60分）	项目调研深度（20分）	调研的全面性与准确性	项目是否涵盖了目标市场的需求分析，竞争情况及潜在趋势，调研数据是否充分且可靠	
		数据分析方法	是否使用了有效的数据分析方法，如问卷调查、深度访谈、二次数据分析等	
		市场需求与竞争分析	能否通过调研分析目标市场的真实需求和竞争环境，明确竞争对手优势与劣势	
		数据支持与结论	调研数据是否直接支持方案中的结论，是否能清晰描绘目标市场需求与竞争现状	
	策划创意呈现（20分）	创意的独特性与创新性	提出的策划创意是否具有创新性，是否与现有市场做出差异化，有没有打破传统或提出新颖的视角	
		与目标市场的契合度	创意是否能有效吸引并满足目标游客群体的需求，是否能够通过创新解决实际问题	
		创意的实际可行性	提出的创意是否考虑到实际操作的可行性，能否在现实中落地执行	
		视觉表现与展示效果	创意是否通过图文并茂的方式清晰传达，展示是否具有吸引力，视觉效果是否清晰明了	

续表

评价维度	评价指标	评价内容	评分标准	得分
职业技能（60分）	方案整体质量（20分）	内容的全面性与完整性	方案是否涵盖了封面、目录、背景分析、现状分析、定位分析、内容策划、预算与实施等所有重要内容	
		方案的实用性与可操作性	策划方案是否具有具体明确的实质内容，并且能够在实际环境中执行，有无明确的时间表和执行标准	
		整体质量与专业性	整个项目的方案是否具有较高的专业性，细节是否处理得当，内容是否充分，排版是否规范	
		可行性与影响力	方案是否具有可行性，并能够产生良好的市场效果和社会影响力	
职业素养（40分）	项目汇报效果（20分）	团队成员协作互动	在PPT展示中是否有明确的团队分工说明，团队成员是否能够协调统一地表达方案并有效回答问题	
		内容结构与清晰度	内容是否条理清晰，是否能够有效传达方案的要点、创新点和独特的创意	
		汇报逻辑性与流畅性	团队在汇报时是否具有良好的逻辑结构，演讲是否流畅、自然	
		PPT视觉效果与设计	PPT的设计是否简洁明了，图文搭配合理，视觉效果良好	
	团队合作情况（20分）	团队分工的合理性	团队成员是否能够根据各自优势合理分配任务，分工是否明确	
		团队协作的效果	团队成员之间的合作是否高效，是否能够在整个策划过程中保持沟通，协作是否顺畅	
		协作中的问题解决能力	在团队合作过程中，是否能够有效解决出现的问题，确保项目进度和质量	
		团队整体表现	团队合作是否融洽，是否能够共同推动项目进展，汇报中是否体现出整体协作精神	
总分				

说明：总分90分及以上为优秀；80~89分为良好；70~79分为中等；60~69分为及格；60分以下为不及格。

项目总结

以个人为单位,根据本项目学习内容和实训,填写并完成项目总结报告(见表1-20)。

表1-20 项目总结报告

项目名称					
学生姓名		小组成员			
本人角色		完成的主要工作			
实训时间		校内指导教师		企业指导教师	
学习总结					
学习反思					
改进方向					

◇ 知识测评

一、名词解释

1. 旅游策划
2. SWOT 分析
3. 沉浸式体验

二、单选题

1. 旅游策划的核心在于通过整合资源实现（　　）。
   A. 利润最大化　　　　　B. 预期目标
   C. 市场扩张　　　　　　D. 品牌建设
2. 按旅游策划的层次分类，"旅行社拓展亲子市场的具体行动方案"属于（　　）。
   A. 战略层策划　　　　　B. 战术层策划
   C. 操作层策划　　　　　D. 宏观策划
3. 旅游策划的"创新性原则"不包括（　　）。
   A. 主题创新　　　　　　B. 产品创新
   C. 复制模仿　　　　　　D. 服务创新

三、多选题

1. 旅游策划的发展趋势包括（　　）。
   A. 数字化与智能化融合　　B. 可持续发展理念深化
   C. 单一化产品主导　　　　D. 沉浸式体验崛起
2. 旅游策划的要素包括（　　）。
   A. 资源分析与市场分析　　B. 主题定位与创意设计
   C. 实施计划与效果评估　　D. 人员招聘与财务预算
3. 旅游策划按内容分类包括（　　）。
   A. 旅游战略策划　　　　　B. 旅游品牌策划
   C. 旅游活动策划　　　　　D. 旅游交通策划

四、判断题

1. 旅游策划只需要关注短期效益，不需要考虑长期发展。（   ）
2. 微观旅游策划聚焦于单个景区或企业的具体项目。（   ）
3. 市场导向原则要求策划完全迎合现有需求，不需要预判趋势。（   ）

五、简答题

1. 简述旅游策划的重要意义。
2. 旅游策划的基本原则有哪些？
3. 按时间分类，旅游策划可分为哪几类？举例说明。

项目二　旅游产品策划

◆ 项目导学

　　旅游产品策划旨在通过市场需求分析、目标客户群体研究以及旅游资源的整合，制订出符合市场需求的旅游产品方案。通过产品策划，使旅游产品具备竞争力，能够满足不同游客的需求，提高市场占有率。通过旅游产品策划的理论学习与实践，学生将掌握如何将市场洞察转化为创新的旅游产品设计，并能独立完成旅游产品策划方案的制订。本项目旨在通过策划一个完整的旅游产品，帮助学生了解如何从市场需求出发，设计、开发及推广具有市场竞争力的旅游产品。学生将进行市场调研、需求分析、产品设计、定价策略、宣传推广及售后服务等方面的综合实践，以提高学生在旅游行业中的实际操作能力。

◆ 项目导图

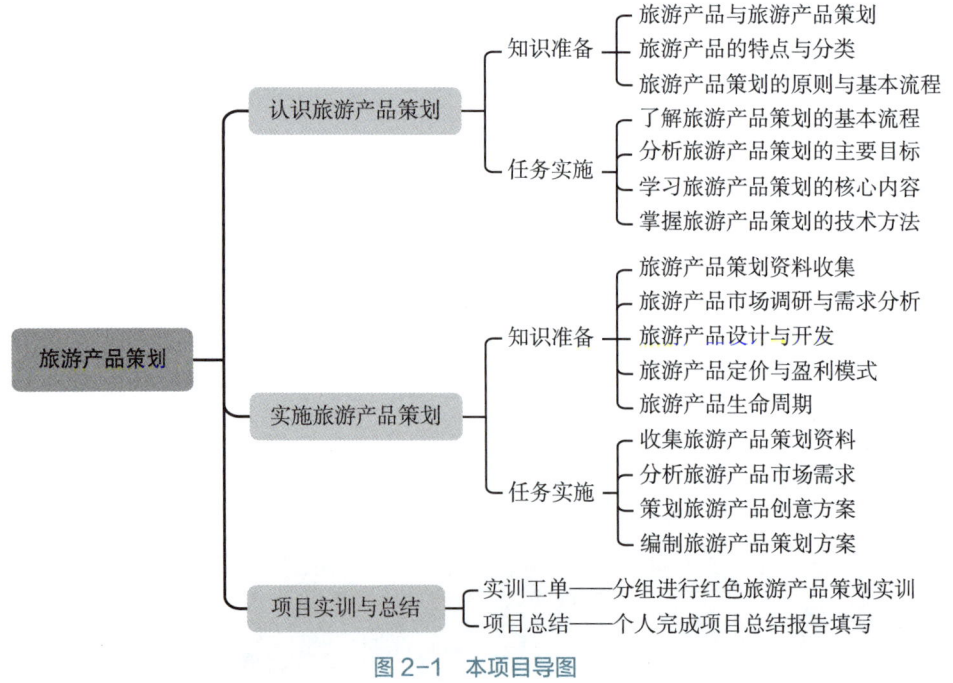

图 2-1　本项目导图

◆ 项目成果

1. 旅游产品策划方案
2. 旅游产品策划路演视频

◆ 项目引学

挖掘红色文化　赓续红色血脉 | 红色旅游走"新"又走心

近年来，红色旅游形式多样，热度持续走高，陕西旅游集团旗下多景区立足丰富的红色历史文化资源，创新旅游演艺模式、推出"旅游+"专列、开发研学旅游等产品，为人民群众提供文化滋养和精神养分，推动红色旅游高质量发展。

延安是中国革命圣地，有历史遗迹9262处，革命旧址445处，珍藏文物近7万件，有着"中国革命博物馆城"的美誉。这座西北黄土高原上古老而鲜活的城市，是百年党史学习教育中最生动、最有说服力的篇章之一。陕西金延安景区则是延安精神的传承与发展，景区利用多元技术手段推动创新，优化红色旅游体验。

在金延安，红色演艺广受好评。沉浸式演艺力作《延安十三年》，将红色记忆、前沿科技与文化旅游相融合，采用多种艺术表现形式，全景式、多维度还原了史诗"延安十三年"，带给游客全新的沉浸式红色文化体验。烽火硝烟里的"红色摇篮"舞台剧《延安保育院》则将创作视角转向战场后方，通过延安保育院生活故事，真实反映党在延安时期艰苦卓绝的奋斗历程，让观众在情感共鸣中感受红色精神的强大力量。演出还曾被中宣部、文旅部纳入"庆祝中国共产党成立100周年优秀舞台艺术作品展演"名单。

在延安红色家风馆，游客们正在聆听老一辈革命家真实感人的家风故事，感悟薪火相传的革命精神。这里现已打造出具有延安圣地文化底蕴，成体系、成规模的廉政教育矩阵，向党员干部和各界群众讲述红色历史，实现廉政教育、家风传承的融合共赢。

更多红色资源打造了系统文旅IP。景区运用VR等技术重现了红军进驻延安时期老延安街区的情境，游客们在老延安街景里打卡拍照，记录时空交错的红色印记；"中国最大规模院落民宿集群"、文创产品、"延安味道"特色小吃，一系列红色旅游产品日臻完善，金延安已逐步形成"红色旅游吸引人、红色精神感染人、融合产业留住人"的集聚效应,已成为延安红色旅游创新发展的品牌项目。

目前,"金延安号"红色旅游专列也已开行,将红色地标串珠成链,让更多青少年走进延安,追随红色历史足迹,探寻研学乐趣。未来,"交通+旅游"精品旅游列车新模式,将成为宣传展示延安红色文化的"移动长廊",让更多游客走进延安、了解延安。

(资料来源:陕旅集团. 挖掘红色文化 赓续红色血脉 | 红色旅游走"新"又走心[EB/OL]. https://www.sxtourgroup.com/home/group_news/info.html?id=4512&catId=13.html,2024-08-15/2025-05-07)

【讨论与思考】

1. 如何用好红色资源打造特色旅游产品?
2. 红色旅游产品如何实现可持续发展?

任务一　认识旅游产品策划

◇ 课前准备

"如果你是一名旅游产品策划师,如何策划一个具有吸引力的旅游产品?"请以小组为单位,选择一个旅游产品方向(探险游、亲子游、文化游等),围绕"旅游产品策划"这一主题开展头脑风暴,并在表2-1中尽可能详细地回答每个问题,体现创意思维。

表 2-1　头脑风暴记录

分类	问题	答案
目标市场	1. 谁是这个旅游产品的主要目标客户群体?	
	2. 这个旅游产品对不同客户群体的吸引力如何,是否有特定的细分市场特别感兴趣?	
市场需求	1. 客户对这类旅游产品的主要需求是什么,例如,体验、教育、放松等?	
	2. 该旅游产品是否提供了独特的体验或满足了特定的市场需求空白?	

续表

分类	问题	答案
产品定位	1. 如何定位这款旅游产品,以区别于市场上的其他类似产品?	
	2. 该旅游产品的核心价值和卖点是什么?	
竞争分析	1. 市场上存在哪些类似的旅游产品,它们的主要特点和优势是什么?	
	2. 与竞争产品相比,我们的旅游产品有哪些独特之处和竞争优势?	
创意产品设计	1. 这款旅游产品包括哪些独特的活动或体验,例如,特色餐饮、文化互动、户外探险等?	
	2. 如何通过创新的元素(如科技应用、环保理念等)增强产品的吸引力?	
宣传推广策略	1. 你会通过哪些渠道和方式宣传这款旅游产品,例如,社交媒体、旅游展会、合作伙伴等?	
	2. 如何利用故事叙述、情感共鸣等手法提升宣传效果?	
合作与资源整合	1. 需要与哪些合作伙伴(如酒店、交通、景点等)建立合作关系,以提供完整的旅游体验?	
	2. 如何整合各方资源,确保旅游产品的高质量和顺畅执行?	
客户体验与服务	1. 如何确保客户在旅游过程中获得优质的体验和服务,例如,个性化服务、紧急响应机制等?	
	2. 如何收集客户反馈,并据此不断改进和优化旅游产品?	
潜在挑战与风险	1. 在设计和实施这款旅游产品时,可能会遇到哪些挑战和风险,例如,天气变化、文化差异等?	
	2. 如何制订应对策略,以减轻或避免这些挑战和风险对旅游产品的影响?	

◇ **任务描述**

你是一名对旅游充满热情的年轻人,在多次旅行中不仅收获了美好的回忆,还敏锐地发现了旅游市场的巨大潜力。你希望深入了解旅游产品策划领域,通过创意和策略为旅游产品和服务注入新的活力。然而，作为初学者，你对旅游产品策划的认知尚浅，需要一个系统的学习和认识过程。

◇ 任务分析

旅游产品策划在旅游市场中扮演着至关重要的角色，它不仅是旅游产品推向市场的桥梁，更是提升旅游品牌影响力和市场竞争力的关键。旅游产品策划涉及市场调研、目标受众分析、产品定位、创意策划、宣传推广等多个环节，是一个综合性的过程。同时，旅游产品策划具有多样化的特点，需要根据不同的旅游产品和市场需求制订各具特色的策划方案。

要认识旅游产品策划，首先需要从基本概念入手，理解旅游产品策划的内涵、特点及其重要性。其次，需要掌握旅游产品策划的主要环节和流程，了解每个环节的具体内容和操作方法。最后，还需要培养市场洞察力、创新思维等综合素养，以便在未来的旅游产品策划工作中能够灵活应对各种挑战。

一、任务目标

（1）知识目标：掌握旅游产品的特点、分类及生命周期理论，理解产品策划的核心要素（市场调研、定位、定价等）。

（2）能力目标：能设计差异化旅游产品，运用产品组合策略优化旅游线路。

（3）素养目标：强化以游客需求为中心的服务意识，注重产品创新与文化内涵融合。

二、任务重点

旅游产品的定位策略（差异化、重新定位）和生命周期各阶段的应对措施。

三、任务难点

如何通过市场细分精准定位目标客群，并设计符合其需求的定制化产品。

○ 知识准备

一、旅游产品与旅游产品策划

（一）旅游产品

旅游产品是指旅游经营者为了满足旅游者在旅游过程中的各种需求，而向旅游市场提供的各种物质产品和劳务的总和。它涵盖了从出行前的规划咨询，到旅途中的交通、住宿、餐饮安排，再到游玩过程中的景点游览、活动体验等多个环节，旨在为游客打造一段完整且独特的旅行经历。优质的旅游产品不仅能满足游客休闲、娱乐、求知等基本需求，还能通过独特的设计和服务，给游客带来超出预期的情感价值和美好回忆。

旅游产品可从不同维度进行分类。从产品形态上，可以分为实体产品和服务产品。实体产品如旅游纪念品、特色美食等，具有直观可触的特点；服务产品则包含导游服务、酒店预订服务等无形却不可或缺的部分。按旅游目的分类，有休闲度假类产品，如海滨度假套餐、温泉疗养之旅；文化体验类产品，像古城文化深度游、历史遗迹探秘行；商务旅行类产品，涵盖商务会议套餐、差旅定制服务等。从消费群体角度，又可分为亲子旅游产品、老年旅游产品、年轻背包客产品等，以满足不同年龄和需求层次的游客。

旅游产品在游客心中的形象一旦形成，就具有一定的稳定性。游客在购买和消费旅游产品前，会通过网络评价、朋友推荐、广告宣传等途径形成"预印象"。在实际旅行体验中，产品的实际表现会强化或改变这一印象。若旅游产品能提供优质的服务、独特的体验和良好的性价比，就会在游客心中树立起正面形象，游客不仅会成为回头客，还会进行口碑传播，吸引更多潜在游客。相反，若体验不佳，负面形象则会迅速扩散。因此，旅游企业应高度重视旅游产品的设计与优化，不断创新与升级，同时注重维护产品形象，对于市场反馈不佳或过时的产品应及时调整与改进，以持续提升游客满意度与忠诚度。

（二）旅游产品策划

旅游产品策划是指通过市场调研、消费者需求分析、资源整合、创意设计等手段，为游客提供符合其需求的全方位旅游体验的过程。策划的核心在于通过合理的产品设计、创新和优化，确保游客能够享受到无缝衔接的旅游服务，并获得愉悦的旅行体验。旅游产品不是单一的交通、住宿等要素，而是通过整合多种服务和元素（如旅游线路、活动安排、特色餐饮等），形成一个具有吸引力的、能满足特定游客群体需求的综合产品。

旅游产品策划不仅关乎产品的设计和开发，更涉及市场需求的分析、目标客户群体的研究以及旅游资源的整合。一个成功的旅游产品策划方案，能够精准地把握市场需求，设计出符合消费者期望的旅游产品，从而提高市场占有率，为企业创造更大的价值。同时，旅游产品策划还需要注重创新和差异化，通过独特的活动设计、体验安排以及宣传推广策略，使产品在市场上脱颖而出，吸引更多的消费者。

（三）旅游产品策划的意义

1. 为企业创造价值

通过精准的市场定位和创新的产品设计，旅游产品策划能够帮助旅游企业打造独具特色的品牌形象，吸引更多游客，从而增加企业收入和市场份额。

2. 满足游客多元化需求

旅游产品策划注重游客体验，通过深入了解游客需求和偏好，设计出多样化的旅游产品，为消费者提供更加个性化和符合其偏好的产品，提升游客的整体旅游体验，促进其回头率和口碑传播。

3. 增强企业市场竞争力

合理的产品策划帮助企业在竞争激烈的市场中获得竞争优势。通过科学的市场定位、精准的目标顾客识别和创新的服务设计，可以在激烈的价格和服务竞争中脱颖而出。

4 推动旅游业创新发展

旅游产品策划鼓励创新思维和策略运用，不断推动旅游产品和服务的升级换代，为旅游业注入新的活力和增长点。同时，策划过程中对市场趋势和消费者行为的洞察也有助于旅游企业及时调整战略方向，抓住市场机遇。

二、旅游产品的特点与分类

（一）旅游产品的特点

1. 无形性

旅游产品的核心是服务，游客无法在购买前体验产品的实际效果，只能依赖广告宣传、口碑传播以及代理商的介绍。这就要求旅游企业要注重产品的描述和推广，利用良好的口碑和营销策略减少游客购买的不确定性。

2. 不可储存性

旅游产品是一次性消费的服务，时间一过便无法再提供。因此，旅游企业必须在旅游产品的有效期内尽可能多地吸引消费者，并确保每一项旅游服务都能够按照预定的时间和质量进行交付。

3. 不可分割性

大多数旅游产品是由多个服务元素组合而成，如交通、住宿、餐饮、景点、导游等，游客无法单独购买其中某一部分。这就要求旅游企业进行合理的产品组合，确保每个部分都能够完美契合游客的需求。

4. 地域性

旅游产品通常与特定的旅游资源（如某个景点、文化特色或自然景观）相关，因此具有鲜明的地域特征。例如，云南的普洱茶文化、长城的历史文化等都会影响产品的设计和内容。

（二）旅游产品的分类

1. 按服务内容分类

（1）交通类产品：包括机票、火车票、汽车租赁、旅游巴士等交通服务。

（2）住宿类产品：包括酒店、民宿、度假村等住宿服务。

（3）景区类产品：包括景点门票、景区内导游服务等。

（4）活动类产品：包括文化活动、极限运动、探险活动等。

2. 按市场需求分类

（1）休闲度假旅游产品：包括海滩度假、温泉疗养、生态旅游等，以放松和休闲为目的。

（2）商务旅游产品：包括会议、展览、商贸旅游等，主要服务于商务人士。

（3）特色文化旅游产品：包括红色旅游、民俗文化旅游、艺术创作体验等。

（4）定制化旅游产品：根据游客的个性化需求设计的旅游产品，如私人定制、VIP服务等。

3. 按游客的消费水平分类

（1）高端旅游产品：主要面向高收入群体，提供高端的定制化服务，如私人游艇、豪华酒店、私人导游等。

（2）中档旅游产品：适合中等收入群体，产品包括常规的旅游服务和舒适的住宿、交通等配套设施。

（3）经济型旅游产品：面向价格敏感型消费者，提供经济实惠的旅游产品，如廉价航空、经济型酒店等。

4. 按旅游产品的生命周期分类

（1）成熟期产品：这些产品通常已经占有一定市场份额，市场需求稳定，如经典的城市观光游。

（2）新兴产品：这些产品通常是创新型旅游项目或新开发的目的地，具有较高的市场潜力，但需要通过推广和营销来吸引游客。

（三）旅游产品体系

旅游产品体系是指根据不同的市场需求、旅游目的、消费者偏好以及旅游产品的类型等因素，对旅游产品进行分类和结构化管理。它不仅包括基本的旅游服务项目，也涵盖了在这些基础上进行创新、组合、包装等多层次、多样化的内容。旅游产品体系是由多个相互联系的系统组成的，具有系统性、规范化等特点。旅游产品体系一般包括核心旅游产品、辅助旅游产品、拓展旅游产品和延伸旅游产品，这些共同构成了旅游产品体系的完整框架，它们各自扮演着不同的角色，共同满足旅游者的多样化需求。旅游企业需要不断优化和创新这些产品，以提升旅游者的满意度和忠诚度，推动旅游业的持续发展。

1. 核心旅游产品

核心旅游产品是旅游体验的核心所在，它直接满足旅游者对于旅游目的地的基本需求和期望。这些产品通常包括观光游览、自然景观体验、历史文化遗址探访等。它们是旅游者选择旅游目的地和制订旅游计划时最关心的内容。核心旅游产品以其独特的吸引力，如壮丽的自然风光、丰富的历史文化底蕴或独特的民俗风情，成为吸引旅游者前往的关键因素。旅游企业需要通过不断提升核心产品的质量和体验，来确保旅游者的满意度和忠诚度。

2. 辅助旅游产品

辅助旅游产品是为了增强核心旅游产品的吸引力和提升旅游者整体体验而提供的附加服务或设施。这些产品通常包括交通接送、导游服务、住宿餐饮等。它们虽然不是旅游者选择旅游目的地的决定性因素，但对于提升旅游者的舒适度和满意度至关重要。例如，便捷的交通接送服务可以减少旅游者的时间和精力成本，专业的导游服务可以加深旅游者对目的地的了解和认识，而优质的住宿和餐饮服务则能让旅游者享受到更加舒适和愉快的旅行体验。

3. 拓展旅游产品

拓展旅游产品是基于核心旅游产品而开发的，旨在满足旅游者多样化、个性化的需求。这些产品通常包括主题旅游、探险旅游、定制旅游等。它们通过创新和差异化来吸引旅游者，为旅游者提供更加独特和丰富的旅游体验。例如，主题旅游可以让旅游者深入体验目的地的文化、历史或自然景观；探险旅游则可以让旅游者挑战自我、探索未知；而定制旅游则可以根据旅游者的具体需求和偏好来量身定制旅游计划。拓展旅游产品的开发需要充分考虑旅游者的需求和偏好，以及目的地的资源和特色。

4. 延伸旅游产品

延伸旅游产品是在核心旅游产品的基础上，为旅游者提供的额外价值或服务，以增加旅游产品的附加值和竞争力。这些产品通常包括购物、娱乐、售后服务等。它们通过提供额外的消费选择和增值服务，来延长旅游者的停留时间和增加旅游收入。例如，旅游纪念品商店可以让旅游者购买到具有地方特色的商品，特色餐饮体验则可以让旅游者品尝到地道的美食，而售后咨询服务则可以为旅游者提供必要的帮助和支持。延伸旅游产品的开发需要注重与核心产品的协调和互补，以确保旅游者的整体体验和满意度。

三、旅游产品策划的原则与基本流程

（一）旅游产品策划的原则

1. 以消费者需求为导向

旅游产品策划的核心原则是要围绕消费者的需求和期望进行设计。通过市场调研、消费者行为分析等手段，准确识别目标顾客的核心需求，并基于此进行产品创新和优化。产品设计时应注重个性化、多样化，尽可能满足不同游客的需求。

2. 创新性与差异化

在竞争激烈的旅游市场中，创新性和差异化是产品成功的关键。旅游企业应不断创新设计，融入新的旅游形式、新兴技术或独特的资源特色，打造具有市场竞争力的产品。产品差异化可以通过独特的主题、特别的体验活动或精致的服务来实现。

3. 全程体验优化

旅游产品不仅仅是单一的服务或活动，而是游客从开始接触到最终回忆的全程体验。策划时应关注每一个环节的细节，确保游客从出发前的预订、行程中的服务、到回家后的反馈，每一个环节都能够得到优化，最终提升游客的满意度。

4. 可持续性发展

旅游产品的策划应考虑到社会责任和可持续发展。旅游企业应尽量减少对环境和文化的负面影响，推动绿色旅游、生态旅游和文化遗产保护等可持续发展的理念。此外，可持续性还包括产品的长期发展与创新，不断优化和更新产品，保持市场竞争力。

5. 整体规划与资源整合

旅游产品的策划应考虑到资源的整合和优化。无论是交通、住宿、餐饮还是景区资源，都应通过整体规划来实现最大化效益。企业应利用现有的资源优势，整合相关服务，提供全方位的旅游体验。

（二）旅游产品策划的基本流程

1. 市场调研与需求分析

市场调研是旅游产品策划的基础。通过市场调研，企业能够深入了解目标市场和消费者的需求，明确产品定位的方向。市场调研的主要方法包括以下几种。

（1）问卷调查：通过线上或线下的问卷形式，向目标群体收集他们的需求、偏好及购买行为。

（2）焦点小组：通过组织小范围的目标顾客群体进行讨论，深入了解其真实需求和消费动机。

（3）竞争分析：研究同行业的竞争对手产品，了解市场中类似产品的定位、价格、优劣势等，找到市场空白和竞争机会。

通过调研，企业能够得到关键的市场信息，帮助设计产品和制订营销策略。

2. 产品设计与定位

根据市场调研的结果，企业应制订出旅游产品的设计方案。产品设计不仅要考虑到游客的需求，还需要根据企业的资源、能力和战略目标进行定位。产品设计应遵循以下原则。

（1）需求导向：产品的设计要以游客需求为导向，确保能够满足目标消费者的核心需求。

（2）差异化设计：通过独特的服务内容、创新的旅游项目或特色的旅游线路，确保产品在市场中具有独特性，避免同质化竞争。

（3）产品组合：通过合理的产品组合，确保游客能够获得全方位的服务体验。例如，设计"交通+住宿+餐饮+景点"一体化的旅游产品。

产品定位则是根据目标消费者群体的特征，选择适合的市场定位。例如，面向高端消费者的定制化旅游产品，需要提供更加个性化和高质量的服务，而面向年轻消费者的背包客旅游产品则需要注重价格实惠和自由行体验。

3. 定价与盈利模式

（1）定价：是旅游产品策划中至关重要的环节。常见的定价策略包括以下几种。

①成本加成定价法：根据产品的成本并加上合理的利润率来确定价格。

②市场竞争定价法：根据同行产品的定价策略进行调整，以确保产品具有价格竞争力。

③价值定价法：根据产品的感知价值和目标消费者的支付能力来设定价格，尤其适用于高端定制化旅游产品。

（2）盈利模式：常见的盈利模式包括以下几种。

①基础套餐盈利：通过销售基础的旅游套餐获得主要利润。

②增值服务盈利：通过提供个性化、附加服务（如私人导游、豪华住宿等）来

增加盈利。

③打包销售盈利：将多个产品或服务打包销售，以提高整体价格和销量。

4. 营销与推广策略

旅游产品的成功不仅依赖于产品本身的设计，还需要通过有效的营销与推广策略来吸引目标客户。常见的营销策略包括以下几种。

（1）广告宣传：通过电视、广播、网络等媒体进行广告投放，提升品牌和产品的知名度。

（2）社交媒体营销：通过微博、抖音、Instagram等社交平台进行口碑营销和粉丝互动。

（3）促销活动：通过限时折扣、团购优惠等促销手段，刺激消费者的购买欲望。

（4）口碑传播：通过游客评价和用户推荐来提高产品的信誉度。

◇任务实施

一、了解旅游产品策划的基本流程

了解并在表 2-2 中列出旅游产品策划的基本流程，包括每个阶段的主要任务及其完成每个任务的预期成果。

表 2-2　旅游产品策划基本流程

流程阶段	主要任务	预期成果

二、分析旅游产品策划的主要目标

选择某一旅游企业或目的地，在表 2-3 中列出其旅游产品策划的主要目标，并简要描述这些目标的具体内容和实现策略。

表 2-3　旅游产品策划目标分析

目标类型	目标描述	实现策略

三、学习旅游产品策划的核心内容

收集一个成功的旅游产品策划案例，在表 2-4 中从产品定位、行程设计、产品定价、营销推广四个方面分析其旅游产品策划的核心内容，并简要描述每项内容的具体实施举措。

表 2-4　旅游产品策划核心内容分析

策划内容	核心要点	实施举措

四、掌握旅游产品策划的技术方法

收集不少于 3 个旅游产品策划案例，根据每个案例的特点，在表 2-5 中分析其旅游产品策划的创意技法，并解释其创意来源及实施方法。

表 2-5　旅游产品创意策划技法分析

案例名称	创意要点	创意来源及实施方法

◇ 任务小结

请学生将自评结果填入表2-6中。

表2-6　学生自评

学生姓名	
学习内容概述	
收获与经验	
存在的问题	
改进措施	
学生自评（0~100分）	

说明：学生自评得分计入表2-7。

◇ 任务评价

以个人为单位进行评价，具体评价指标见表2-7。

表2-7　任务评价

评价维度	评价指标	评价标准	学生互评	教师评价	学生自评
职业技能（60分）	完成情况（20分）	是否按时完成了任务的所有要求			
	分析深度（20分）	对内容的分析是否深入			
	创新创意（10分）	是否提出了有创意的内容或解决方案			
	解决问题（10分）	是否解决了实际问题且具有可行性和操作性			
职业素养（40分）	学习态度（10分）	主动参与讨论研究，展示学习兴趣和理解			
	时间管理（10分）	按时完成工作，没有拖延和临时赶工			
	团队协作（10分）	有效沟通协作，积极参与任务分配与执行			
	总结反思（10分）	自我总结不足和优缺点，并提出改进建议			
总计					
总分					

说明：学生自评20%，学生互评30%，教师评价50%。总分90分及以上为优秀；80~89分为良好；70~79分为中等；60~69分为及格；60分以下为不及格。

◇ **拓展任务**

一、案例分享：山东沂蒙红嫂影视旅游区旅游产品策划

（一）旅游产品定位与核心理念

1. 核心定位

（1）红色文化传承地：以沂蒙精神和红嫂精神为核心，打造爱国主义教育基地，弘扬革命传统。

（2）影视文化创作基地：依托丰富的红色资源和成熟的影视拍摄条件，发展影视旅游，吸引剧组拍摄和游客参与。

（3）红色研学与体验基地：通过沉浸式演出、情景剧、互动体验等方式，增强游客的参与感和体验感，推动红色教育与旅游深度融合。

2. 产品理念

（1）"红色+影视+旅游+教育+文化"：融合红色文化、影视艺术、旅游观光、党性教育、研学旅游等多元业态，形成"红色+"的综合发展模式。

（2）"沉浸式体验"：通过小院演出、情景剧、互动剧目等形式，让游客"走进历史""参与历史"，增强旅游的互动性和教育意义。

（3）"红色+乡村振兴"：通过旅游带动当地经济发展，实现红色旅游与扶贫、就业、生态旅游的协同发展。

（二）旅游产品体系构建

1. 红色文化体验产品

（1）沉浸式情景剧演出：如《沂蒙四季·红嫂》《永远的新娘》《妇救会》《识字班》《战地医院》等，通过小院演出、实景演出等形式，让游客"走进历史"。

（2）红嫂故事讲解与互动：设置红嫂纪念馆、红嫂广场、红嫂家宴体验区，通过讲解、互动、表演等形式，让游客深入了解红嫂精神和沂蒙精神。

（3）红色研学旅游：开发以红色教育为主题的研学课程，吸引中小学生、大学生、企事业单位等群体参与，开展红色教育、爱国主义教育、革命传统教育等。

2.影视文化体验产品

（1）影视拍摄基地：提供影视拍摄场地、设备、技术支持等服务，吸引剧组前来拍摄，形成"影视+旅游"产业链。

（2）影视主题旅游线路：结合沂蒙红色影视基地与其他红色景区（如孟良崮、沂蒙山根据地等）打造红色自驾游、红色研学游等主题线路。

（3）影视文化展览与展示：设立影视文化展览馆、影视作品展播区，展示《沂蒙》《沂蒙六姐妹》《斗牛》《红高粱》等经典影视作品的拍摄过程和背后故事。

3.红色旅游与康养度假产品

（1）康养度假区：依托沂蒙山的自然生态资源，打造康养度假区，提供温泉、民宿、休闲娱乐等服务，满足游客的休闲度假需求。

（2）红色写生与艺术创作基地：设立写生基地、艺术创作基地，吸引艺术家、学生、游客前来写生、创作，推动红色文化与艺术创作的结合。

（3）红色主题民宿与餐饮：开发以红色文化为主题的民宿、农家乐，提供红嫂家宴、沂蒙特色美食、红色主题餐饮等服务，增强游客的沉浸式体验。

4.红色教育与党性教育产品

（1）红色教育基地：建设中国红嫂革命纪念馆、人民子弟兵将帅纪念馆、沂蒙精神教育基地等，开展红色教育、党性教育、革命传统教育。

（2）红色主题培训班与会议：提供会议、培训、研学等服务，吸引党政机关、企事业单位、学校等前来开展红色教育、党性教育、爱国主义教育等活动。

（3）红色文化讲座与展览：定期举办红色文化讲座、展览、研讨会，邀请专家、学者、革命后代等讲述红色故事，弘扬沂蒙精神。

5.红色旅游与文创产品结合

（1）红色文创产品开发：将红色元素融入文创产品设计，如剪纸、面塑、柳编、红色主题纪念品、红色主题服饰等，推动红色文化与文创产业的结合。

（2）红色主题旅游商品：开发红色主题旅游商品，如红色主题纪念品、红色主题旅游手册、红色主题旅游地图等，提升游客的购买体验和满意度。

（三）旅游产品推广与营销策略

1. 品牌建设与宣传推广

（1）打造"沂蒙红嫂"品牌：通过媒体宣传、网络推广、旅游节会等方式，打造"沂蒙红嫂"品牌，提升景区知名度和美誉度。

（2）新媒体营销：利用短视频、直播、社交媒体等平台，推广景区的沉浸式演出、红色研学、影视拍摄等特色产品，吸引年轻游客和网络流量。

（3）旅游节会与活动：举办沂蒙红色旅游文化节、红色影视节、红色研学节等活动，吸引游客和媒体关注，提升景区的影响力。

2. 合作与资源整合

（1）与高校、影视公司、旅行社合作：与山东艺术学院电影学院、山东文旅集团、旅行社、研学机构等合作，共同开发红色旅游产品，提升景区的专业性和吸引力。

（2）与红色景区联动：与沂蒙山根据地、孟良崮、沂水祖秀莲纪念馆等红色景区联动，打造红色旅游线路，形成"红色+"的综合旅游产品。

（3）与政府合作：争取政府支持，推动红色旅游与乡村振兴、扶贫、生态旅游等政策的结合，提升景区的可持续发展能力。

3. 服务质量与游客体验提升

（1）提升服务质量：加强景区管理、导游服务、游客接待、安全保障等，提升游客的满意度和体验感。

（2）优化游客体验：通过沉浸式演出、互动体验、情景剧、红色研学等方式，增强游客的参与感和沉浸感，提升旅游的吸引力。

（3）加强游客互动：鼓励游客参与演出、写生、研学等活动，增强游客的互动性和参与感，提升旅游的趣味性和教育意义。

二、案例评析

山东沂蒙红嫂影视旅游区作为集红色文化、影视拍摄、党性教育、研学旅游、康养度假等功能于一体的综合性旅游目的地，其旅游产品策划以沂蒙精神和红嫂精神为核心，结合红色文化资源与现代旅游业态，打造具有地方特色和时代价值的红色文旅品牌。通过沉浸式演出、红色研学、影视拍摄、康养度假、红色教育等多元化产品，提升游客的参与感和体验感，推动红色旅游与乡村振兴、扶贫、生态旅游的融合发展，为革命老区的文旅产业注入新的活力。

三、案例借鉴

选择当地某一旅游目的地或景区，绘制旅游产品策划思维导图。

任务二　实施旅游产品策划

◇ 课前准备

请每位同学自主收集并分析 2 个成功的旅游产品策划案例，重点分析案例概述、策划亮点、成功因素及启示或借鉴，将分析要点填写至表 2-8 中，并在课堂上进行分享讨论。

表 2-8　旅游产品策划案例分析

序号	案例名称	案例概述	策划亮点	成功因素	启示或借鉴

◇ 任务描述

在当前多元化且竞争激烈的旅游市场中，某一旅游发展公司的产品经理（甲方）意识到一个创新且符合市场需求的旅游产品策划对于提升景区吸引力、增强游客满意度及扩大市场份额至关重要。因此，他决定委托专业的旅游产品策划公司（乙方）进行深入的市场调研和需求分析，基于当前旅游资源、特色和文化背景，设计一系列新颖、独特且具备市场竞争力的旅游产品。乙方需结合景区特色，精心策划旅游产品内容，优化旅游体验流程，同时确保产品能够精准对接目标游客群体的需求，提升整体旅游产品的市场影响力和吸引力。

◇ 任务分析

作为旅游产品策划公司的项目经理（乙方），你将承接某一旅游发展公司的委托，为其设计一套全面、专业且富有创意的旅游产品策划方案。你将深入开展市场调研，了解目标游客群体的需求、偏好及消费趋势，同时分析竞争对手的产品特点，以确保策划方案具备差异化竞争优势。在此基础上，你将结合景区资源特色和文化背景，创新旅游产品设计，优化产品组合，并制订科学的产品推广策略，以便最大化地提升产品的市场认知度和吸引力。

一、任务目标

（1）知识目标：理解旅游产品开发流程（资料收集、市场调研、产品设计）及生命周期管理。

（2）能力目标：能设计差异化产品组合（如核心产品+辅助产品），能运用定价策略（成本加成、动态定价）和营销渠道（线上线下整合）。

（3）素养目标：增强用户需求洞察能力，注重产品迭代与可持续开发。

二、任务重点

产品定位策略（差异化、重新定位）、生命周期各阶段的营销策略（如成熟期的创新升级）。

三、任务难点

应对市场细分后的个性化需求，如高端定制产品的服务标准化与灵活度平衡。

◇ 知识准备

一、旅游产品策划资料收集

（一）市场资料

市场资料主要包括目标市场的规模、增长率、消费趋势以及游客的行为特征等。了解这些信息有助于企业判断市场的潜力，预测未来的发展趋势，并制订相应的市场进入策略。例如，如果目标客群以年轻游客为主，那么产品设计时就应注重时尚元素和互动体验，以满足这一群体的消费需求。

（二）竞争对手资料

详细分析竞争对手的产品特点、价格策略、市场份额以及营销策略等。这有助于企业识别自身的竞争优势和劣势，找到差异化的市场空间。例如，如果竞争对手主要集中在高端市场，那么企业可以考虑开发中低端市场，提供性价比更高的旅游产品。

（三）政策法规资料

了解国家及地方关于旅游业的政策法规，如旅游资源的开发规定、旅游服务质量标准、环境保护要求等。这些政策不仅影响产品的设计和推广，还可能涉及企业的运营成本和市场准入条件。因此，在产品策划阶段必须充分考虑政策法规的限制和要求。

（四）旅游资源资料

旅游资源资料包括自然景观、历史文化遗址、民俗风情等独特的旅游资源。这些资源是旅游产品设计的核心要素，企业应根据资源的特色和价值，打造具有吸引力的旅游产品。例如，对于拥有丰富历史文化遗产的目的地，可以设计以文化体验为主题的旅游产品，让游客在游览中感受历史的厚重和文化的魅力。

（五）技术资料

随着科技的发展，新兴技术在旅游产品中的应用日益广泛。企业应关注最新的旅游技术趋势，如虚拟现实（VR）、增强现实（AR）、大数据分析等，并考虑如何将这些技术融入产品设计中，以提升游客的体验和满意度。例如，通过VR技术让游客在出发前就能预览目的地的风光，或者利用大数据分析为游客提供个性化的行程推荐。

二、旅游产品市场调研与需求分析

（一）旅游产品市场调研的意义与目的

在旅游产品开发的初始阶段，市场调研工作显得尤为关键。该过程对于企业深入理解市场需求、发现市场潜在空间以及评估竞争环境具有不可替代的作用。它为后续的产品设计和市场推广活动提供了必要的数据支撑。市场调研的核心目标包括以下几点。

（1）对市场规模进行精确评估：通过调研，企业能够对目标市场的规模进行量化分析，并据此预测市场的发展趋势和潜在增长空间。

（2）深入分析目标客户群体的需求：调研工作致力于揭示目标游客群体的消费习惯、行为模式以及偏好，以便企业能够设计出更贴合市场需求的旅游产品。

（3）识别市场中的机遇与风险：通过对市场环境的细致分析，企业能够发现竞争对手的不足之处，同时识别出市场中尚未得到满足的需求，从而为企业的市场进入和产品开发提供战略指导。

（二）旅游产品需求分析

市场调研所获取的数据对于企业进行需求分析具有重要价值，有助于企业识别市场中的细分需求。通过细致的市场细分，如年龄、收入水平、教育背景、出行频率等维度，企业能够设计出定位更加精准的旅游产品，以满足这些细分市场中游客的特定需求。

（1）针对目标顾客的细分：企业应基于不同游客的具体需求，进行细致的市场划分，以识别并找出市场中潜在的客户群体，进而针对这些群体进行更有效的产品推广和营销。

（2）进行消费者行为分析：深入研究游客在购买决策过程中的行为模式、信息获取途径以及支付意愿等关键因素，有助于企业更准确地理解消费者，从而优化营销策略，提升产品的市场竞争力。

（3）执行需求预测：企业应结合历史数据和市场趋势，对未来一段时间内游客的需求变化进行科学预测。这有助于企业提前做好准备，调整产品策略，以适应市场的变化。

三、旅游产品设计与开发

（一）旅游产品定位策略

旅游产品定位策略是旅游企业根据市场需求、竞争状况以及自身资源和特点，确定目标市场和产品定位的过程。旅游产品定位策略需要综合考虑市场需求、竞争状况以及自身资源和特点等多个因素。通过制订差异化的定位策略、根据市场变化进行重新定位以及采取具体的市场定位步骤和方法，旅游企业可以成功地在市场中占据有利地位并吸引更多消费者。

1. 差异性定位策略

差异性定位策略强调旅游产品的独特性，通过突出与竞争对手不同的特点来吸引消费者。这种策略可以体现在产品差异化、服务差异化和形象差异化三个方面。

（1）产品差异化：基于消费需求的差异化，提供具有独特卖点的旅游产品。例如，开发独特的旅游线路、提供特色的住宿体验或打造独特的娱乐活动等。

（2）服务差异化：通过提供高品质、个性化的服务来区别于竞争对手。这包括专业的导游服务、贴心的客户服务以及高效的预订流程等。

（3）形象差异化：塑造独特的品牌形象和市场定位。通过独特的品牌口号、标志性的视觉元素以及一致的品牌传播策略，使旅游产品在消费者心中留下深刻印象。

2. 重新定位策略

当旅游产品面临市场竞争加剧、消费者需求变化或企业自身战略调整时，需要重新定位以适应市场变化。

（1）因产品变化而重新定位：当旅游产品进行改良或发现新用途时，需要重新定位以改变消费者心中的原有形象。例如，升级住宿设施、增加新的旅游项目或改进服务质量等。

（2）因市场需求变化而重新定位：随着消费者需求的变化，旅游产品也需要相应调整定位。例如，针对年轻消费者群体推出更具时尚感和互动性的旅游产品。

（3）因扩展市场而重新定位：当企业希望进入新市场或扩大市场份额时，需要重新定位以吸引更多潜在消费者。这可能包括调整产品定价、改变营销渠道或优化产品组合等。

3. 市场定位的具体步骤

（1）通过市场调研识别竞争优势：分析自身及竞争对手的产品，明确自身产品的差异性。这包括现实的和潜在的优势，如成本优势、产品差别化优势等。

（2）准确地选择竞争优势：根据目标市场的需求和欲望，运用一定方法评估本企业旅游产品的竞争优势，并准确选定主要优势。

（3）有效准确地向市场传递定位信息：通过强有力的广告宣传和各种营销组合因素（如价格、服务等）的全方位配合，将自身的优势展现给消费者，以吸引消费者购买。

4. 市场定位的方法

（1）价格定位：根据旅游产品的品质和成本，确定合适的价格。高质高价或优质优价策略适用于高端市场，而普质普价策略则适用于大众市场。

（2）档次定位：根据旅游产品的档次和品质水平进行定位。高端旅游产品可以强调其豪华、舒适和独特体验，而中低端旅游产品则可以突出其经济实惠和性价比。

（3）特色定位：根据旅游产品的独特卖点或特色进行定位。例如，强调自然景观的壮丽、文化遗产的丰富或民俗风情的独特等。

（二）旅游产品组合策略

旅游产品组合是旅游企业根据市场需求和企业自身条件，将各种单项旅游产品进行科学组合，形成具有整体形象的综合旅游产品，以满足旅游者的多样化需求。这种组合可以基于地域、时间或内容来进行。地域组合形式是将跨越一定地域空间、特色鲜明的旅游产品项目组合起来，形成具有地域特色的旅游产品；时间组合形式则是根据旅游行程的具体时间安排和季节变化来组合旅游产品；内容组合形式则是根据旅游活动的主题，将若干旅游产品项目组合成综合性或专题性的旅游产品。

1. 扩大产品组合策略

扩大产品组合策略是旅游企业为了开拓旅游产品组合的广度和深度，增加产品线或产品项目的数量和种类。这种策略可以通过增加同一产品的规格、型号和款式，或者增加不同品质和不同价格的同一种产品来实现。此外，还可以增加与原产品相类似或毫不相关的产品，以丰富旅游产品组合。这种策略的优点是可以满足不同偏好旅游消费者的多方面需求，提高产品市场占有率，同时也有利于充分利用企业资源和剩余生产能力，提高经济效益。

2. 缩减产品组合策略

缩减产品组合策略是旅游企业为了集中资源和技术力量，提高生产经营的专业化水平，而削减产品线或产品项目的策略。这种策略可以通过减少产品线数量，实现专业化生产经营，或者保留原产品线但削减产品项目，停止生产某类产品而继续外购同类产品来销售。缩减产品组合策略的优点是可以集中资源和技术力量改进保留产品的品质，提高产品商标的知名度，同时也有利于企业和旅游地向市场的纵深发展，寻求合适的目标市场，减少资金占用，加速资金周转。

3. 高档产品策略与低档产品策略

高档产品策略是旅游企业在原有的产品线内增加高档次、高价格的产品项目，以获取更高的利润和市场地位。这种策略可以提高现有产品的声望，提升旅游企业和旅游地的市场地位，同时也有利于带动旅游企业生产技术水平和管理水平的提高。然而，高档产品策略也存在一定的风险，如新产品项目研制费用的回收问题以及消费者对新产品的接受程度等。相比之下，低档产品策略则是通过在原有的产品线中增加低档次、低价格的旅游产品项目来寻求新的市场机会。这种策略可以迅速为企业打开市场，但也需要考虑如何处理好新产品与原有产品的关系，以及如何提升新产品的品质和竞争力。

4. 时间与空间安排的合理性

在设计旅游产品组合时，时间和空间的合理安排至关重要。时间安排要考虑旅游行程的紧凑性和合理性，确保游客有充分的休闲、欣赏和体验时间。同时，时间安排也要考虑季节变化和旅游者的需求变化，以便及时调整旅游产品组合。空间安排则要考虑旅游目的地之间的竞合关系、旅行模式和游客的多样化需求等因素。合理的空间安排可以帮助旅游者在停留空间和消费空间的选择上做出理性的决策，提高旅游产品的整体满意度。因此，在旅游产品组合中，时间和空间的合理安排是不可或缺的重要因素。

（三）旅游产品创新设计

在旅游产品策划的过程中，创新扮演着至关重要的角色。通过多种途径和手段，不断推动产品的创新，以确保旅游产品能够满足不断变化的市场需求，并为游客带来前所未有的体验。

（1）主题化旅游：为了丰富游客的文化和自然体验，需要精心开发多种主题旅游产品。这些产品包括历史文化旅游、艺术旅游、生态旅游等，旨在让游客在旅行中深入了解不同领域的知识和文化，从而获得更加深刻和全面的旅行体验。

（2）科技应用：紧跟科技发展的步伐，将虚拟现实（VR）、增强现实（AR）等前沿技术应用于旅游产品中。这些技术的应用极大地增强了游客的体验感，使他们能够以更加直观和互动的方式感受旅游目的地的魅力，从而显著提升了旅游产品的整体价值和吸引力。

（3）定制化产品：针对高端市场，设计定制化的旅行线路和专属服务。这些产品和服务充分考虑了高端游客的个性化需求，旨在为他们提供独一无二的旅行体验。通过细致入微的服务和精心规划的线路，确保每一位高端游客都能享受到专属于他们的独特旅行记忆。

四、旅游产品定价与盈利模式

（一）旅游产品定价策略

1. 成本加成定价法

成本加成定价法是旅游产品定价中的一种基础策略，其核心在于根据产品的成本结构，加上一个预订的利润率来确定最终价格。这种方法适用于那些成本结构相对清晰，且市场竞争不特别激烈的产品。通过确保价格覆盖成本并实现一定的利润，企业能够维持稳定的运营。然而，这种策略可能忽视了市场需求的变化和竞争对手的定价行为，导致价格与市场实际状况存在偏差。

2. 竞争导向定价法

在竞争激烈的市场环境中，旅游企业往往采用竞争导向定价法。这种方法侧重于分析竞争对手的定价策略，并据此确定自己的价格，以确保在市场上保持竞争力。通过密切关注竞争对手的动态，企业可以迅速调整价格，吸引更多顾客。然而，过度依赖竞争导向定价可能导致价格战，对整个行业的盈利水平造成负面影响。

3. 市场导向定价法

市场导向定价法强调根据市场需求和消费者的支付能力来确定价格。这种方法适用于高端或定制化旅游产品，因为这些产品通常具有独特的价值和较高的市场需求。通过深入了解目标市场的需求和消费者的购买意愿，企业可以制订出既符合市场期望又能实现高盈利的价格。然而，实施市场导向定价需要企业具备强大的市场洞察力和数据分析能力。

4. 心理定价法

心理定价法是一种利用消费者心理特征来确定价格的策略。通过设置价格末尾为 9.99、99 等数字，企业可以营造出价格更为亲民、实惠的错觉，从而激发消费者的购买欲望。这种方法特别适用于价格敏感度较高的消费者群体。然而，过度使用心理定价可能导致消费者对价格的敏感度降低，甚至产生反感情绪，因此需要谨慎使用。

5. 动态定价法

动态定价法是一种根据市场需求变化实时调整价格的策略。在旅游产品领域，这种策略特别适用于机票预订、酒店预订等价格波动性较大的产品。通过灵活调整价格，企业可以最大化利用市场机会，提高盈利水平。然而，实施动态定价需要企业具备强大的数据分析和预测能力，以确保价格调整的准确性和及时性。

（二）旅游产品盈利模式

1. 基础套餐盈利

基础套餐盈利是旅游产品中常见的盈利模式之一。通过提供包含机票、酒店、景点等基础服务的组合套餐，企业能够满足大多数消费者的基本需求，并提供一站式服务。这种盈利模式易于推广和销售，能够快速吸引大量顾客。然而，随着市场竞争的加剧和消费者需求的多样化，基础套餐的同质化问题日益突出。因此，企业需要不断创新和优化套餐内容，以保持竞争力。

2. 增值服务盈利

增值服务盈利是旅游产品盈利的重要补充。通过提供额外的附加服务，如私人导游、专车接送、豪华住宿等，企业可以增加产品的附加值和差异化程度，从而提高顾客的满意度和忠诚度。这些增值服务不仅能够满足消费者的个性化需求，还能为企业带来额外的收入来源。然而，增值服务的定价应合理且符合市场需求，以避免对基础套餐的销售产生负面影响。

3. 分销渠道盈利

分销渠道盈利是通过不同的分销渠道来销售旅游产品的一种盈利模式。企业可以与旅行社、在线旅游平台等合作伙伴建立合作关系，通过他们的渠道来推广和销售旅游产品。这种盈利模式能够扩大销售渠道，提高产品的曝光度和销售量。然而，管理多个分销渠道需要企业投入更多的资源和精力，增加了运营成本和复杂度。

4. 广告收入盈利

对于具有大流量和众多用户的旅游平台来说，广告收入盈利是一种有效的盈利模式。通过在平台上展示广告，企业可以获得额外的收入来源。然而，过多的广告可能影响用户体验，降低平台的吸引力。因此，企业需要平衡广告数量和用户体验之间的关系，以确保平台的长期稳定发展。

五、旅游产品生命周期

（一）旅游产品生命周期的概念

旅游产品生命周期是指一个旅游产品从开发出来投放市场到最后被淘汰退出市场的整个过程。这个过程通常被划分为四个阶段：投入期（或导入期）、成长期、成熟期和衰退期。

1. 投入期（或导入期）

在投入期，旅游产品刚刚进入市场，尚未被消费者广泛了解和接受。此时，旅游产品的特色、服务以及市场定位都尚未完全成型，销售量增长缓慢而无规律，增长率也起伏波动。由于市场对新产品的认知度低，旅游企业的接待量很少，投入费用较大，导致经营单位成本较高。为了推广旅游产品，旅游企业需要投放大量的广告并进行促销工作。在这一阶段，旅游者的购买往往是实验性的，几乎没有重复购买行为，企业销售水平低，利润极少，甚至可能出现亏损。

2. 成长期

进入成长期后，旅游产品逐渐被市场接受，并拥有了一定的知名度。随着前期宣传促销的效果开始显现，旅游产品销售额迅速增长，增长率一般在10%以上。此时，旅游产品基本定型并形成了一定的特色，旅游服务也逐步配套完善。越来越多的消费者开始购买这一旅游产品，重复购买的行为也逐步增多。旅游企业的广告费用相对减少，销售成本大幅度下降，利润迅速上升。同时，市场上开始出现竞争，其他旅游企业可能制作出相同的旅游产品投放市场。

3. 成熟期

在成熟期，旅游市场上的潜在顾客逐步减少，大多数旅游者属于重复性购买，市场需求量达到饱和状态。此时，旅游产品的销售额达到最高点，但增长幅度越来越小，一般在1%~10%。由于市场上同类旅游产品的增多，市场竞争变得十分激烈。为了保持市场份额，旅游企业需要注重产品的差异化，提高服务质量，并不断创新以吸引消费者。然而，随着竞争的加剧和消费者兴趣的变化，大多数旅游产品销售增长率日益下降，价格不断下跌，利润迅速减少，甚至出现亏损。

4. 衰退期

进入衰退期后，消费者兴趣转移，旅游产品逐渐被市场淘汰。此时，旅游产品的销售额和利润持续下降，市场地位逐渐减弱。为了应对衰退期，旅游企业可以采取多种策略，如开发新产品、改进现有产品、拓展新市场或退出市场等。然而，由于市场需求的变化和竞争的加剧，衰退期往往是不可避免的。

（二）旅游产品生命周期的应对策略

旅游产品生命周期的各个阶段通常是以销售额和利润的变化状态来进行衡量的。不同阶段在市场需求、竞争、成本和利润等方面有着明显不同的特点。了解这些特点有助于旅游企业制订合适的营销策略以应对市场变化。针对旅游产品生命周期的不同阶段，旅游企业需要采取不同的应对策略。例如，在投入期，企业需要加强市场调研和广告宣传，提高产品知名度；在成长期，企业需要注重产品质量和服务水平的提升，以巩固市场地位；在成熟期，企业需要不断创新和差异化竞争以保持市场份额；在衰退期，企业需要考虑退出市场或开发新产品以应对市场变化。

◇ 任务实施

一、收集旅游产品策划资料

学生选择某一旅游目的地或景区，收集与该旅游目的地或景区旅游产品策划相关的各类资料，为旅游产品策划提供坚实的资料基础。请将资料信息填入表2-9中。

表 2-9　旅游产品策划资料搜集

序号	资料类别	具体内容

二、分析旅游产品市场需求

通过对某一旅游景区旅游产品消费市场的深入分析,明确景区旅游产品的市场定位、消费者需求及竞争对手情况。请将具体分析内容填入表 2-10 中。

表 2-10　旅游产品市场需求分析

序号	需求分析点	具体分析内容

三、策划旅游产品创意方案

基于某一旅游景区旅游产品市场需求分析的结果,针对该景区策划出具有创新性和吸引力的旅游产品创意方案。请将具体创意内容填入表 2-11 中。

表 2-11　旅游产品策划创意

序号	策划创意点	具体策略及措施

四、编制旅游产品策划方案

根据收集到的特定景区旅游产品资料与数据,结合旅游产品消费市场分析及旅游产品创意策划,依据实际情况,拟订旅游产品策划方案的组成要素、核心观点及策划思路并填入表 2-12 中。

表 2-12　旅游产品策划方案

序号	组成要素	核心观点及策划思路

◇ **任务小结**

请学生将自评结果填入表 2-13 中。

表 2-13　学生自评

学生姓名	
学习内容概述	
收获与经验	
存在的问题	
改进措施	
学生自评(0~100分)	

说明:学生自评得分计入表 2-14 中。

◇ **任务评价**

以个人为单位进行评价,具体评价指标见表 2-14。

表 2-14 任务评价

评价维度	评价指标	评价标准	学生互评	教师评价	学生自评
职业技能（60分）	完成情况（20分）	是否按时完成了任务的所有要求。			
	分析深度（20分）	对内容的分析是否深入。			
	创新创意（10分）	是否提出了有创意的内容或解决方案。			
	解决问题（10分）	是否解决了实际问题且具有可行性和操作性。			
职业素养（40分）	学习态度（10分）	主动参与讨论研究，展示学习兴趣和理解。			
	时间管理（10分）	按时完成工作，没有拖延和临时赶工。			
	团队协作（10分）	有效沟通协作，积极参与任务分配与执行。			
	总结反思（10分）	自我总结不足和优缺点，并提出改进建议。			
		总计			
		总分			

说明：学生自评20%，学生互评30%，教师评价50%。总分90分及以上为优秀；80~89分为良好；70~79分为中等；60~69分为及格；60分以下为不及格。

◇ 拓展任务

红色旅游产品市场调研

一、调研目的

聚焦红色旅游的政治引领与价值传导功能，以传承红色基因、弘扬革命精神为导向，分析红色旅游产品在党史学习教育、理想信念教育中的作用机制，调研消费者对红色文化内涵的接受度与共鸣点，为优化红色旅游的叙事方式、增强教育实效性提供支撑，推动红色资源转化为培育和践行社会主义核心价值观的生动教材。

二、核心调研内容

（1）市场现状：红色旅游景区的数量、分布、游客接待量及增长趋势，以及主要客源构成（如年龄、职业、地域等）。

（2）产品评价：消费者对现有红色旅游产品的内容丰富度、讲解服务质量、参观体验感等方面的满意度评价，存在的主要问题和改进建议。

（3）需求趋势：消费者对红色旅游产品的新需求和期望，如是否希望融入互动体验、沉浸式场景等元素，对红色旅游与其他旅游形式（如研学、休闲度假）融合的接受度。

（4）竞争态势：主要红色旅游景区的竞争优势与劣势，差异化竞争策略的实施情况。

三、执行方向

（1）实地走访重点红色旅游景区，观察游客行为，收集游客反馈。

（2）对红色旅游从业者（如景区管理人员、导游）进行访谈，了解产品开发和运营情况。

（3）研究相关政策文件和行业报告，分析红色旅游市场的政策环境和发展趋势。

任务三　项目实训与总结

◇ 实训工单

一、项目名称

本项目名称：红色旅游产品策划。

二、实训任务

任课教师将根据实际情况，选取一个特定的旅游产品领域或主题作为实践教学的对象（在条件允许的情况下，可以基于真实市场需求或行业趋势）。学生将被分成若干小组，以旅游产品策划团队（乙方）的身份开展项目实训。各小组需要围绕选定的旅游产品领域或主题，进行深入的市场调研，分析消费者需求和行为模式，结合行业发展趋势，设计出一款具有创新性、实用性和市场竞争力的旅游产品，并制订相应的营销策略和推广计划。

三、实训目标

（1）基于红色旅游市场现状与需求趋势（如互动体验、业态融合），创新红色旅游产品形式，提升教育功能与吸引力。

（2）掌握"历史文化挖掘→场景化设计→多业态融合"的策划方法，平衡严肃性与体验感。

（3）输出兼具社会效益与市场价值的红色旅游方案，具备行业研讨与优化能力。

四、实训内容

（一）调研成果转化

（1）分析"红色旅游产品市场调研"数据，聚焦消费者对"内容丰富度""互动体验"的需求（如执行方向中提及的沉浸式场景）。

（2）参考实地走访景区的游客反馈，梳理现有产品痛点（如讲解枯燥、形式单一）。

（二）产品创新设计

（1）开发"红色＋研学/休闲"融合产品（如"重走长征路"沉浸式剧本杀、红色主题民宿体验）。

（2）设计分层体验内容：面向青少年增加趣味互动（如红色知识问答闯关），面向成人深化历史解读（如专家座谈、档案史料展）。

（三）方案优化与展示

（1）编制《红色旅游产品策划方案》，包含线路设计、体验项目、服务标准、营销建议。

（2）组织模拟评审会，邀请"从业者访谈"对象（如导游、景区管理方）参与方案点评，优化细节。

请将小组成员任务分工填入表 2-15 中。

表 2-15　小组成员任务分工

组别	成员姓名	具体负责完成的工作及主要内容

五、实训要求

（一）项目流程规范

各小组需要严格按照"市场调研—需求分析—创意策划—方案编制—成果汇报"五阶段推进工作，每阶段需提交过程性文档，并留存不少于 10 张反映工作场景的实景照片。要求采用甘特图工具绘制项目进度表，明确各环节时间节点及质量验收标准。

（二）成果质量要求

（1）最终成果材料（见表 2-16）包含：① 5000 字以上策划方案；② 8 分钟路演视频。

表 2-16　实训项目成果提交

序号	成果名称	具体内容
1	5000 字以上策划方案	提交完整的策划方案，包括封面、目录、背景分析、旅游资源与条件分析、市场分析、定位分析、创意内容策划、保障与实施、附件等，要求内容完整、排版规范、图文并茂，创新可行
2	8 分钟路演视频	以团队为单位，进行策划方案的展示汇报，展示汇报内容包括团队协作分工及主要完成内容和总体贡献度、旅游创意策划方案的主要内容和创意展示

（2）策划方案排版标准规范，需设置三级标题并自动生成目录，商业数据必须注明来源并附原始调研问卷。

（3）路演环节采用"5+3"模式（5分钟陈述+3分钟问答），要求使用智慧教室或虚拟直播间采集录像视频。

六、实训评价

以小组为单位进行评价，具体评价指标见表2-17。

表2-17 项目实训评价

评价维度	评价指标	评价内容	评分标准	得分
职业技能（60分）	项目调研深度（20分）	调研的全面性与准确性	项目是否涵盖了目标市场的需求分析，竞争情况及潜在趋势，调研数据是否充分且可靠	
		数据分析方法	是否使用了有效的数据分析方法，如问卷调查、深度访谈、二次数据分析等	
		市场需求与竞争分析	能否通过调研分析目标市场的真实需求和竞争环境，明确竞争对手优势与劣势	
		数据支持与结论	调研数据是否直接支持方案中的结论，是否能清晰描绘目标市场需求与竞争现状	
	策划创意呈现（20分）	创意的独特性与创新性	提出的策划创意是否具有创新性，是否与现有市场做出差异化，有没有打破传统或提出新颖的视角	
		与目标市场的契合度	创意是否能有效吸引并满足目标游客群体的需求，是否能够通过创新解决实际问题	
		创意的实际可行性	提出的创意是否考虑到实际操作的可行性，能否在现实中落地执行	
		视觉表现与展示效果	创意是否通过图文并茂的方式清晰传达，展示是否具有吸引力，视觉效果是否清晰明了	
	方案整体质量（20分）	内容的全面性与完整性	方案是否涵盖了封面、目录、背景分析、现状分析、定位分析、内容策划、预算与实施等所有重要内容	
		方案的实用性与可操作性	策划方案是否具有具体明确的实质内容，并且能够在实际环境中执行，有无明确的时间表和执行标准	

续表

评价维度	评价指标	评价内容	评分标准	得分
职业技能（60分）	方案整体质量（20分）	整体质量与专业性	整个项目的方案是否具有较高的专业性，细节是否处理得当，内容是否充分，排版是否规范	
		可行性与影响力	方案是否具有可行性，并能够产生良好的市场效果和社会影响力	
职业素养（40分）	项目汇报效果（20分）	团队成员协作互动	在PPT展示中是否有明确的团队分工说明，团队成员是否能够协调统一地表达方案并有效回答问题	
		内容结构与清晰度	内容是否条理清晰，是否能够有效传达方案的要点、创新点和独特的创意	
		汇报逻辑性与流畅性	团队在汇报时是否具有良好的逻辑结构，演讲是否流畅、自然	
		PPT视觉效果与设计	PPT的设计是否简洁明了，图文搭配合理，视觉效果良好	
	团队合作情况（20分）	团队分工的合理性	团队成员是否能够根据各自优势合理分配任务，分工是否明确	
		团队协作的效果	团队成员之间的合作是否高效，是否能够在整个策划过程中保持沟通，协作是否顺畅	
		协作中的问题解决能力	在团队合作过程中，是否能够有效解决出现的问题，确保项目进度和质量	
		团队整体表现	团队合作是否融洽，是否能够共同推动项目进展，汇报中是否体现出整体协作精神	
总分				

说明：总分90分及以上为优秀；80~89分为良好；70~79分为中等；60~69分为及格；60分以下为不及格。

◇ 项目总结

　　以个人为单位，根据本项目学习内容和实训，填写并完成项目总结报告（见表2-18）。

表 2-18　项目总结报告

项目名称						
学生姓名		小组成员				
本人角色			完成的主要工作			
实训时间			校内指导教师		企业指导教师	
学习总结						
学习反思						
改进方向						

◇ **知识测评**

一、名词解释

1. 旅游产品
2. 产品差异化策略
3. 生命周期

二、单选题

1. 旅游产品的"无形性"特征指（　　）。
   A. 仅包含实物商品　　　　B. 核心是服务体验
   C. 可提前储存　　　　　　D. 与地域无关
2. 按生命周期分类,"经典城市观光游"属于（　　）。
   A. 投入期产品　　　　　　B. 成长期产品
   C. 成熟期产品　　　　　　D. 衰退期产品
3. 旅游产品策划的核心是（　　）。
   A. 成本控制　　　　　　　B. 市场需求
   C. 人员管理　　　　　　　D. 渠道拓展

三、多选题

1. 旅游产品的特点包括（　　）。
   A. 不可储存性　　　　　　B. 可分割性
   C. 地域性　　　　　　　　D. 永久性
2. 旅游产品定价策略包括（　　）。
   A. 成本加成定价法　　　　B. 竞争导向定价法
   C. 心理定价法　　　　　　D. 随机定价法
3. 旅游产品体系包括（　　）。
   A. 核心产品　　　　　　　B. 辅助产品
   C. 拓展产品　　　　　　　D. 延伸产品

四、判断题

1. 旅游产品仅指景点门票和酒店住宿。（　　）
2. 定制化旅游产品不需要考虑成本，只需要满足个性化需求。（　　）
3. 成长期旅游产品需要加大促销力度，扩大市场份额。（　　）

五、简答题

1. 简述旅游产品策划的意义。
2. 按消费群体分类，旅游产品可分为哪些类型？
3. 旅游产品策划的基本流程包括哪些步骤？

项目三　旅游活动策划

◆ 项目导学

旅游活动策划专注于依据不同旅游目的地的特色、游客的兴趣偏好以及市场需求，策划出兼具趣味性与独特性的旅游活动。通过精心策划与执行旅游活动，能够极大地丰富游客的旅行体验，提升旅游目的地的吸引力，从而促进旅游业的发展。在本项目中，学生将系统学习旅游活动策划的全流程，包括前期调研、创意构思、方案设计、资源整合以及活动执行与评估等环节，掌握如何精准把握游客需求，合理调配资源，打造令人难忘的旅游活动。项目融合实际案例分析、模拟项目操作以及实地考察等教学手段，全面提升学生的策划能力、组织协调能力以及应变能力，为学生今后从事旅游活动策划相关工作积累丰富的实践经验。

◆ 项目导图

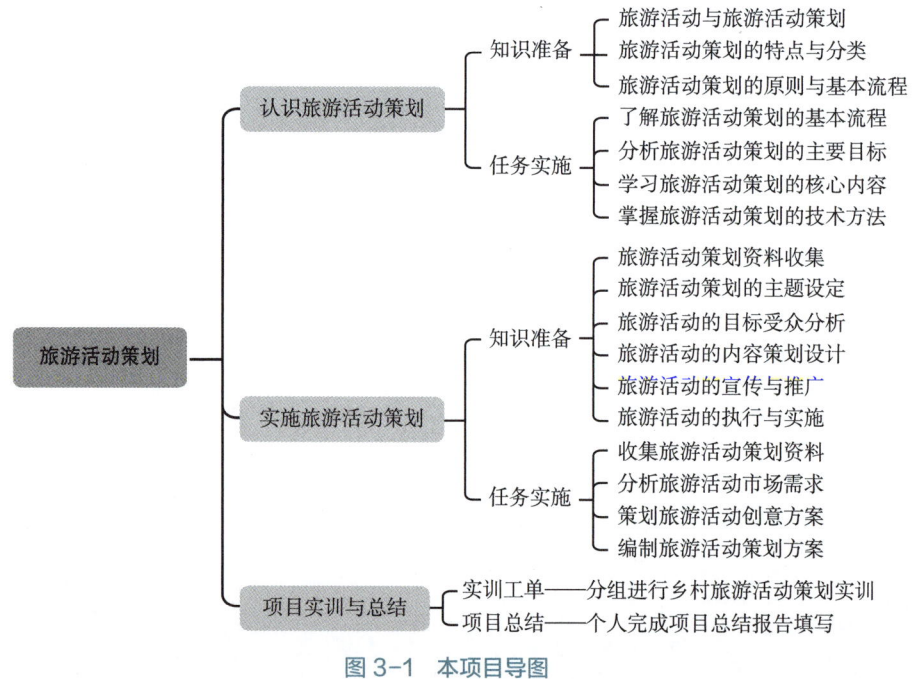

图 3-1　本项目导图

◆ 项目成果

1. 旅游活动策划方案
2. 旅游活动策划路演视频

◆ 项目引学

非遗与旅游融合特色活动十大典型案例

1. 北京世园花灯艺术节

北京世园花灯艺术节占地面积30万平方米，以"龙腾盛世"为主题，采用"非遗传统彩灯工艺"与"现代科技光影互动"融合的方式，重点打造236组大型特色花灯，3000米花灯长廊，20万盏花灯，营造出"华灯璀璨夜迷人，盛世华章庆佳节"的节日氛围。除了传统工艺花灯之外，世园公园特别引进了科技彩灯，通过全景＋真人演绎，讲述上古时期故事，让游客沉浸式体验传统文化魅力。

2. 吉林省"丹沙落"民俗文化体验活动

为了让游客了解传统文化乐趣，体验非遗魅力，2021年年初，向海环浪屿旅游有限公司与吉林大学合作建立以非遗、湿地文化、鹤文化为主的主客共生、共荣共享的民俗文化体验馆。推进形成"小产品、大产业""小工艺、大特色"的发展模式，使特色手工产业、民宿产业成为通榆县经济社会发展的新亮点，助力通榆县实现乡村振兴。

3. "清新福建·共享非遗嗨一夏"主题活动

围绕非遗融旅游、非遗＋研学、非遗进校园等多个维度，推出一系列精彩纷呈的活动。其中，非遗融旅游将通过举办各类活动深化非遗与旅游融合，积极打造沉浸式非遗新场景、新业态，丰富游客旅行体验；非遗＋研学将抓住暑期节点，通过省、市、县文化机构、教育部门及乡镇（街道）、村（居）委会开展非遗夏令营、非遗微培训、小小传承人等百余场非遗研学活动；非遗进校园将非遗引入校园、景区、社区，让青少年领略非遗魅力，培养对传统文化的热爱和传承意识，营造"非遗保护人人参与，非遗成果人人共享"的良好氛围。

4. 吉安市畲乡二月二庙会民俗体验活动

"二月二"传统庙会至今已有200余年的历史，是江西省非物质文化遗产，也是江西省内最传统的庙会之一。俗话说"二月二，龙抬头"，每逢农历二月初二，东固畲族乡都会弘扬中华传统文化，举行祷告祝神、送神游行等民俗活动，以祈来年风调雨顺、五谷丰登。届时，畲乡迎亲表演、"二月二"舞龙、畲乡美食品尝等丰富多彩的民俗特色活动吸引大批游客前去参观体验，人们赏民俗、看表演、品美食，大街小巷洋溢着热腾腾的烟火气。

5. 三江侗族非遗特色旅游演艺活动

三江侗族自治县充分整合非遗资源，积极探索"非遗+旅游"发展新模式，将非遗予以"活态"展现。立足丰富的非物质文化遗产开发特色演艺，打造了《坐妹》《侗听三江》《侗恋程阳》等非遗特色旅游演艺，2023年《坐妹》入选全国旅游演艺精品名录。

6. "千年巴蜀酿·醉美津泸宜"川渝非遗旅游品牌推广活动

江津区联合四川省泸州市、宜宾市推出了"千年巴蜀酿·醉美津泸宜"川渝非遗旅游原创品牌，现场发布了巴蜀非遗酿造技艺旅游品牌宣传口号、品牌故事、品牌IP形象、宣传推广MV、品牌特色旅游产品、主题旅游线路等内容。共有品牌广告语为"千年巴蜀酿·醉美津泸宜"，将巴蜀酿造技艺的历史娓娓道来，总结出津泸宜三地的文旅魅力；共创MV，奏响"同饮一江水，共唱一首歌"的美妙和韵之曲；共创文旅IP"一斤六"，凝结三地千年酿造技艺，聚三地之灵气，扬巴蜀酿造技艺。

7. 景迈山秘境茶旅体验活动

景迈山秘境茶旅体验活动是一次深度体验景迈山古茶林文化的旅程。通过参观翁基布朗族传统村落、大平掌古茶林以及遗产四中心，游客们能够感受到景迈山古茶林的美丽与神秘，同时体验中国西南边陲的秘境风光和普洱茶文化的独特魅力，为普洱打响"世界的普洱·中国的茶"文化品牌搭建了一座桥梁。

8. 普兰县"雪域秘境·神奇普兰"非遗旅游系列活动

普兰非物质文化遗产在传承保护中结出丰硕成果，果谐（伟大祖国）、风韵藏戏、"嘎尔"舞、"宣"舞、孔雀饮酒舞等10个节目展示着非遗风采，别具一格的"普兰服饰"绽放着独特魅力，现在的普兰拥有国家、自治区、地区、县各级非物质文化遗产项目 34 项、非遗传承人 30 人、非遗传习基地 4 处，出版多油村"宣"舞《古韵回响》书籍，完成 19 首"宣"舞歌曲的录制和拍摄，成功入选"2021—2023 年度西藏自治区民间文化艺术之乡""岗廓文化之乡"，科迦评为"首批自治区非遗旅游（点）"，这些非物质文化遗产充分展示了"非遗"记忆活力，传承着历史文化自信。

9. 青海藏毯系列文旅体验活动

藏毯是与波斯地毯、土耳其地毯齐名的世界三大名毯之一，以其艳丽的色彩、浓厚的民族风格、鲜明的地域特色闻名遐迩。为让更多人了解藏毯文化，圣源地毯集团有限公司不断挖掘藏毯文化的内在文化价值，研究藏毯的图案、色彩所包含的人文精神，将其融入产品设计中，并将工业旅游项目与研学、文旅娱乐体验深度融合，开展了一系列旅游活动，开发了藏毯文化体验、文创产品，提高了游客体验度，在丰富文旅项目的同时，提升了产品质量和品牌影响力。圣源地毯以传承和发扬藏毯文化和发展地方特色产业为己任，在藏毯故乡讲述青藏文化和旅游故事，通过技术与经营模式的创新，努力让这项古老的手工艺品走得更远、流传更久。

10. 隆德非遗旅游系列活动

隆德县围绕打造文化兴盛沃土、建设新时代文化强县目标任务，以推动文旅高质量发展为主题，在大力保护传承非物质文化遗产的基础上，多元化发展"非遗+旅游"，着力打造"活力非遗、魅力非遗、引力非遗"，将非物质文化植入食、住、行、游、购、娱等深度体验环节中，创新营造线上"种草"、线下"打卡"的遗旅融合氛围，非遗为旅游丰富了文化内涵，旅游为非遗提供更多实践和应用场景，实现了"一子落而全盘活"的双向奔赴。

（资料来源：尖峰文创. 非遗与旅游融合特色活动十大典型案例［EB/OL］. https://www.cqciig.com/content/1278674552394100736/web/content_1278674552394100736.html，2024-08-29/2025-05-07）

【讨论与思考】

1. 如何既保留"非遗"文化的核心技艺与精神内涵，又能吸引年轻游客？
2. 如何评估"非遗"与旅游融合特色活动的效果？

任务一　认识旅游活动策划

◇ **课前准备**

如果你是一名旅游活动策划师，要如何策划一场让游客流连忘返的旅游活动？请以小组为单位，选择一个真实或虚拟的旅游目的地，围绕"旅游活动策划"展开头脑风暴，并在表 3-1 中尽可能详细地回答每个问题，充分展现创新思维。

表 3-1　头脑风暴记录

分类	问题	答案
目标受众	1. 本次活动面向哪些人群？	
	2. 不同年龄段、兴趣爱好的人群对活动的期待有何差异？	
活动主题	1. 可以确定哪些独特的活动主题？	
	2. 主题如何与目的地特色紧密结合？	
资源整合	1. 活动所需的交通、住宿、餐饮等资源如何获取？	
	2. 怎样与当地供应商建立良好合作？	
活动内容	1. 设计哪些具有吸引力的活动项目？	
	2. 如何保证活动的趣味性和安全性？	
宣传推广	1. 通过哪些渠道宣传活动？	
	2. 怎样利用社交媒体进行活动预热和推广？	
预算管理	1. 活动的预算大概是多少？	
	2. 如何合理分配预算，确保资源有效利用？	

◇ 任务描述

你是一名充满热情的旅游爱好者，每次出游都热衷于参与各种特色活动。通过你丰富的旅行经历中，你发现一场精心策划的旅游活动能为旅程增添许多色彩，你由此对旅游活动策划产生了浓厚兴趣。你渴望深入了解旅游活动策划领域，学习如何策划出富有吸引力、令人难忘的旅游活动，但目前你对该领域的认知有限，亟须系统地学习和探索。

◇ 任务分析

在旅游行业蓬勃发展的当下，旅游活动策划起着举足轻重的作用。它是将旅游目的地的资源优势转化为游客独特体验的关键环节，是提升旅游目的地吸引力和游客满意度的重要手段。对于渴望进入旅游活动策划领域的人而言，首要任务是全面了解旅游活动策划的内涵、特点及重要性。

旅游活动策划是一个复杂的系统性工作，涵盖了从前期市场调研、目标受众分析、活动主题构思、内容设计，到中期资源整合、宣传推广，再到后期活动执行与效果评估等多个环节。其特点在于需要充分考虑旅游目的地的自然和文化特色、目标受众的需求与偏好，以及活动的可行性与安全性。例如，针对亲子家庭策划旅游活动时，要注重活动的趣味性、教育性和亲子互动性；针对户外运动爱好者进行设计时，则要考虑具有挑战性和专业性的活动项目。

因此，要进行旅游活动策划，需先理解其基本概念和内涵，掌握旅游活动策划的主要环节和特点。通过不断学习和实践，提升自己的策划能力、创新思维以及组织协调能力，为未来从事旅游活动策划工作奠定坚实基础。

一、任务目标

（1）知识目标：了解旅游活动的类型、特点及策划流程，掌握活动主题设定与资源整合方法。

（2）能力目标：能策划具有创新性和体验性的旅游活动，如文化体验、自然探险等。

（3）素养目标：提升活动执行的风险管控意识，培养文化传承与环保责任感。

二、任务重点

旅游活动的主题设计（文化、自然、美食等）和执行流程（调研、宣传、评估）。

三、任务难点

平衡活动创新性与可行性，如户外探险活动中安全保障与体验深度的协调。

◇ 知识准备

一、旅游活动与旅游活动策划

（一）旅游活动

旅游活动是人们为了满足休闲、娱乐、探险、求知等目的，离开常住地前往其他地方进行的一系列行为和经历。它是主体（旅游者）与客体（旅游资源和环境）之间动态交互的过程，涵盖了从行前规划、旅途行进、现场体验到归后回忆的完整链条。丰富多彩、深度体验的旅游活动能够激发游客的探索欲与满足感，促进文化的交流与传播，增强旅游地的吸引力和竞争力。

旅游活动可以从多个维度进行分类。从活动性质上，分为体验类活动，如农事体验、手工制作，让游客亲身感受当地生活与技艺；游览类活动，如参观名胜古迹、自然风光景区，帮助游客领略不同地域的特色景观；参与类活动，如民俗节庆参与、户外运动赛事，鼓励游客积极融入其中。从时间跨度上，有短期一日游活动，满足游客周末或闲暇日的短途出行需求；中长周期多日游活动，让游客深入探索目的地，进行深度体验。从组织形式上，包含团队旅游活动，有专业导游组织协调，游客可享受一站式服务；自助旅游活动，游客自主规划行程，追求自由随性的旅行体验。

旅游活动的实施依托于多元化的旅游资源与环境，包括自然景观（山川湖海、森林草原）、人文景观（古迹遗址、民俗村落）、现代设施（主题公园、博物馆）等。这些资源的独特性与丰富性直接决定了旅游活动的多样性和吸引力。同时，旅游活动的质量还受到服务质量、安全保障、环境保护等因素的影响，这些因素共同构成了旅游活动的整体体验价值。旅游活动的参与不仅是个体身心放松的过程，也是文化学习与社会交往的重要途径。通过旅游，游客能够拓宽视野、增长知识、体验不同的生活方式和文化习俗，从而促进个人成长和社会文化的交流与融合。因此，应积极推动旅游活动的创新与发展，注重旅游资源的可持续利用与环境保护，为游客提供更加丰富多元、安全舒适的旅游体验，同时促进旅游业的健康可持续发展。

（二）旅游活动策划

旅游活动策划是指根据旅游目的地的资源特色、市场需求以及游客的兴趣偏好，运用创造性思维和系统方法，对旅游活动进行全面规划和设计的过程。它涵盖了从活动主题的确定、内容的构思、流程的安排，到资源的整合、宣传推广以及活动执行与评估等一系列工作，旨在为游客提供独特、丰富且难忘的旅游体验。

旅游活动策划作为连接旅游目的地与游客的桥梁，其重要性不言而喻。一次成功的旅游活动策划能够精准捕捉游客的需求，将目的地的自然美景、文化特色与游客的兴趣偏好完美融合，创造出独一无二的旅行体验。同时，它还能有效提升旅游目的地的知名度和吸引力，为当地经济发展注入新的活力。因此，对于旅游从业者而言，掌握旅游活动策划的技能至关重要。

（三）旅游活动策划的意义

1. 提升旅游体验

精心策划的旅游活动能够满足游客多样化的需求，让游客深入体验旅游目的地的文化、自然景观等特色，使旅游过程更加充实和有趣。例如，为历史爱好者策划古城遗址深度游，安排专业考古人员讲解，参与文物修复体验；为亲子家庭打造乡村田园亲子游，设置农事体验、手工制作等项目，满足游客多样化需求，让他们深度领略目的地文化与自然魅力，使旅程充满乐趣与收获。

2. 增强目的地吸引力

独特的旅游活动可以吸引更多游客前来，提高旅游目的地的知名度和美誉度，促进当地旅游业的发展。例如，云南西双版纳的泼水节活动，可以吸引大量游客前往体验少数民族风情，极大提升了西双版纳的知名度与美誉度，促进当地旅游业蓬勃发展，带动酒店、餐饮等行业繁荣。

3. 促进产业发展

旅游活动的开展形成产业联动效应，带动了交通、住宿、餐饮、购物等相关产业的协同发展。以一场大型音乐节旅游活动为例，不仅带动当地音乐演出市场，还促使交通（如临时增开专线、包车服务）、住宿（周边酒店、民宿预订火爆）、餐饮（特色美食摊位增加）、购物（音乐节周边商品售卖）等产业协同发展，为当地经济注入强大动力。

4. 满足市场竞争需求

在竞争激烈的旅游市场，出色的活动策划是旅游企业制胜法宝。例如，某小型旅行社针对摄影爱好者推出"秘境摄影之旅"，精心规划拍摄线路，邀请知名摄影师随行指导，凭借特色活动在众多旅行社中脱颖而出，吸引大量客源，提升市场竞争力。

二、旅游活动策划的特点与分类

（一）旅游活动策划的特点

1. 创新性

旅游活动策划需要不断挖掘新颖的活动主题和形式，以吸引游客的关注，满足游客追求独特体验的心理。例如，以"太空探索"为主题的主题公园活动，打造模拟太空舱体验、星际穿越沉浸式演出等，满足游客对未知世界的探索欲望，吸引追求独特体验的游客目光。

2. 综合性

旅游活动策划涉及旅游目的地的各个方面，包括自然资源、文化资源、基础设施以及各相关产业，需要对这些产业进行全面整合与协调。例如，策划一场海滨旅游活动，既要协调海滩、海岛等自然资源，又要整合当地海鲜美食文化、渔家民俗文化等文化资源，还要考虑交通便利性、住宿接待能力等基础设施条件，以及与酒店、餐厅、游船公司等相关产业合作。

3. 针对性

旅游活动策划需要根据不同的目标受众，如年龄、性别、兴趣爱好、消费能力等，设计出符合其需求的活动内容和形式。例如，针对老年游客，应注重活动的舒适性与文化内涵，如设计古镇文化慢游，安排充足休息时间，配备专业文化讲解；针对年轻游客，应突出活动的刺激性与互动性，像举办户外极限运动挑战活动，设置攀岩、速降等项目。

4.灵活性

在活动策划和执行过程中，需要充分考虑各种不确定因素，具备灵活调整方案的能力，以应对突发情况。例如，策划户外音乐节，若遇恶劣天气，需要灵活调整场地至室内场馆，重新规划演出流程，确保活动顺利进行。

5.体验性

注重游客的参与和体验，通过互动性强的活动项目，让游客深度融入旅游活动，留下深刻印象。例如，举办传统美食制作体验活动，让游客亲手制作当地特色美食，从食材准备到烹饪过程全程参与，使游客能够品尝自己的劳动成果，加深他们对当地美食文化的理解与记忆。

（二）旅游活动策划的分类

1.按活动主题分类

（1）文化体验类：这类活动旨在让游客深入体验目的地的文化特色，如民俗风情、历史遗迹、艺术展览等。通过组织文化讲座、手工艺制作、古迹探访等活动，游客可以更直观地了解当地的历史文化，感受异域风情，增强对文化的认同感与尊重。例如，策划一场以"古镇文化探索"为主题的活动，游客可以穿上传统服饰，在古镇中漫步，参与民间手工艺品制作，聆听历史故事，深度体验古镇文化的魅力。

（2）自然探险类：这类活动强调与自然环境的互动和探索，适合喜欢户外运动和冒险的游客。通过徒步、攀岩、漂流、观鸟等活动，游客可以近距离接触大自然，感受自然的壮丽与神秘。例如，设计一条穿越原始森林的徒步线路，游客在向导的带领下，沿途欣赏原始森林的美景，观察野生动植物，体验户外探险的乐趣。

（3）休闲娱乐类：针对寻求轻松愉悦体验的游客，可以策划休闲娱乐类活动，如海滩度假、温泉疗养、主题公园游玩等。这些活动注重游客的舒适与放松，提供多样化的娱乐设施和服务，让游客在轻松愉快的氛围中度过假期。例如，在海滨城市策划一场"海滩狂欢节"，包括沙滩排球、海上冲浪、日落音乐会等活动，让游客充分享受海滨度假的乐趣。

（4）美食体验类：美食是旅游中不可或缺的一部分，策划美食体验类活动可以吸引热爱美食的游客。通过组织烹饪课程、美食节、夜市探访等活动，游客可以品尝当地特色美食，了解食物背后的制作工艺和文化故事，享受味蕾的盛宴。例如，在某知名美食城市举办"美食文化节"，邀请当地名厨现场教授特色菜肴的制作方法，游客不仅可以亲手制作美食，还能品尝到地道的地方风味。

2. 按活动时间分类

（1）短期活动：短期活动通常持续数小时至数天，适合快节奏的现代生活，让游客在短时间内获得丰富的体验。这类活动可能包括周末短途游、节日庆典、特定主题的狂欢节等。例如，在春季策划一场樱花节活动，游客可以在短时间内欣赏到樱花盛开的美丽景色，参与花下野餐、摄影比赛等趣味活动，享受春天的美好时光。

（2）中长期活动：中长期活动持续数天至数周，甚至更长，能为游客提供深度体验的机会。这类活动涵盖文化沉浸、生态探险、语言学习等主题。例如，旅游季系列活动如"冬季冰雪狂欢季"，持续数月，包含滑雪比赛、冰雕展览等多项活动；年度庆典活动如"新年跨年盛典"，在每年年末举办，汇聚音乐演出、烟花秀等内容。

3. 按活动规模分类

（1）小型活动：这类活动针对特定小众群体定制，通常参与者较少，规模有限，但更加注重细节和个性化体验。小型活动便于管理和协调，能够使游客感受到更加私密和专属的氛围。例如，策划一场小型的户外野餐会，邀请亲朋好友一同享受自然风光和美食，营造温馨和谐的聚会氛围；又如，为摄影发烧友举办"微距摄影工作坊"，活动规模小，专注于微距摄影技巧培训与实践。

（2）中型活动：中型活动面向一定区域市场，参与者数量适中，既能够保持活动的亲密性，又能够容纳更多的活动内容和形式。这类活动适合团队建设、家庭聚会或社区活动等场景，通过设计多样化的互动环节，增强参与者的归属感和凝聚力。例如，组织一场社区运动会，设置多种运动项目，鼓励居民积极参与，增进邻里之间的友谊和团结。

（3）大型活动：大型活动参与者众多，规模宏大，通常具有较高的知名度和影响力。这类活动需要全面的规划和周密的执行，以确保活动的顺利进行和参与者的安全。大型活动可以包括音乐节、旅游文化节、体育赛事等，通过丰富的活动内容和广泛的宣传推广，吸引大量游客前来参与，促进当地旅游业的发展。例如，举办一场国际音乐节，邀请国内外知名乐队和歌手表演，吸引全球音乐爱好者前来观看，提升城市的国际知名度和旅游吸引力。

三、旅游活动策划的原则与基本流程

（一）旅游活动策划的原则

1. 市场导向原则

在策划旅游活动时，需要密切关注市场动态和游客需求的变化，确保活动内容与市场需求相契合。通过市场调研，了解目标受众的兴趣偏好、消费习惯以及竞争对手的情况，以便调整和优化活动策划方案，提高活动的市场竞争力。例如，通过线上问卷、线下访谈了解年轻游客对科技旅游的兴趣，策划"未来科技主题乐园之旅"，设置虚拟现实体验、机器人互动等项目，符合年轻客群追求新奇、科技感的期望，增强活动吸引力与竞争力。

2. 特色鲜明原则

强调活动的独特性和创新性，避免同质化竞争。深入挖掘旅游目的地的文化内涵和自然资源，打造具有地方特色的活动主题和内容，以吸引游客的关注和参与。同时，注重活动的形式创新，通过新颖的活动设计和互动环节，提升游客的体验感和满意度。例如，在具有古老茶文化的地区，策划"茶文化深度体验之旅"，游客可以参观古茶树园、参与茶叶采摘炒制、学习传统茶艺，感受当地独特茶文化魅力。

3. 可行性原则

在策划旅游活动时，需要充分考虑活动的实际操作性和实施条件，确保活动方案切实可行。这包括评估活动所需要的资源、资金、人力等是否充足，以及活动场地、设施、交通等是否满足要求。同时，还需要关注活动的法律法规限制和安全风险，确保活动在合法合规的前提下进行，并采取有效的安全措施，保障游客的人身安全。例如，在策划山区徒步活动时，需要提前考察徒步线路的安全性，设置紧急救援点和联系方式，确保游客在遇到危险时能够及时获得帮助。

4. 效益最大化原则

在策划旅游活动时，应追求经济效益、社会效益和环境效益的最大化。通过合理的成本控制、有效的资源整合以及精准的市场定位，实现活动的盈利目标，为旅游企业和相关产业带来收益。同时，活动应有助于提升旅游目的地的知名度和美誉度，促进当地经济的发展和社会文化的交流。此外，还需要注重活动的环境保护，减少对自然环境的破坏，倡导绿色旅游和可持续发展理念。例如，在乡村策划生态旅游活动，不仅通过门票、住宿、餐饮等实现经济效益，还通过游客参与农事体验、文化传承活动促进当地社会发展，同时注重生态环境保护，推广绿色出行、垃圾分类等环保措施。

5. 安全第一原则

在策划和执行活动过程中，要始终把游客的安全放在首位。对活动场地、设施、交通等进行全面检查和评估，确保符合安全标准。制订详细的安全预案和应急措施，以应对可能出现的突发情况。加强游客的安全教育和引导，提高游客的安全意识和自我保护能力。例如，户外探险活动前检查登山装备、攀岩设施；对活动流程进行安全评估，如水上活动配备专业救生员、制订应急预案，保障游客人身与财产安全。

（二）旅游活动策划的基本流程

1. 市场调研与分析

运用多种调研方法收集信息。线上利用大数据分析游客搜索热点、旅游平台评论；线下进行实地考察、访谈当地居民与旅游从业者。例如，策划海岛旅游活动，了解游客对海岛水质、娱乐项目、住宿条件的需求，分析周边海岛旅游产品竞争情况，评估目的地资源与市场潜力。

2. 确定活动目标

明确具体、可衡量的目标。例如，策划一场旅游活动，目标设定为吸引 5000 名游客参与，通过活动将旅游目的地品牌知名度提升 30%，增加旅游收入 200 万元等，为后续策划提供方向。

3. 主题与内容策划

结合调研结果与目标确定主题。例如，根据市场对亲子教育旅游的需求，确定"亲子自然科普之旅"主题，设计自然博物馆参观、户外动植物观察、科普讲座等活动内容，规划详细活动流程与参与方式。

4. 资源整合与筹备

积极与各类供应商合作。例如，策划一场古镇旅游活动，与古镇内特色民宿签订合作协议，确保住宿供应；与当地特色餐厅合作，提供美食体验；邀请专业导游团队负责讲解服务，做好活动筹备工作。

5. 宣传推广

制订多元化宣传方案。线上利用社交媒体平台发布精美的活动海报、短视频，邀请旅游博主进行推广；线下在旅行社门店张贴海报、发放宣传册，举办活动推介会，吸引目标游客报名。

6. 活动执行

严格按照策划方案组织活动。安排专人负责活动现场秩序维护，例如，在大型活动入口设置安检通道、安排引导员；及时处理突发问题，当游客身体不适时迅速安排医疗救援。

7. 效果评估

从多维度评估活动效果。通过问卷调查了解游客满意度；统计参与人数、门票收入评估经济效益；分析媒体报道、社交媒体话题热度评估社会效益，总结经验教训，为后续活动策划提供参考。

◇ 任务实施

一、了解旅游活动策划的基本流程

了解并在表 3-2 中列出旅游活动策划的基本流程，包括每个阶段的主要任务及其完成每个任务的预期成果。

表 3-2　旅游活动策划基本流程

流程阶段	主要任务	预期成果

二、分析旅游活动策划的主要目标

选择某一旅游企业或目的地,在表 3-3 中列出其旅游活动策划的主要目标,并简要描述这些目标的具体内容和实现策略。

表 3-3　旅游活动策划目标分析

目标类型	目标描述	实现策略

三、学习旅游活动策划的核心内容

收集一个成功的旅游活动策划案例,在表 3-4 中从活动主题、目标受众、活动内容、宣传推广四个方面分析旅游活动策划的核心内容,并简要描述每项内容的具体实施举措。

表 3-4　旅游活动策划核心内容分析

策划内容	核心要点	实施举措

四、掌握旅游活动策划的技术方法

收集不少于 3 个旅游活动策划案例,根据每个案例的特点,分析其旅游活动策划的创意技法,并解释其创意来源及实施方法。请将分析内容填入表 3-5 中。

表 3-5　旅游活动创意策划技法分析

案例名称	创意技法	创意来源及实施方法

◇ 任务小结

请学生将自评结果填入表 3-6 中。

表 3-6　学生自评

学生姓名	
学习内容概述	
收获与经验	
存在的问题	
改进措施	
学生自评（0～100 分）	

说明：学生自评得分计入表 3-7 中。

◇ 任务评价

以个人为单位进行评价，具体评价指标见表 3-7。

表 3-7　任务评价

评价维度	评价指标	评价标准	学生互评	教师评价	学生自评
职业技能（60 分）	完成情况（20 分）	是否按时完成了任务的所有要求			
	分析深度（20 分）	对内容的分析是否深入			
	创新创意（10 分）	是否提出了有创意的内容或解决方案			
	解决问题（10 分）	是否解决了实际问题且具有可行性和操作性			

续表

评价维度	评价指标	评价标准	学生互评	教师评价	学生自评
职业素养（40分）	学习态度（10分）	主动参与讨论研究，展示学习兴趣和理解			
	时间管理（10分）	按时完成工作，没有拖延和临时赶工			
	团队协作（10分）	有效沟通协作，积极参与任务分配与执行			
	总结反思（10分）	自我总结不足和优缺点，并提出改进建议			
总计					
总分					

说明：学生自评20%，学生互评30%，教师评价50%。总分90分及以上为优秀；80～89分为良好；70～79分为中等；60～69分为及格；60分以下为不及格。

◇ 拓展任务

一、案例分享：西山花海景区旅游活动策划

（一）文旅趋势，精准定位

景区位于安徽省宿州市符离镇符离大道（S407）西侧，距离市区约25千米。项目南起清水村，北至尖山村，全长约3.2千米，总面积约190万平方米，交通便利，自然资源丰富，山、水、林、田、湖等原始资源较好。景区充分利用农田、果林、村落特色，努力打造集田园生活、优农计划、田园花海、户外拓展、科普教育为一体的西山花海田园综合体，是打造全域旅游、乡村振兴的示范基地，也是自驾游、近郊游的好去处。每当花季到来，桃花、梨花、洋甘菊、虞美人、月季花、蓝香芥、万寿菊等百花争艳，红花绿草，碧水蓝天，描绘出一幅幅彩色画卷。景区计划打造全域旅游、乡村振兴的示范基地。

（二）天赋资源，皖北明珠

（1）政策东风：依托《埇桥区乡村旅游高质量发展三年行动计划》，打造"以花

为媒、文旅融合"的田园综合体。

（2）区位优势：背靠符离大道文旅康养产业带，联动龙脊山、五柳康养、乾山户外等景区，形成皖北黄金旅游圈。

（3）文化底蕴：楚汉文化、淮河文明在此交汇，更有"马戏之乡、书画之乡"等"非遗"IP加持，让花海不止于美！

（三）主题定位，四大梦境

"藏梦花海，寻梦西山"——这里是治愈系的梦幻穿越之旅！

从大而全到专而美，把握小众目标客群。锁定把握目标客群：从粗犷辐射过渡到精准锁定，锁定小众目标客户、光影捕手、浪漫爱侣、亲子同游、悠闲长者、艺术绘者、企业团建。

（1）花海绮梦：千亩花田四季绽放，从郁金香到格桑花，步步皆景。

（2）文化幽梦：徽派建筑、泗州戏舞台、"非遗"手作工坊，沉浸式感受宿州文脉。

（3）欢乐甜梦：小火车漫游、寻宝乐园、亲子水上乐园，全家共享欢乐时光。

（四）四季主题，月月精彩

1. 春·花漾西山

（1）花田剧本杀：化身古代侠士，在郁金香迷宫中破解"花朝秘事"。

（2）闻花品茗：体验花茶制作，在花香中慢享春日。

（3）诗意乡村之旅：汉服游园、花海诗廊，邂逅宿州田园之美。

2. 夏·激情花海

（1）泼水狂欢：花田间的清凉派对，水枪大战一触即发。

（2）花海音乐节：民谣歌手、摇滚乐队轮番登场，点燃夏夜。

（3）星空露营：躺在花海里数星星，听虫鸣蛙叫入眠。

3. 秋·丰收盛宴

（1）菊花艺术展：千种菊花造型，搭配菊花茶品鉴，感受秋日雅趣。

（2）农耕体验：亲子播种、采摘，收获花海的"秋日果实"。

（3）摄影大赛：用镜头捕捉格桑花与晚霞交织的浪漫。

4. 冬·暖冬童话

（1）冰雪列车：乘坐梦幻雪国列车，穿越银装素裹的花海。

（2）围炉煮茶：在民宿庭院烤红薯、品香茗，治愈冬日寒冷。

（3）研学课堂：温室花朵科普、荧光鲜花制作，解锁自然奥秘。

（五）文化演艺，沉浸体验

（1）四季花海文化季：春季风筝节、夏季泼水节、秋季丰收节、冬季冰雪节——月月有主题。

（2）"非遗"舞台：泗州戏、马戏表演搬进花田，边赏花边看大戏。

（3）创意市集：手工花艺、花卉美食、文创周边，把"花海记忆"带回家。

（六）宣传亮点，全网打卡

（1）IP形象：打造"花仙子"主题IP，推出系列文创周边。

（2）梦想胜地：《向往的生活》《奔跑吧》等综艺取景地，解锁明星同款玩法。

（3）网红打卡：彩虹花门、星空花池、花田小火车，随手一拍都是大片。

二、案例评析

西山花海景区凭借其独特的自然景观和丰富的娱乐设施，已成为宿州市重要的旅游目的地。通过策划多样化的旅游活动，不仅可以提升游客的体验感，还能进一步推动景区的可持续发展。

三、案例借鉴

选择当地某一旅游目的地或景区，绘制旅游活动策划思维导图。

任务二　实施旅游活动策划

◇ 课前准备

请每位同学自主收集并分析2个成功的旅游活动策划案例，重点分析案例概述、策划亮点、成功因素及启示或借鉴，将分析要点填写至表格 3-8 中，并在课堂上进行分享讨论。

表 3-8　旅游活动策划案例分析

序号	案例名称	案例概述	策划亮点	成功因素	启示或借鉴

◇ **任务描述**

某一旅游发展公司的活动策划负责人（甲方），面对日益多样化的旅游市场需求，清楚地认识到一场成功的旅游活动对于提升公司品牌形象、增强游客黏性以及拓展市场的重要性。因此，他计划举办一系列特色旅游活动，委托专业活动策划团队（乙方）结合市场趋势和景区特色，基于充分的市场调研和数据分析，设计具有吸引力的活动内容，选择合适的活动场地和时间，策划宣传推广方案，同时评估活动效果并持续改进，以确保活动能够精准触达目标客户，为游客带来独特的旅游体验，实现公司业务的增长。

◇ **任务分析**

你作为专业活动策划团队的项目经理（乙方），接受旅游发展公司的委托，为其景区策划一系列旅游活动。你需要通过深入的市场调研和数据分析，洞察目标游客的兴趣偏好和需求痛点，结合景区的资源优势和特色，设计出独具创意的活动形式和内容。合理选择活动场地和时间，制订有效的宣传推广策略，运用多种渠道进行传播。建立完善的活动效果评估体系，定期对活动进行评估和优化，以保证活动的成功举办，为甲方创造显著的经济效益和社会效益。

一、任务目标

（1）知识目标：掌握活动策划的全流程（资料收集、主题设定、执行评估）及风险管控方法。

（2）能力目标：能设计互动性强的活动内容（如沉浸式体验、亲子互动），并通过多渠道宣传提升参与度。

（3）素养目标：强化细节管理与应急处理能力，培养文化传播与安全责任意识。

二、任务重点

活动主题与目标受众的匹配度（如年轻群体的科技互动、老年群体的文化慢游）、宣传渠道整合（社交媒体+线下推广）。

三、任务难点

大型活动的现场调度与突发情况应对，如户外音乐节的天气风险预案与人员分流管理。

◇ **知识准备**

一、旅游活动策划资料收集

在旅游活动策划的初期阶段，资料收集是至关重要的一环。这一步骤涉及从多个渠道获取与目标市场和潜在游客相关的信息，以确保策划的活动能够精准定位、满足市场需求。

（一）目标市场信息搜集

（1）官方数据获取：从当地旅游局、统计局等官方机构获取最新的旅游数据，包括游客流量、旅游收入、热门景点排名等。

（2）行业报告分析：研究旅游行业内的市场报告，了解当前旅游市场的趋势、游客行为模式以及新兴的旅游热点。

（二）游客群体特征研究

（1）问卷调查：设计并发放问卷，收集目标游客群体的年龄、性别、职业、兴趣爱好、消费习惯等基本信息。

（2）社交媒体分析：利用社交媒体平台的数据分析工具，分析目标游客群体的在线行为、偏好和关注点。

（3）客户访谈：通过一对一访谈或小组讨论的方式，深入了解目标游客的需求、期望和反馈。

（三）竞争对手分析

（1）活动策划案例收集：收集并分析竞争对手的旅游活动策划案例，包括活动主题、内容、执行方式等。

（2）成功因素与不足总结：分析竞争对手活动的成功之处和不足之处，为策划活动提供借鉴和启示。

通过全面的资料收集，可以为后续的旅游活动策划提供有力的数据支持和决策依据，确保活动能够精准定位、满足市场需求并脱颖而出。

二、旅游活动策划的主题设定

主题设定是旅游活动策划的核心环节，它决定了活动的整体氛围、特色和吸引力。以下是关于旅游活动策划主题设定的几个关键方面。

（一）市场趋势与热点结合

（1）紧跟潮流：密切关注旅游市场的最新趋势和热点话题，如生态旅游、文化旅游、亲子游等，确保主题设定与市场需求保持同步。

（2）创新融合：在紧跟潮流的基础上，尝试将不同元素进行创新融合，打造出独特且富有吸引力的活动主题。

（二）消费者画像与需求匹配

（1）深入分析消费者画像：基于前期收集的消费者数据，深入了解目标游客的年龄、性别、兴趣爱好等特征，以及他们对旅游活动的期望和需求。

（2）个性化主题设计：根据消费者画像和需求，设计符合目标游客偏好的个性化主题，如针对年轻游客的音乐节、电竞比赛主题，或针对家庭游客的亲子游、夏令营主题等。

（三）差异化竞争策略

（1）避免同质化：在设定主题时，要注重与竞争对手的差异化，避免陷入同质化竞争。

（2）突出特色：通过独特的主题设定，突出活动的特色和亮点，增强市场竞争力。

（四）可持续性与社会责任感

（1）环保理念融入：在主题设定中融入环保理念，倡导绿色旅游，减少对环境的影响。

（2）社会责任体现：通过主题设定传递正能量，如支持当地经济发展、促进文化交流等，体现活动的社会责任感。

通过精心策划的主题设定，可以打造出具有独特魅力和吸引力的旅游活动，满足目标游客的需求和期望，同时提升活动的品牌形象和市场竞争力。

三、旅游活动的目标受众分析

目标受众分析是旅游活动策划中不可或缺的一环，它直接关系活动的定位、内容设计以及营销策略的制订。以下是对旅游活动目标受众分析的几个关键方面。

（一）基本特征分析

（1）年龄分布：了解目标受众的年龄构成，有助于策划适合不同年龄段的活动内容。例如，年轻受众可能更喜欢冒险、刺激的活动，而中老年受众则可能更倾向于休闲、养生类活动。

（2）性别比例：分析受众的性别比例，有助于调整活动的性别倾向，如增加适合女性受众的购物、美容环节，或针对男性受众的户外运动、竞技比赛等。

（3）职业背景：了解受众的职业背景，可以策划符合其职业特点的旅游活动，如针对企业高管的商务考察游，或针对学生的研学旅游等。

（4）收入水平：评估受众的经济能力，有助于制订合理的价格策略和提供符合其消费水平的旅游服务。

（二）兴趣爱好与消费习惯

（1）兴趣爱好：通过市场调研和数据分析，了解目标受众的兴趣爱好，如自然风光、历史文化、美食体验等,从而策划符合其兴趣的活动内容。

(2)消费习惯:分析受众的旅游消费习惯,包括预订方式、支付方式、住宿偏好等,以便制订有效的营销策略和服务方案。

(三)心理需求与期望

(1)心理需求:探究目标受众在旅游活动中的心理需求,如寻求新鲜体验、放松身心、增进人际关系等,以满足其深层次的旅游动机。

(3)期望值管理:通过前期沟通和市场调研,了解受众对旅游活动的期望,合理设定活动标准,确保活动能够超出受众的预期,提升其满意度和忠诚度。

综上所述,通过深入的目标受众分析,可以更加精准地把握受众特征和需求,为后续的旅游活动策划提供有力支持。同时,也有助于提升活动的市场竞争力,吸引更多潜在受众的关注和参与。

四、旅游活动的内容策划设计

内容策划设计是旅游活动策划的核心,它决定了活动的吸引力、参与度和满意度。以下是对旅游活动内容策划设计的几个关键步骤和建议。

(一)明确活动目标

(1)主题深化:根据前期确定的主题,进一步细化活动目标,确保所有内容都紧密围绕主题展开。

(2)目标受众匹配:确保活动内容符合目标受众的兴趣、需求和期望,提高活动的参与度和满意度。

(二)活动内容构思

(1)多样化设计:结合主题和目标受众特点,设计多样化的活动内容,包括观光游览、文化体验、休闲娱乐、互动游戏等,以满足不同受众的需求。

(2)亮点打造:挖掘活动的独特卖点,如特色景点、文化表演、美食体验等,打造具有吸引力的亮点环节。

(3)时间安排:合理安排活动日程,确保内容紧凑有序,避免受众疲劳。

(三)互动与参与性提升

(1)增强互动性:通过设计互动游戏、问答环节、现场表演等,提高受众的参与度和互动性。

(2)个性化体验:提供个性化定制服务,如定制旅游线路、专属导游讲解等,满足受众的个性化需求。

(3)社交元素融入:利用社交媒体平台,鼓励受众分享活动体验,扩大活动影响力。

(四)安全与风险管理

(1)安全评估:在活动策划阶段,对活动场地、设施、交通等进行全面安全评估,确保活动安全进行。

(2)应急预案制订:针对可能出现的紧急情况,制订详细的应急预案,包括疏散线路、急救措施等。

(3)安全教育宣传:在活动前对受众进行安全教育宣传,提高其安全意识和自我保护能力。

(五)文化与环境保护

(1)文化传承:在活动策划中融入当地文化元素,如民俗表演、手工艺体验等,促进文化传承与交流。

(2)环保行动:倡导绿色旅游,鼓励受众参与环保行动,如垃圾分类、节能减排等,共同保护自然环境。

综上所述,通过明确活动目标、多样化内容构思、提升互动与参与性、加强安全与风险管理以及注重文化与环境保护,可以策划出具有吸引力、参与度和满意度的旅游活动。同时,也有助于提升旅游活动的品牌形象和市场竞争力。

五、旅游活动的宣传与推广

宣传与推广是旅游活动成功的关键,它直接影响活动的知名度、参与度和经济效益。以下是对旅游活动宣传与推广的几个关键策略和建议。

（一）目标受众定位

（1）精准定位：根据前期分析的目标受众特征，精准定位宣传对象，确保宣传信息能够准确传达给潜在参与者。

（2）个性化传播：针对不同受众群体，制订个性化的宣传策略，如通过社交媒体、旅游论坛、线下活动等渠道进行精准传播。

（二）宣传内容策划

（1）亮点突出：强调活动的独特卖点，如特色景点、文化体验、互动环节等，吸引受众关注。

（2）情感共鸣：通过故事化、情感化的宣传内容，激发受众的兴趣和共鸣，提高参与意愿。

（3）视觉吸引：利用高质量的图片、视频等视觉素材，提升宣传内容的吸引力和感染力。

（三）渠道选择与整合

（1）多渠道传播：结合线上（如社交媒体、旅游网站、电子邮件等）和线下（如户外广告、活动预告、合作伙伴宣传等）渠道，实现全方位、多层次的宣传覆盖。

（2）资源整合：与旅游机构、媒体、网红等合作伙伴建立合作关系，共同推广活动，扩大影响力。

（四）互动与反馈

（1）互动营销：通过线上问答、抽奖活动、直播互动等方式，增强与受众的互动性和参与度，强化宣传效果。

（2）反馈收集：及时收集受众的反馈意见，了解宣传效果，不断优化宣传策略。

综上所述，通过精准定位目标受众、策划有吸引力的宣传内容、选择并整合多种宣传渠道、增强互动与反馈以及合理预算与效果评估，可以制订有效的旅游活动宣传与推广策略，提高活动的知名度和参与度，实现经济效益和社会效益的双赢。

六、旅游活动的执行与实施

旅游活动的执行与实施是将策划方案转化为实际成果的关键阶段,它直接关系活动的顺利进行、参与者的体验和最终效果。以下是对旅游活动执行与实施的几个关键步骤和建议。

(一)团队组建与培训

(1)专业团队:组建由项目经理、导游、后勤保障、安全监督等人员组成的专业团队,确保活动各环节有专人负责。

(2)培训提升:对团队成员进行专业培训,包括活动流程、应急预案、服务技能等,提高团队整体执行力和服务水平。

(二)物资准备与现场布置

(1)物资清单:根据活动需求,制订详细的物资清单,包括交通工具、餐饮用品、活动道具、安全设备等,确保物资充足且符合标准。

(2)现场布置:提前到达活动现场,进行场地布置和设备调试,确保活动现场整洁、安全、有序。

(三)活动流程管理

(1)时间控制:严格按照活动流程表执行,确保各环节按时开始和结束,避免时间冲突和延误。

(2)环节衔接:加强各环节之间的衔接,确保活动流程顺畅,参与者体验连贯。

(四)安全保障与应急处理

(1)安全检查:在活动前和活动期间进行安全检查,包括场地安全、设备安全、人员安全等,确保活动安全进行。

(2)应急响应:制订应急预案,明确应急响应流程和责任人,确保在紧急情况下能够迅速、有效应对。

(五)参与者服务与互动

(1)服务周到:提供热情周到的服务,包括接待、咨询、引导、协助等,满足参与者的需求。

（2）互动增强：通过设计互动环节、提供交流平台等方式，增强参与者的互动性和参与感。

（六）反馈收集与改进

（1）即时反馈：在活动过程中，通过问卷调查、现场访谈等方式，收集参与者的即时反馈，了解活动效果。

（2）持续改进：根据反馈意见，对活动方案、执行流程、服务质量等进行持续改进，提升活动质量和参与者满意度。

综上所述，通过组建专业团队、准备充足物资、管理活动流程、保障安全、提供优质服务以及收集反馈并持续改进，可以确保旅游活动的顺利执行与实施，提升参与者的体验和满意度，实现活动的预期目标。

◇任务实施

一、收集旅游活动策划资料

学生选择某一旅游目的地或景区，收集与该旅游目的地或景区旅游活动策划相关的各类资料并填入表 3-9 中，为旅游活动策划提供坚实的资料基础。

表 3-9　旅游活动策划资料收集

序号	资料类别	具体内容

二、分析旅游活动市场需求

学生需对选定景区的旅游活动市场需求进行深入分析，明确旅游活动的独特卖点和竞争优势、目标游客群体的需求特征、竞争对手的旅游活动情况，识别出潜在的挑战与机遇请将分析内容填入表 3-10 中。

表 3-10　旅游营销市场需求分析

序号	需求分析点	具体分析内容

三、策划旅游活动创意方案

基于旅游活动市场需求的分析结果，学生需为选定景区策划一套全面且有效的旅游活动创意方案，设计出新颖、有趣且符合目标游客需求的活动内容，同时，还需要考虑活动的可行性、安全性以及成本控制等因素请将创意内容填入表 3-11 中。

表 3-11　旅游活动策划创意

序号	策划创意点	具体策略及措施

四、编制旅游活动策划方案

根据收集整理的旅游活动策划资料与数据，结合旅游活动目标市场分析以及旅游活动创意策划，依据实际情况，拟定旅游活动策划方案的组成要素、核心观点及策划思路并填入表 3-12 中。

表 3-12　旅游活动策划方案

序号	组成要素	核心观点及策划思路

◇ 任务小结

请学生将自评结果填入表 3-13 中。

表 3-13　学生自评

学生姓名	
学习内容概述	
收获与经验	
存在的问题	
改进措施	
学生自评（0~100 分）	

说明：学生自评得分计入表 3-14 中。

◇ 任务评价

以个人为单位进行评价，具体评价指标见表 3-14。

表 3-14　任务评价

评价维度	评价指标	评价标准	学生互评	教师评价	学生自评
职业技能（60 分）	完成情况（20 分）	是否按时完成了任务的所有要求			
	分析深度（20 分）	对内容的分析是否深入			
	创新创意（10 分）	是否提出了有创意的内容或解决方案			
	解决问题（10 分）	是否解决了实际问题且具有可行性和操作性			

续表

评价维度	评价指标	评价标准	学生互评	教师评价	学生自评
职业素养（40分）	学习态度（10分）	主动参与讨论研究，展示学习兴趣和理解			
	时间管理（10分）	按时完成工作，没有拖延和临时赶工			
	团队协作（10分）	有效沟通协作，积极参与任务分配与执行			
	总结反思（10分）	自我总结不足和优缺点，并提出改进建议			
总计					
总分					

说明：学生自评20%，学生互评30%，教师评价50%。总分90分及以上为优秀；80~89分为良好；70~79分为中等；60~69分为及格；60分以下为不及格。

◇ **拓展任务**

乡村旅游活动市场调研

一、调研目的

以乡村振兴战略为背景，将调研与农耕文化保护、乡村文明建设相结合，分析乡村旅游活动在促进城乡融合、传承乡土文化、助力农民增收中的实践路径，挖掘乡村旅游中生态保护、乡风文明、基层治理等思政元素，为打造"产业兴旺、生态宜居、乡风文明"的乡村旅游模式提供数据支持，引导社会关注"三农"问题、增强乡村发展认同。

二、核心调研内容

（1）市场需求：消费者对乡村旅游活动的类型偏好（如农事体验、民俗文化、生态观光、乡村美食等）、参与频率、停留时间、消费金额。

（2）供给状况：乡村旅游目的地现有活动项目的种类、特色、规模，服务设施

（如停车场、厕所、餐饮住宿）的完善程度，从业人员的服务水平。

（3）发展瓶颈：乡村旅游活动开发面临的主要问题，如资金短缺、人才匮乏、宣传推广不足、同质化竞争严重等。

（4）影响因素：消费者选择乡村旅游活动的影响因素，如交通便利性、环境质量、价格合理性、活动趣味性等。

三、执行方向

（1）开展问卷调查，面向城市居民和乡村旅游游客，了解他们的需求和评价。

（2）对乡村旅游经营户进行抽样调查，获取经营数据和发展诉求。

（3）参加乡村旅游行业研讨会或展会，与业内人士交流，了解行业动态和前沿趋势。

任务三　项目实训与总结

◇ **实训工单**

一、项目名称

本项目名称：乡村旅游活动策划。

二、实训任务

任课教师将结合当前旅游市场的热点趋势和具体需求，选取一个具有代表性的旅游景区或旅游产品作为实践教学的对象（在条件允许的情况下，可以基于真实的市场案例或行业需求）。学生将被分为多个小组，扮演旅游活动策划团队（乙方）的角色进行项目实训。各小组需要针对选定的旅游景区或旅游产品，开展旅游活动市场调研、需求分析、目标市场定位、旅游活动创意构思、制订执行计划等一系列工作，制订出一份具备创新性、实用性和市场竞争力的旅游活动策划方案，并完成方案的展示、评估与反馈等相关任务,以提升自身的旅游活动策划能力。

三、实训目标

(1)依托乡村旅游供需数据(如农事体验、民俗文化需求高),设计差异化活动项目,破解同质化瓶颈。

(2)掌握"资源整合→痛点解决→品牌塑造"的策划逻辑,提升乡村旅游可持续发展能力。

(3)形成可复制的乡村旅游活动方案,助力乡村产业振兴与就业增收。

四、实训内容

(一)供需分析应用

(1)梳理"乡村旅游活动市场调研"结果,明确消费者对"交通便利性""活动趣味性"的核心诉求,以及经营户面临的"资金/人才短缺"问题。

(2)分析成功案例(如行业研讨会获取的前沿模式),提炼"小而精、本土化"的开发思路。

(二)活动体系构建

(1)设计"四季主题活动":春季农耕体验(如播种育苗+田园市集)、秋季丰收节(如采摘竞赛+乡村美食节),配套亲子、研学等细分场景。

(2)优化服务设施方案(如建议政府补贴停车场建设、开展从业者服务培训),提升游客体验。

(三)落地执行规划

(1)制订《乡村旅游活动策划方案》,含活动排期、宣传渠道(如短视频平台、周边城市社区推广)、收益分配机制(如农户入股分红)。

(2)制作"乡村旅游手绘地图"与宣传短视频,模拟线上推广活动。

请将小组成员任务分工填入表3-15中。

表 3-15　小组成员任务分工

组别	成员姓名	具体负责完成的工作及主要内容

五、实训要求

（一）项目流程规范

各小组需要严格按照"市场调研—需求分析—创意策划—方案编制—成果汇报"五阶段推进工作，每阶段需要提交过程性文档，并留存不少于 10 张反映工作场景的实景照片。要求采用甘特图工具绘制项目进度表，明确各环节时间节点及质量验收标准。

（二）成果质量要求

（1）最终成果材料（见表 3-16）包含：① 5000 字以上策划方案；② 8 分钟路演视频。

表 3-16　实训项目成果提交

序号	成果名称	具体内容
1	5000 字以上策划方案	提交完整的策划方案，包括封面、目录、背景分析、旅游资源与条件分析、市场分析、定位分析、创意内容策划、保障与实施、附件等，要求内容完整、排版规范、图文并茂，创新可行
2	8 分钟路演视频	以团队为单位，进行策划方案的展示汇报，展示汇报内容包括团队协作分工及主要完成内容和总体贡献度、旅游创意策划方案的主要内容和创意展示

（2）策划方案排版标准规范，需设置三级标题并自动生成目录，商业数据必须注明来源并附原始调研问卷。

（3）路演环节采用"5+3"模式（5分钟陈述+3分钟问答），要求使用智慧教室或虚拟直播间采集录像视频。

六、实训评价

以小组为单位进行评价，具体评价指标见表3-17。

表3-17 项目实训评价

评价维度	评价指标	评价内容	评分标准	得分
职业技能（60分）	项目调研深度（20分）	调研的全面性与准确性	项目是否涵盖了目标市场的需求分析，竞争情况及潜在趋势，调研数据是否充分且可靠	
		数据分析方法	是否使用了有效的数据分析方法，如问卷调查、深度访谈、二次数据分析等	
		市场需求与竞争分析	能否通过调研分析目标市场的真实需求和竞争环境，明确竞争对手优势与劣势	
		数据支持与结论	调研数据是否直接支持方案中的结论，是否能清晰描绘目标市场需求与竞争现状	
	策划创意呈现（20分）	创意的独特性与创新性	提出的策划创意是否具有创新性，是否与现有市场做出差异化，有没有打破传统或提出新颖的视角	
		与目标市场的契合度	创意是否能有效吸引并满足目标游客群体的需求，是否能够通过创新解决实际问题	
		创意的实际可行性	提出的创意是否考虑到实际操作的可行性，能否在现实中落地执行	
		视觉表现与展示效果	创意是否通过图文并茂的方式清晰传达，展示是否具有吸引力，视觉效果是否清晰明了	
	方案整体质量（20分）	内容的全面性与完整性	方案是否涵盖了封面、目录、背景分析、现状分析、定位分析、内容策划、预算与实施等所有重要内容	
		方案的实用性与可操作性	策划方案是否具有具体明确的实质内容，并且能够在实际环境中执行，有无明确的时间表和执行标准	
		整体质量与专业性	整个项目的方案是否具有较高的专业性，细节是否处理得当，内容是否充分，排版是否规范	
		可行性与影响力	方案是否具有可行性，并能够产生良好的市场效果和社会影响力	

续表

评价维度	评价指标	评价内容	评分标准	得分
职业素养（40分）	项目汇报效果（20分）	团队成员协作互动	在PPT展示中是否有明确的团队分工说明，团队成员是否能够协调统一地表达方案并有效回答问题	
		内容结构与清晰度	内容是否条理清晰，是否能够有效传达方案的要点、创新点和独特的创意	
		汇报逻辑性与流畅性	团队在汇报时是否具有良好的逻辑结构，演讲是否流畅、自然	
		PPT视觉效果与设计	PPT的设计是否简洁明了，图文搭配合理，视觉效果良好	
	团队合作情况（20分）	团队分工的合理性	团队成员是否能够根据各自优势合理分配任务，分工是否明确	
		团队协作的效果	团队成员之间的合作是否高效，是否能够在整个策划过程中保持沟通，协作是否顺畅	
		协作中的问题解决能力	在团队合作过程中，是否能够有效解决出现的问题，确保项目进度和质量	
		团队整体表现	团队合作是否融洽，是否能够共同推动项目进展，汇报中是否体现出整体协作精神	
			总分	

说明：总分90分及以上为优秀；80~89分为良好；70~79分为中等；60~69分为及格；60分以下为不及格。

◇项目总结

以个人为单位，根据本项目学习内容和实训，填写并完成项目总结报告（见表3-18）。

表 3-18 项目总结报告

项目名称					
学生姓名		小组成员			
本人角色		完成的主要工作			
实训时间		校内指导教师		企业指导教师	
学习总结					
学习反思					
改进方向					

◇ 知识测评

一、名词解释

1. 旅游活动
2. 事件营销
3. 互动体验活动

二、单选题

1. 旅游活动策划的"针对性原则"要求（　　）。
   A. 忽视客群差异　　　　B. 按年龄、兴趣设计活动
   C. 统一活动形式　　　　D. 仅关注经济效益
2. 按活动主题分类，"古镇民俗文化节"属于（　　）。
   A. 文化体验类　　　　　B. 自然探险类
   C. 休闲娱乐类　　　　　D. 商务会展类
3. 旅游活动策划的核心流程第一步是（　　）。
   A. 宣传推广　　　　　　B. 效果评估
   C. 市场调研　　　　　　D. 现场执行

三、多选题

1. 旅游活动按时间分类包括（　　）。
   A. 短期活动（数小时至数天）
   B. 中期活动（数天至数周）
   C. 长期活动（数月至数年）
   D. 季节性活动（特定时段）
2. 旅游活动策划的特点包括（　　）。
   A. 创新性　　　　　　　B. 综合性
   C. 灵活性　　　　　　　D. 单一性

3. 旅游活动的执行要点包括（　　）。

　　A. 团队组建与培训　　　　　　B. 物资准备与现场布置

　　C. 流程管理与安全保障　　　　D. 随意调整计划

四、判断题

1. 旅游活动策划只需要关注活动内容，不需要考虑交通配套。（　　）
2. 大型活动策划需要制定应急预案，应对突发情况。（　　）
3. 休闲娱乐类活动不需要文化内涵，仅需要提供娱乐设施。（　　）

五、简答题

1. 简述旅游活动策划的意义。
2. 旅游活动策划的原则有哪些？
3. 按规模分类，旅游活动可分为哪几类？举例说明。

项目四　旅游营销策划

◆ 项目导学

　　旅游营销策划旨在通过深入分析旅游市场，制订出一套科学、有效的营销策划方案。通过旅游营销策划方案的实施，提升旅游目的地的知名度，吸引更多的游客，同时增强旅游产品的市场竞争力。通过系统学习旅游营销策划的理论与实践，使学生掌握旅游市场的基本分析方法、营销策划技巧及营销策略，能够独立完成旅游产品的营销策划方案。本项目结合当前旅游市场的热点和趋势，通过案例分析、小组讨论、实践操作等多种教学方式，提升学生的市场分析能力、策划能力和团队协作能力，为未来的职业发展打下坚实的基础。

◆ 项目导图

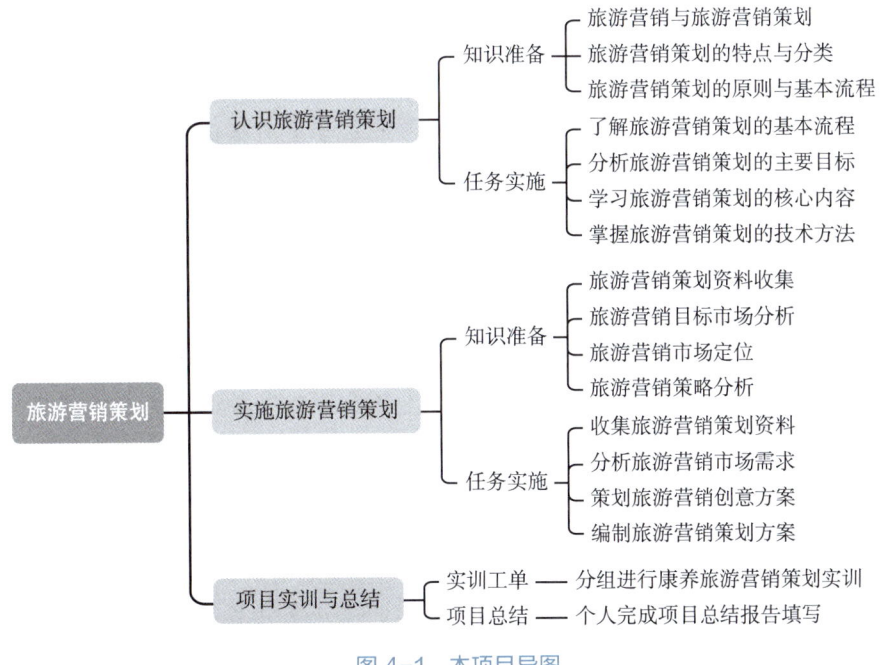

图 4-1　本项目导图

◆ 项目成果

1. 旅游营销策划方案
2. 旅游营销策划路演视频

◆ 项目引学

重庆首创城市合作营销 50 余个城市共启文旅推广新模式

11 月 22 日,"旅游让生活更美好"2024 城市旅游营销暨巴蜀文化旅游走廊推广活动在重庆落幕。本次活动由重庆率先向全国 50 多个省会城市和重点旅游城市发出邀请,发起推动文旅产业高质量发展的城市联合宣言,邀请上海、南京、济南、武汉、长沙、广州、海口、成都、贵阳、西安等全国 50 多个城市合作互为客源地,近 60 家优秀旅行商签订互为客源地战略合作协议。

重庆市文化和旅游发展委员会有关负责人介绍,为着力完善现代旅游业体系,打造巴蜀文化旅游走廊,重庆市文化和旅游发展委员会在总结过去城市"点对点"营销推广的基础上,围绕城市文化旅游资源,打造"以点到面"城市文化旅游推广新模式,成功举办这次以"旅游让生活更美好"为主题的 2024 城市旅游营销暨巴蜀文化旅游走廊推广活动。"作为活动的东道主、倡导者重庆市文化和旅游发展委员会提出,将转变营销模式,构建营销合作,实现文旅共享。"

值得一提的是,此次活动按照政府搭台、企业主体、市场运作、社会参与的方式,推动龙头景区协作联动、旅游人才联合培养、旅游产品联合营销,切实消除区域壁垒,促进旅游市场要素的自由流动,增加了各城市文旅的客源市场、旅游目的地市场。

近年来,重庆在打造国家级精品旅游线路上,着力培育形成以山水都市、壮美三峡、多彩武陵等为代表的旅游精品体系。会后与会代表均自主选择重庆"大都市""大三峡""大武陵"三条旅游精品线路进行实地考察,寻求城市之间文旅资源的差异互补。

"大都市"主题线路,串联了渝中、合川、大足、沙坪坝 4 个区的 13 个景区。在渝中区,嘉宾漫游中山四路,在 WFC 观景台将重庆夜景尽收眼底;在合川钓鱼城触摸历史；在大足石刻感受石刻文化魅力；在沙坪坝白公馆、渣滓洞接受红色文化的洗礼；在磁器口体验一场以"寻磁"为主题的千年之旅。

"大三峡"主题线路，串联了万州、巫山、奉节、忠县4个区的12个景区。考察嘉宾在万州天生文旅城穿越时空，在三峡移民纪念馆感受"平湖万州"；在巫山文峰景区欣赏三峡之光·情境夜游的巫山夜景，开启小三峡·小小三峡景区山水之旅；在奉节夔州博物馆观看十三万年前"奉节人"创造出的雕刻艺术品，欣赏《归来三峡》、游览白帝城·瞿塘峡，在三峡之巅感受长江之水壮丽景象；在忠县观看烽烟三国演出，在石宝寨、皇华城考古遗址。

"大武陵"主题线路，串联沙坪坝、武隆、酉阳、黔江4个区县的14个景区。嘉宾们在沙坪坝磁器口观看1949演出重温红岩精神；在武隆探秘天生三桥，观看大型实景演出《武隆印象》，实地考察荆竹村；随后置身于"百里乌江千里画廊"乌江画廊，在一片青山秀水中，感受酉阳龚滩古镇高低错落的吊脚楼风光；在黔江城市大峡谷、濯水古镇，欣赏风雨廊桥的宁静祥和、蒲花暗河的梦幻秀丽以及古镇的独特烟火气，在土家十三寨考察武陵山民俗生态博物馆、土家民俗歌剧院、西兰卡普培训基地。

重庆市文化和旅游发展委员会相关负责人表示，近年来，重庆充分发挥文旅融合带动作用，融合发展业态，把文旅的"流量"转化为产业发展的"增量"。此次活动建立了城市客源市场合作共享网络，推进城市间资源互联互补、客源互动互送、政策互通互惠，将增加城市间市民、居民以及游客的有序流动，让市民共享城市间文旅发展的新成果，进一步推进高质量文旅经济、增强高水平文旅供给、丰富高品质文旅体验、促进高效能文旅治理，推动城市旅游业实现新增长，让各个城市的市民真正感受"旅游，让生活更美好"。

（资料来源：重庆市文化和旅游发展委员会.重庆首创城市合作营销50余个城市共启文旅推广新模式［EB/OL］.http://www.cq.xinhuanet.com/20241125/33ae136eccb842abb086b684cf3d203/c.html.2024-11-29/2025-05-07）

【讨论与思考】

1. 城市合作营销如何实现"共赢"？
2. 新媒体时代旅游营销如何突破区域壁垒？

任务一　认识旅游营销策划

◇ **课前准备**

如果你是一名旅游营销策划师,你要如何推销一个你最喜欢的旅游景区?请以小组为单位,选择一个旅游景区或目的地(可以是国内或国外的热门景区,或者是一个虚拟景区),围绕"旅游营销策划"这一主题开展头脑风暴,并在表4-1中尽可能详细地回答每个问题,体现创意思维。

表 4-1　头脑风暴记录

分类	问题	答案
目标市场	1. 谁是这个景点的主要游客群体?	
	2. 这个景点对不同游客群体的吸引力如何?	
市场需求	1. 游客对这个景点的主要需求是什么?	
	2. 该景点是否有独特的体验项目或服务来吸引游客?	
竞争分析	1. 该景点面临哪些竞争?	
	2. 与竞争景点相比,如何凸显自身的优势?	
创意营销活动	1. 有哪些创意营销活动可以实施?	
	2. 如何通过社交媒体或其他数字渠道宣传这个景点?	
推广策略	1. 你会通过哪些方式进行宣传推广?	
	2. 如何针对特定节庆或旅游旺季制订促销活动?	
潜在挑战	1. 你认为在实施这个旅游营销策划时可能会遇到哪些挑战?	
	2. 如何应对这些挑战?	

◇ **任务描述**

你是一位热爱旅游的年轻人,每次旅行归来,你总能带回许多新鲜的故事和独特的体验。在享受旅游带来的乐趣的同时,你也敏锐地察觉到旅游市场中蕴藏的无限商机。你萌生了一个念头,那就是希望深入了解并涉足旅游营销策划这一领域,通过创意和策略为旅游产品和服务增添更多魅力。然而,你对旅游营销策划的了解尚浅,你渴望有一个全面的认识和学习机会。

那么，你可以从哪些方面入手，来认识旅游营销策划这一领域呢？

◇任务分析

在当今竞争激烈的旅游市场中，旅游营销策划扮演着至关重要的角色。它不仅是旅游产品推向市场的重要桥梁，更是提升旅游品牌影响力和市场竞争力的关键手段。对于一名希望涉足旅游营销策划领域的年轻人来说，首要任务是深入了解旅游营销策划的内涵、特点及其重要性。

旅游营销策划是一个综合性的概念，它涵盖了市场调研、目标受众分析、产品定位、创意策划、宣传推广等多个环节。同时，旅游营销策划也呈现出多样化的特点，根据不同的旅游产品和市场需求，可以制订出各具特色的营销策略。例如，针对年轻游客群体，可以采用社交媒体营销、互动体验活动等新颖的方式；而针对中老年游客，则可能更注重品质服务和文化体验等方面的策划。

因此，要认识旅游营销策划，首先需要从理解其基本概念和内涵入手，进而掌握旅游营销策划的主要环节和多样化特点。通过学习和实践，不断提升自己的策划能力和创新思维，为未来的旅游营销策划工作打下坚实的基础。

一、任务目标

（1）知识目标：学习营销资料收集方法（市场调研报告、消费者画像）与SWOT分析应用。

（2）能力目标：能制订4P营销策略（如产品组合、促销活动），利用大数据与AI技术优化营销效果。

（3）素养目标：树立数据驱动思维，注重营销伦理与品牌口碑维护。

二、任务重点

目标市场细分（地理、人口、行为）、线上营销工具（SEO、社交媒体广告）的实操应用。

三、任务难点

跨平台营销效果的量化评估（如 ROI 计算），以及应对市场竞争的快速策略调整。

◇ **知识准备**

一、旅游营销与旅游营销策划

（一）旅游营销

旅游营销是指通过一系列的市场分析、产品定位、宣传推广等手段，将旅游产品推向市场，满足消费者需求，并实现企业盈利的过程。它是主体（旅游企业或目的地）针对客体（潜在及现实游客）所实施的一系列沟通与推广行为，涵盖了市场定位、产品策划、价格策略、渠道选择及促销活动等关键环节。高效精准的旅游营销能够显著提升旅游产品的市场认知度与吸引力，促进旅游消费，为旅游企业或目的地带来显著的经济效益与社会影响力。

旅游营销分为战略规划与战术执行两个层面。战略规划层面关注于旅游市场的整体分析与目标市场的精准定位，包括市场分析（游客需求、竞争态势）、目标市场选择、品牌定位与价值主张设定等。战术执行层面则侧重于具体营销活动的实施，包括产品创新（特色旅游线路、体验项目）、价格策略（优惠套餐、季节性折扣）、渠道拓展（线上平台、旅行社合作）、促销活动（广告宣传、社交媒体营销、事件营销）等。

旅游营销的效果不仅体现在即时的销售增长上，更在于长期品牌忠诚度的建立与市场口碑的传播。一次成功的营销活动能够在游客心中留下深刻印象，这种印象基于独特的旅游体验、高质量的服务以及情感上的共鸣，具有持久的正面效应。除了直接的营销活动外，游客间的口碑推荐、社交媒体上的分享与评价也是塑造旅游目的地形象的重要力量。因此，旅游企业或目的地应高度重视旅游营销的科学规划与创意执行，同时注重收集市场反馈，不断优化营销策略，以适应不断变化的旅游市场需求，持续提升旅游品牌的市场竞争力与影响力。

（二）旅游营销策划

旅游营销策划是指基于市场需求、资源优势和企业战略，通过科学的分析与规划、设计、推广和实施有针对性的旅游产品和服务，以实现市场竞争力提升、品牌价值塑造和经济效益最大化的一系列营销活动。其核心目的是通过满足消费者的需求和期望，促进旅游产品的销售，提高目的地或旅游企业的知名度和市场占有率。

在旅游营销的过程中，旅游营销策划扮演着至关重要的角色。旅游营销策划是对整个营销过程进行规划和设计的过程，它要求策划者具备深厚的市场洞察力、创新思维和策划能力。通过科学的策划，可以制订出符合市场需求、具有竞争力的营销策略，为旅游产品的推广和销售提供有力的支持。

（三）旅游营销策划的意义

1. 提升市场竞争力

随着旅游市场的竞争愈发激烈，旅游营销策划有助于通过独特的市场定位和差异化策略，使旅游产品和服务在众多竞争者中脱颖而出。它帮助旅游企业把握市场机遇，应对外部威胁，从而提高市场份额。

2. 增强品牌价值

通过有效的营销策划，旅游企业和目的地能够构建强有力的品牌形象，提升品牌知名度和美誉度。这不仅能吸引更多游客，还能树立品牌忠诚度，提高客户的复购率和推荐率。

3. 促进经济效益

旅游营销策划通过精确的市场定位和有效的产品推广，能够刺激消费需求，增加销售额，带动相关产业的发展，从而为企业和地区创造显著的经济效益。

4. 优化资源配置

旅游营销策划帮助旅游企业更合理地配置资源，根据市场需求和竞争状况调整营销策略，避免资源浪费，确保投入的营销成本能获得最大化的回报。

5. 提升客户体验与满意度

营销策划不仅仅是推销产品，更关注客户的需求和体验。通过策划个性化、定制化的旅游产品，能够提高游客的满意度和忠诚度，进一步提高客户的复购率和口碑传播。

6. 适应市场变化

随着消费者偏好、旅游趋势和技术的变化，旅游营销策划能够帮助企业快速适应市场变化，调整策略，确保企业能够长期保持竞争优势。

二、旅游营销策划的特点与分类

（一）旅游营销策划的特点

1. 市场性

旅游营销策划紧密围绕市场需求展开，注重对市场动态的敏锐捕捉和深入分析。它不仅仅是对现有市场需求的响应，更是对未来市场趋势的预判和引领。通过精准的市场定位和目标客户群体的识别，旅游营销策划能够确保策划方案的针对性和有效性。

2. 创新性

旅游营销策划强调创新思维和创意策划。在竞争激烈的旅游市场中，传统的营销手段已经难以吸引消费者的眼球。因此，旅游营销策划需要不断寻求新的创意点，通过独特的策划和执行方式，为游客带来全新的旅游体验，从而赢得市场的认可和青睐。

3. 系统性

旅游营销策划是一个系统性的工程，它涵盖了市场调研、产品定位、创意策划、宣传推广等多个环节。这些环节相互关联、相互支撑，共同构成一个完整的营销策划体系。只有确保每个环节都得到有效执行，才能实现策划方案的整体效果。

4. 灵活性

旅游营销策划需要具备一定的灵活性。市场环境是不断变化的，消费者的需求和偏好也在不断变化。因此，旅游营销策划需要能够根据市场变化及时调整策略，确保策划方案始终符合市场需求和消费者期望。这种灵活性不仅体现在策略调整上，还体现在执行过程中的灵活应变和快速响应。

5. 长期性

旅游营销策划的长期性意味着它不仅仅关注短期的销售业绩，更注重品牌形象的塑造和长期市场竞争力的构建。一次成功的旅游营销策划往往需要持续的努力和优化，以适应不断变化的市场环境和消费者需求。这就要求旅游企业在策划和执行过程中，不仅要注重眼前的效果，更要考虑长远的发展，确保策划方案能够为企业带来持续的价值和竞争优势。

(二) 旅游营销策划的分类

1. 按策划对象分类

（1）旅游目的地营销策划：专注于特定旅游目的地的品牌建设与市场推广。主要目的是通过策划活动、广告宣传等手段，提升目的地的知名度和吸引力，如某一城市或景区的旅游推广。

（2）旅游企业营销策划：侧重于旅游企业的产品推广和市场拓展，通常是旅行社、酒店、航空公司等企业的市场活动策划。其主要任务是提升企业在市场中的竞争力，如推出新的旅游线路、设计个性化的套餐等。

（3）旅游产品营销策划：针对特定的旅游产品或服务进行营销推广。例如，某一类型的旅游产品，如跟团游、自助游、特色体验游等的市场推广。

2. 按营销策略分类

（1）线上营销策划：利用互联网和社交媒体等线上平台进行的营销策划。例如，通过社交媒体平台的广告投放、搜索引擎优化（SEO）、旅游网站的内容营销等手段来推广旅游产品。

（2）线下营销策划：传统的营销手段，如通过举办旅游展览会、地面推广活动、旅行社合作等方式来吸引客户。

（3）整合营销策划：结合线上与线下的营销策略，通过多渠道、多方式的整合推广，使营销效果最大化。通常涉及广告、公关、活动策划等多个方面。

3. 按营销目标分类

（1）品牌推广策划：侧重于品牌形象的建设和传播，目的是提升旅游品牌的知名度和美誉度，如通过广告宣传、名人代言、社会公益活动等手段来提升品牌价值。

（2）销售促进策划：聚焦于产品的短期销量提升，常通过促销、打折、赠品等方式激发消费者的购买欲望。

（3）客户关系管理策划：旨在通过建立并维护与客户的长期关系，提升客户的忠诚度和复购率。常见的方式包括会员制、定制化服务、客户回馈活动等。

4. 按旅游产品类型分类

（1）普通旅游产品营销策划：针对常规的旅游产品（如传统的城市旅游、景区旅游等）进行营销推广。

（2）主题旅游营销策划：如生态旅游、文化旅游、历史遗址旅游、探险旅游等，专注于某一特定主题的旅游产品推广。

（3）定制旅游营销策划：为特定客户群体提供量身定制的旅游服务，强调个性化和差异化。

5. 按市场细分分类

（1）大众市场营销策划：面向广泛的旅游消费者群体，通常采用价格竞争、广泛的宣传和促销活动来吸引游客。

（2）细分市场营销策划：根据消费者的不同需求、兴趣、偏好进行市场细分，制订个性化的营销策略。例如，针对老年人、年轻人、家庭、情侣等特定群体的旅游产品推广。

三、旅游营销策划的原则与基本流程

（一）旅游营销策划的原则

1. 市场导向原则

旅游营销策划应以市场需求为导向，关注消费者的需求和偏好。通过市场调研，了解不同消费者群体的需求，从而制订符合目标市场的营销策略。

2. 目标明确原则

每一项营销策划活动都应明确其具体的目标，如提高品牌知名度、增加产品销量、提升客户满意度等。明确的目标能帮助企业集中资源，确保策略的聚焦性和执行力。

3. 差异化原则

在竞争激烈的市场环境中，旅游营销策划要强调产品和服务的差异化，以满足特定消费者群体的需求。通过突出独特的卖点，可以在市场中建立起鲜明的竞争优势。

4. 整合性原则

旅游营销策划要整合多方面的资源和手段，如线上线下渠道的结合、广告宣传、活动促销、社交媒体营销等。各个策略要形成合力，避免单一营销方式的局限性。

5. 可行性原则

营销策划要考虑实际的执行能力和资源配置，确保策划方案在预算、时间和人力资源等方面的可行性。策划的方案应当在实际操作中能够顺利实施。

6. 持续性原则

旅游营销策划不是一次性的活动，而是一个持续的过程。企业应在短期效果和长期发展之间找到平衡，保证品牌的长期价值积累。

7. 创新性原则

旅游市场发展迅速，消费者的需求不断变化，因此创新是旅游营销策划的核心。创新不仅仅表现在产品设计上，还可以体现在营销手段、传播方式、客户体验等多个方面。

（二）旅游营销策划的基本流程

1. 市场调研与分析

在策划前，进行全面的市场调研，了解消费者需求、市场动态、竞争态势等，为策划提供数据支持。

2. 目标设定

根据市场调研的结果，设定明确的营销目标。例如，增加游客量、提高品牌知名度、提升客户满意度等。

3. 制订策略与计划

根据目标市场，制订具体的营销策略和行动计划，确定营销工具、预算、时间表等。包括产品设计、定价策略、促销手段、渠道选择等。

4. 执行与实施

根据策划方案，开展具体的营销活动。包括广告投放、促销活动、线上推广、线下地面活动等，确保策划方案的顺利实施。

5. 监控与调整

在实施过程中，实时监控活动效果，收集市场反馈，及时做出调整，以保证营销活动的顺利进行并达成预设目标。

6. 评估与总结

活动结束后，通过数据分析和客户反馈评估营销效果。总结经验，识别问题，为下次策划提供参考。

◇ 任务实施

一、了解旅游营销策划的基本流程

了解并在表 4-2 中列出旅游营销策划的基本流程,包括每个阶段的主要任务及其完成每个任务的预期成果。

表 4-2　旅游营销策划基本流程

流程阶段	主要任务	预期成果

二、分析旅游营销策划的主要目标

选择某一旅游企业或目的地,在表 4-3 中列出其旅游营销策划的主要目标,并简要描述这些目标的具体内容和实现策略。

表 4-3　旅游营销策划目标分析

目标类型	目标描述	实现策略

三、学习旅游营销策划的核心内容

收集一个成功的旅游营销策划案例,从产品、价格、渠道、促销四个方面分析旅游营销策划的核心内容,并简要描述每项内容的具体实施举措。请将分析内容填入表 4-4 中。

表 4-4 旅游营销策划核心内容分析

策划内容	核心要点	实施举措

四、掌握旅游营销策划的技术方法

收集不少于 3 个旅游营销策划案例,根据每个案例的特点,分析其旅游营销策划的创意技法,并解释其创意来源及实施方法。请将分析内容填入表 4-5 中。

表 4-5 旅游营销创意策划技法分析

案例名称	创意技法	创意来源及实施方法

◇ **任务小结**

请学生将自评结果填入表 4-6 中。

表 4-6 学生自评

学生姓名	
学习内容概述	
收获与经验	
存在的问题	
改进措施	
学生自评(0~100 分)	

说明:学生自评得分计入表 4-7 中。

◇ **任务评价**

以个人为单位进行评价,具体评价指标见表 4-7。

表 4-7　任务评价

评价维度	评价指标	评价标准	学生互评	教师评价	学生自评
职业技能（60分）	完成情况（20分）	是否按时完成了任务的所有要求			
	分析深度（20分）	对内容的分析是否深入			
	创新创意（10分）	是否提出了有创意的内容或解决方案			
	解决问题（10分）	是否解决了实际问题且具有可行性和操作性			
职业素养（40分）	学习态度（10分）	主动参与讨论研究，展示学习兴趣和理解			
	时间管理（10分）	按时完成工作，没有拖延和临时赶工			
	团队协作（10分）	有效沟通协作，积极参与任务分配与执行			
	总结反思（10分）	自我总结不足和优缺点，并提出改进建议			
总计					
总分					

说明：学生自评20%，学生互评30%，教师评价50%。总分90分及以上为优秀；80~89分为良好；70~79分为中等；60~69分为及格；60分以下为不及格。

◇ 拓展任务

一、案例分享：青城山旅游营销策划

（一）品牌定位与文化内涵挖掘

青城山的旅游营销策划首先注重品牌定位与文化内涵的挖掘。青城山不仅是道教文化的发源地，还与都江堰一起构成了世界文化遗产地。因此，青城山在营销中强调"道教文化"与"自然风光"的结合，打造"青城问道、非遗体验、熊猫野趣、体育运动"等特色 IP。例如，青城山推出了"青梅竹马"等特色 IP 品牌，通过这些 IP 吸引年轻游客，增强游客的参与感和互动性。

此外，青城山还通过"青城山—都江堰"景区 IP 的打造，将自然景观与历史文化相结合，形成独特的旅游体验。例如，青城山推出了"道养禅修遗产游""盆景问花田园游""森林康养休闲游"等精品旅游线路，满足不同游客的个性化需求。

（二）营销策略与宣传推广

青城山在营销策略上采取了多种手段，包括线上线下结合、新媒体传播、直播带货等，以提升游客的参与度和满意度。

（1）新媒体营销：青城山积极利用微信公众号、微博、抖音等新媒体平台进行宣传。例如，2024 年 8 月发布的《86 版〈西游记〉取景点受游客追捧！跟着"悟空"打卡青城山》一文，通过回顾经典影视作品，吸引游客关注青城山的自然与文化景观。此外，青城山还与东方甄选、淘宝直播、小红书等知名直播平台合作，创新植入城市宣传元素，加强破圈跨界传播。

（2）直播带货：青城山通过直播带货的方式推广旅游产品。例如，青城山六善酒店通过与 OTA 平台合作，提供优惠套餐并确保在线可见性，同时建立官方网站，提供详细信息，以吸引潜在客户。此外，青城山还通过"熊猫国际瑜伽节"等活动，推广大熊猫相关的文创产品，提升游客的购买欲望。

（3）节庆活动：青城山在节庆期间策划了丰富的活动，如"潮这儿来！都江堰金兔祈祥迎新春""放水节""李冰文化节"等，通过这些活动吸引游客，提升景区的知名度和影响力。例如，2023 年青城山景区全年接待游客 1150.65 万人次，实现全口

径门票收入 58210.60 万元，游客接待量及收入比 2019 年分别增长 7.2% 和 17.8%。

（三）产品开发与服务提升

青城山在旅游产品开发和服务提升方面也做了大量工作，以满足游客的多样化需求。

（1）产品开发：青城山推出了多种旅游产品，如"青—都熊猫谷卡""畅游卡"等，通过景区年卡巩固"大市场"。此外，青城山还推出了"山野风味餐""道家静修营""特色民宿""道家养生餐"等服务，满足游客的个性化需求。例如，青城山推出了"青暇山居民宿"，通过突出产品设计优势、鼓励客户分享内容和与互联网营销达人合作，显著提升了民宿的知名度和销量。

（2）服务提升：青城山在服务提升方面也做了大量工作。例如，青城山通过"民宿+乡旅"发展模式，让游客有得看、玩得久、住得下，延长了旅游消费价值链。此外，青城山还通过"温泉狂欢节""民宿体验节"等活动，提升游客的住宿体验。例如，青城山推出了"青城山六善酒店"，通过"豪华、舒适、自然"的定位策略，提供高品质的住宿和服务，吸引高端游客。

（四）智慧旅游与信息化建设

青城山在智慧旅游和信息化建设方面也做了大量工作，以提升游客的旅游体验。

（1）智慧旅游：青城山通过"云上都江堰""数字青城山"方案，开发沉浸式体验式互动文旅消费产品，提升游客的参与感和互动性。此外，青城山还通过大数据技术对游客的在线评论进行分析，了解游客的基本属性、行为特征、兴趣偏好等，从而更有针对性地制订旅游营销活动策划。

（2）信息化建设：青城山通过构建旅游信息共享服务平台，建立旅游服务信息化标准、大数据建设等措施，实现信息资源共享，从而提升旅游信息化水平。例如，青城山通过"数字青城山"方案，开发沉浸式体验式互动文旅消费产品，提升游客的参与感和互动性。

（五）合作与交流

青城山在合作与交流方面也做了大量工作，以提升景区的影响力和竞争力。

（1）战略合作：青城山与九寨沟、峨眉山、黄龙、乐山大佛、都江堰、四姑娘山等景区建立了战略合作关系，共同开发旅游产品，提升景区的市场竞争力。例如，青城山与九寨沟、峨眉山、黄龙等景区达成战略合作后，又与陕西华山、重庆武隆、贵州黄果树、甘肃月牙泉、江西三清山、海南天涯海角等全国各区域精品景区签订战略合作协议，不断扩大友好景区朋友圈。

（2）媒体合作：青城山通过与中央电视台、四川电视台、新华网、中国网、《中国旅游报》、四川观察、腾讯网等国内外主流媒体合作，加大景区曝光度，同时将传统文化与直播、短视频、H5等新兴传播形式结合，强化品牌影响力。例如，青城山通过"中国劲旅奖2018年度旅游目的地营销劲旅奖"等荣誉，提升景区的知名度和影响力。

二、案例评析

青城山作为中国道教发源地之一，拥有丰富的自然风光和深厚的历史文化底蕴，是旅游开发的重要资源。近年来，青城山在旅游营销方面进行了多方面的探索和实践，旨在提升游客体验、扩大品牌影响力，并推动当地经济发展。青城山的旅游营销策划涵盖了品牌定位、文化内涵挖掘、营销策略、产品开发、服务提升、智慧旅游、信息化建设、合作与交流等多个方面。通过这些策略，青城山不仅提升了游客的旅游体验，还扩大了品牌的知名度和影响力，推动了当地经济的发展。

三、案例借鉴

选择当地某一旅游目的地或景区，绘制旅游创意策划思维导图。

任务二　实施旅游营销策划

◇ 课前准备

请每位同学自主搜集并分析2个成功的旅游营销策划案例，重点分析案例概述、策划亮点、成功因素及启示或借鉴，将分析要点填写至表4-8中，并在课堂上进行分享讨论。

表 4-8　旅游营销策划案例分析

序号	案例名称	案例概述	策划亮点	成功因素	启示或借鉴

◇ **任务描述**

　　面对多元化、竞争激烈的旅游市场，某一旅游发展公司的市场部经理（甲方）深知一个出色的旅游营销策划对于提升旅游景区品牌影响力、吸引目标客户群体及增加市场份额的重要性。因此，他计划推出一系列新的旅游线路和产品，并委托专业旅游策划公司（乙方）基于市场调研和数据分析，根据景区旅游产品和宣传材料，选择合适的营销策略和渠道，同时评估营销活动效果并进行持续优化，以确保新产品精准定位市场、有效传达价值并成功吸引游客。

◇ **任务分析**

　　你作为旅游策划公司的项目经理（乙方），将接受该旅游发展公司的委托，为其旅游景区制订一套全面、专业且富有创意的旅游营销策划方案。你将基于市场调研和数据分析，深入了解目标游客需求及竞争对手情况，根据景区旅游产品和宣传材料，选择合适的营销策略和渠道，并建立科学的评估体系对营销活动效果进行定期评估和优化，以确保策划方案能够精准定位市场、有效吸引游客，并为甲方创造更大的价值。

一、任务目标

　　（1）知识目标：掌握旅游营销理论，了解景区市场调研、产品定位及渠道选择的知识，能有效分析和策划旅游营销活动。

　　（2）能力目标：能够依据市场调研成果，制订精确的产品营销策略，并运用现代工具制订并撰写旅游营销策划方案。

　　（3）素养目标：具备团队合作与沟通能力、创新思维和独立解决问题的能力，强化职业道德和责任感，确保方案合规，维护市场健康。

二、任务重点

通过调研收集目标市场数据，了解消费者需求和竞争情况，并制订多元化的营销策略以提高景区知名度。

三、任务难点

通过对目标市场的精确定位和差异化分析，有效整合并协同运作多渠道营销策略，以最大化资源效益，增强景区的市场竞争力。

◇ **知识准备**

一、旅游营销策划资料收集

旅游营销策划的相关资料是制订有效营销策略的基础。通过这些资料，旅游企业可以全面了解市场状况、消费者需求、竞争格局以及产品的特色，从而做出科学决策，优化营销活动，提升市场竞争力。以下是对每项相关资料的详细分析。

（一）市场调研报告

（1）行业趋势：通过对旅游行业整体环境的分析，企业可以了解当前行业发展方向、市场需求变化、技术进步等。例如，近年来生态旅游和文化旅游成为热潮，了解这些趋势有助于企业调整战略。

（2）消费者需求分析：调查消费者的旅游偏好、行为模式、需求变化、消费习惯等。通过对不同消费者群体（如家庭游客、年轻人、老年人等）的需求分析，可以精确定位目标市场并设计出符合他们需求的产品。

（3）竞争对手分析：对主要竞争者的市场份额、产品特色、营销手段、价格策略等进行分析，帮助企业明确自己的竞争优势与劣势，找到市场切入点。

（4）市场份额与竞争格局：了解各大竞争者在市场中的份额，识别行业内的领导者和潜在竞争者，以便制订差异化竞争策略。

（二）消费者画像

（1）基本信息：了解目标群体的年龄、性别、教育程度、职业及收入水平等，可以帮助企业理解客户的基本消费能力和兴趣方向。

（2）兴趣爱好与生活方式：通过分析目标客户的兴趣、生活方式以及旅游偏好，企业可以设计更符合他们需求的旅游产品。例如，年轻人可能偏好冒险性旅游活动，而中年群体则更青睐休闲度假。

（3）旅游动机：了解消费者的旅游动机，如放松身心、文化体验、家庭出游等，有助于企业在产品设计中突出合适的卖点，增强产品吸引力。

（4）购买行为分析：分析消费者的决策过程，如购买途径（线上/线下）、购买频率、促销活动的反应等，帮助优化营销策略，提高转化率。

（三）旅游产品与服务信息

（1）产品种类与特色：包括常规旅游产品（如城市旅游、景区旅游等）和定制化、主题旅游产品（如文化旅游、生态旅游等）。了解产品的类型和特点，有助于选择合适的推广方式。

（2）目标客户群：不同的产品对应不同的消费者群体。例如，豪华度假产品通常针对高收入群体，而背包客旅游产品则更侧重年轻人或预算有限的游客。

（3）价格区间与定位：价格是消费者选择旅游产品的重要因素之一。明确产品的定价策略，有助于吸引目标客户群并提升市场竞争力。

（4）销售渠道：销售渠道包括线上平台（如旅游网站、OTA 平台、社交媒体等）和线下渠道（如旅行社、旅游展会等）。了解产品销售渠道，可以帮助企业优化渠道组合，提高销售效率。

（四）竞争分析资料

（1）竞争者分析：评估主要竞争者的市场份额、定价策略、产品特点、客户忠诚度等，了解他们的强项和短板。

（2）竞争优势与劣势：分析竞争者在产品创新、服务质量、价格策略等方面的优劣势，帮助企业找到可以超越对方的机会。

（3）市场机会与威胁：通过 SWOT 分析，识别市场中的机会（如新兴市场需求、技术创新等）和威胁（如价格竞争、市场饱和等），帮助企业应对竞争挑战。

（五）营销预算与资源分配

（1）广告费预算：包括线上广告（如 Google Ads、社交媒体广告等）和线下广告（如报纸、杂志、电视等）的费用。

（2）活动费用：如举办旅游促销活动、参加展会、组织线下活动的费用。

（3）人员成本：包括营销团队的工资、培训费用、外部顾问费用等。

（4）技术投入：如开发营销自动化系统、SEO 工具、数据分析软件等的费用。

二、旅游营销目标市场分析

旅游营销目标市场分析是旅游营销策划的核心部分，帮助旅游企业识别并聚焦于具有最大潜力的客户群体，从而设计出具有针对性的产品和营销策略，提升市场份额和竞争力。有效的目标市场分析不仅能确保企业的资源有效分配，还能通过深入了解消费者的需求与竞争格局，优化营销决策。以下是旅游营销目标市场分析的详细步骤和关键内容。

（一）市场细分

市场细分是将整体市场划分为具有相似需求和特征的子市场，通过这种划分，旅游企业能够更好地理解不同消费者群体的需求，并据此制订相应的营销策略。常见的市场细分标准包括以下几种。

1. 地理细分

地理细分帮助旅游企业根据不同地理区域的需求特点制订差异化策略，例如，为暑期到访的国内游客提供优惠套餐，为冬季到访的外国游客提供定制化产品。按地理位置划分市场，如国家、地区、城市等。不同地区的消费者在文化、经济、气候等方面的差异会影响其旅游需求。例如，欧洲和亚洲的游客可能对目的地的需求和偏好不同。按区域性划分旅游市场，如国内与国际市场的区别，不同地区的消费者对于价格敏感度、旅游时长和旅行方式（团体游、自助游）的需求不同。

2. 人口细分

人口细分通过了解目标客户的基础人口特征，旅游企业可以更精准地制订产品价格、宣传策略和营销活动。按人口特征划分市场，如年龄、性别、收入水平、职业、教育程度、家庭结构等。例如，年轻人群体可能偏好冒险旅游或自驾游，而中年人群体则可能更偏好家庭度假或文化体验。细分市场也可以基于收入和消费能力，如高端旅游市场、中端市场和低端市场，针对不同消费水平的游客提供定制化的服务和产品。

3. 行为细分

按消费者行为进行细分，重点关注购买决策过程中的行为特征，如消费者的旅游习惯、购买途径、活动参与度、价格敏感度等。例如，某些消费者可能偏向早期预订并选择低价优惠，而另一些消费者则愿意为更高品质的体验支付溢价。通过对消费者购买行为的分析，企业可以更好地设计促销策略、优惠政策等，激发潜在客户的购买欲望。

4. 心理细分

通过精准的心理需求分析，旅游企业可以打造更加个性化和具有吸引力的产品与品牌，提升顾客的忠诚度。按消费者的心理特征进行细分，如兴趣爱好、生活方式、价值观等。例如，热爱户外运动的游客可能偏好生态旅游或探险旅游，而寻求奢华体验的游客则可能更倾向于豪华度假旅游。通过分析目标群体的心理需求，企业能够创造出与消费者情感契合的品牌形象和营销内容。

（二）目标市场选择

目标市场选择是指在市场细分的基础上，旅游企业需要选择最具吸引力、市场潜力和发展机会的细分市场。通过选择最有潜力和最符合自身资源优势的目标市场，企业能够在有限的资源下实现最大化的市场渗透和经济效益。选择目标市场时，企业需要考虑以下几个因素。

（1）市场规模：目标市场的规模越大，意味着潜在的客户数量越多，市场机会也越大。企业应考虑选择足够大且具有成长潜力的市场。

（2）市场成长性：目标市场的增长速度直接影响企业的长期发展潜力。如果某个细分市场的需求增长快速，可能为企业提供更多机会。

（3）竞争状况：市场中的竞争情况非常重要。企业应分析竞争对手的强弱和市场份额，选择竞争压力适中的市场或找到可以避免直接竞争的细分市场。

（4）客户需求：了解目标市场的客户需求是选择目标市场的核心。通过调研消费者的需求、购买习惯、旅游偏好等信息，企业可以选择最符合其产品和服务优势的市场。

（5）盈利潜力：目标市场的盈利潜力也是选择的关键因素。高利润的市场虽然竞争可能激烈，但也提供了更高的经济回报。

（三）消费者需求分析

消费者需求分析是了解目标市场的消费者对旅游产品或服务的具体需求、期望与痛点的过程。通过多种方法（如市场调研、消费者访谈、社交媒体分析等），企业可以深入了解消费者的需求特点，并在此基础上优化产品和服务。通过深入了解消费者的需求，企业能够在产品设计、营销推广等方面进行有针对性的优化，增强产品对消费者的吸引力，提高销售转化率。消费者需求分析的内容包括以下几点。

（1）旅游偏好：分析消费者喜欢的旅游类型（如休闲度假、文化旅游、冒险旅游等）及其旅游目的地的选择标准（如自然景观、历史遗迹、购物、美食等）。

（2）痛点与不满：了解消费者在旅游过程中可能面临的困难或不满，如高价格、服务质量差、交通不便等，企业可以据此设计解决方案，提供更具吸引力的服务。

（3）购买决策过程：分析消费者如何做出旅游产品选择的决策，包括他们的决策依据（价格、品牌、服务质量等），以及是否受到促销、广告等因素的影响。

（四）竞争分析

竞争分析是指对同行业内的竞争对手进行详细研究，了解其在目标市场中的定位、营销策略、产品特征及市场表现，进而帮助企业制订具有差异化优势的营销方案。竞争分析帮助企业清晰了解市场竞争格局，找到市场机会，优化差异化战略，从而提高企业的市场占有率。竞争分析包括以下几点。

（1）竞争者市场定位：分析竞争者的市场定位，了解他们的目标客户群体、产品特色、定价策略等。通过对比，企业可以找到自己在市场中的独特定位。

（2）竞争者营销策略：评估竞争者的营销策略，如广告投放、促销活动、销售渠道等，学习其成功经验并识别其不足之处。

（3）市场份额分析：了解竞争者在市场中的份额及其增长趋势，有助于企业制订相应的市场拓展策略。

（4）竞争者的优势与劣势：通过 SWOT 分析，识别竞争者的优势与劣势，帮助企业找到自己的竞争机会和威胁。

三、旅游营销市场定位

市场定位是指确定如何在目标市场中展示和推广旅游产品或服务，使其能够吸引并满足目标消费者的需求。市场定位是营销策略的核心，明确的市场定位能够帮助企业聚焦目标客户群，并通过差异化的竞争优势提升品牌认知度和市场份额。常见的市场定位策略包括以下几种。

（一）价格定位策略

在制订产品的价格时，需要深入分析目标市场的消费水平，了解消费者的购买能力和消费习惯。同时，要对竞争对手的定价策略进行细致的研究，以便在价格上找到一个合适的定位区间。这个价格区间应当能够吸引到特定的消费群体，既不能过高以至于失去价格敏感型消费者，也不能过低以至于影响产品的品牌形象和利润空间。通过精准的市场定位，可以既确保产品在市场中具有竞争力，又能保证企业的盈利目标。

（二）产品定位策略

产品定位是品牌建设中的关键环节，它涉及产品的特性、质量、设计等多个方面。企业需要通过这些方面与竞争对手的产品区分开来，从而建立一个独特的品牌形象。这包括但不限于产品的创新性、技术含量、外观设计、用户体验等，通过这些差异化的特征，使消费者能够一眼识别出品牌，并在心中形成一个积极的品牌印象。一个成功的品牌定位能够帮助产品在市场中脱颖而出，吸引目标消费者，并在他们心中占据一席之地。

（三）服务定位策略

在现代商业环境中，客户服务已经成为企业竞争的重要领域。通过提供超越竞争对手的优质服务，如全面的售后服务、个性化的定制服务等，企业能够显著提升客户的满意度和忠诚度。良好的服务定位不仅能够帮助企业在消费者心中树立正面形象，还能够通过口碑传播吸引更多的潜在客户。服务定位策略的实施需要企业从客户的角度出发，不断优化服务流程，提高服务效率，确保每一位客户都能获得满意的消费体验。

（四）情感定位策略

情感定位是通过营销传播手段，在消费者心中建立情感上的联系和共鸣。这通常涉及强调产品的文化内涵、品牌故事、价值观等元素，让消费者在使用产品的同时，能够感受到品牌所传递的情感价值。情感定位策略的成功实施，能够使消费者不仅仅因为产品的功能性而购买，更因为品牌所代表的生活方式、情感寄托而选择该品牌。这种深层次的情感联系，往往能够使品牌与消费者之间建立起长期稳定的关系。

（五）功能定位策略

针对特定消费者群体的需求，产品功能性和实用性是至关重要的。功能定位策略要求企业深入了解目标消费者的具体需求，包括他们日常生活中遇到的问题以及对产品功能的期望。通过提供有针对性的功能解决方案，企业能够确保产品解决消费者的实际问题，满足他们的特定需求。这种以用户为中心的功能定位，不仅能够提升产品的市场竞争力，还能够帮助企业在目标市场中建立专业可靠的品牌形象。

四、旅游营销策略分析

（一）4P 营销组合策略

营销策略的制订通常围绕 4P（产品、价格、渠道、促销）展开，要确保每个方面的策略能够互相支持并实现目标市场的最大效益。

1. 产品策略（Product Strategy）

产品策略指的是根据目标市场的需求，设计和推广符合客户期望的旅游产品。核心内容包括以下几点。

（1）产品设计与定位：根据目标客户群的需求，设计与市场定位相符的旅游产品。例如，推出专为家庭游客设计的亲子旅游套餐，或针对年轻人推出冒险旅游。

（2）产品差异化：确保产品有独特的卖点，可以通过增加附加值或创新体验来与市场中的竞争者区分开。

（3）产品生命周期管理：考虑到产品的生命周期（如导入期、成长期、成熟期、衰退期），根据产品不同阶段的特点调整营销策略。

2. 价格策略（Pricing Strategy）

价格策略是影响消费者购买决策的重要因素，旅游营销的定价需要根据市场需求、目标市场的支付能力、竞争状况等多方面考虑。常见的价格策略包括以下几点。

（1）渗透定价策略：在新市场中通过低价策略吸引大量消费者，快速占领市场份额。

（2）撇脂定价策略：在市场推出新产品时，定价较高以获取较大的利润，再逐步降低价格吸引更多消费者。

（3）价值定价策略：根据产品的价值和消费者认知定价，不仅要考虑成本，还要考虑消费者对产品的附加值感知。

（4）促销定价：提供限时折扣、团购、优惠券等促销活动来激发消费者的购买欲望。

3. 渠道策略（Place Strategy）

渠道策略涉及选择销售和分销产品的途径，确保目标客户能够轻松地获取旅游产品。常见的渠道策略包括以下几种。

（1）线上渠道：通过旅游电商平台、社交媒体、官方网站等线上渠道进行销售。线上渠道可以通过搜索引擎优化（SEO）、社交媒体广告、电子邮件营销等手段提高可见度。

（2）线下渠道：通过旅行社、代理商、酒店、景区等传统渠道进行分销，或通过线下旅游展会和推介会等活动吸引客户。

（3）多渠道整合：结合线上与线下渠道，实现渠道的整合营销，以增强覆盖面和市场影响力。

4. 促销策略（Promotion Strategy）

促销策略通过各种手段提高品牌知名度、吸引消费者购买并增强品牌忠诚度。常见的促销策略包括以下几种。

（1）广告宣传：通过电视、广播、报纸、社交媒体等多种渠道投放广告，提高品牌曝光率。

（2）促销活动：设计促销活动，如折扣、赠品、限时抢购等，吸引消费者购买。例如，推出限时特价的旅游套餐，或赠送免费导游服务等。

（3）公关活动：通过品牌赞助、事件营销等方式提升品牌的社会认可度。可通过与知名旅游博主、社交媒体红人的合作，提升品牌的公信力和影响力。

（4）口碑营销：通过游客的正面评价和推荐建立品牌信任度。利用社交媒体、点评网站、用户生成内容（UGC）等平台进行口碑传播。

（二）客户关系管理（CRM）策略

旅游营销中的客户关系管理策略旨在通过建立与客户的长期关系，提高客户忠诚度和复购率。关键策略包括以下几种。

（1）会员制与积分体系：通过会员卡、积分系统等方式，激励客户进行多次购买和消费。

（2）定制化服务：为客户提供个性化和定制化的旅游方案，根据其偏好和需求设计专属产品和服务。

（3）客户反馈与改进：通过调查问卷、客户满意度评价等方式收集客户反馈，及时调整产品和服务以满足客户需求。

（4）客户生命周期管理：根据客户的生命周期阶段（新客户、活跃客户、潜在客户等），制订针对性的营销策略。

（三）创新与技术驱动的营销策略

随着技术的不断进步，数字化和创新技术在旅游营销中发挥了越来越重要的作用，以下是几种关键技术驱动的策略。

（1）大数据与个性化营销：通过大数据分析消费者的旅游偏好、消费习惯等，精准制订个性化营销方案，提供定制化的旅游产品。

（2）人工智能（AI）与自动化：运用 AI 技术进行智能推荐、自动化营销、机器人聊天等，提升客户服务效率和体验。

（3）虚拟现实（VR）与增强现实（AR）：通过 VR 和 AR 技术为客户提供虚拟旅游体验，增强游客的沉浸感，从而提升他们的参与感和品牌忠诚度。

（四）评估与调整策略

在营销策略实施过程中，评估和调整策略至关重要。企业需要定期通过以下方式评估营销效果，并根据评估结果进行策略调整。

（1）KPI 监控：通过关键绩效指标（KPI）跟踪营销活动的效果，例如，销售增长率、客户获取成本、投资回报率（ROI）等。

（2）市场反馈：收集市场和客户反馈，了解营销活动的成功之处和改进空间。

（3）灵活调整：根据市场变化、竞争态势以及客户需求的变化，灵活调整策略和预算，确保营销活动的最大效益。

◇任务实施

一、收集旅游营销策划资料

学生选择某一旅游目的地或景区，收集与该旅游目的地或景区旅游营销策划相关的各类资料，为旅游营销策划提供坚实的资料基础。请将收集的资料信息填入表 4-9 中。

表 4-9　旅游营销策划资料收集

序号	资料类别	具体内容

二、分析旅游营销市场需求

通过对某一旅游景区目标市场的深入分析，明确景区的市场定位、游客需求及竞争对手情况。请将分析内容填入表4-10中。

表4-10　旅游营销市场需求分析

序号	需求分析点	具体分析内容

三、策划旅游营销创意方案

基于某一旅游景区市场需求分析的结果，为该景区策划一套全面、有效的旅游营销创意方案。请将策划内容填入表4-11中。

表4-11　旅游营销策划创意

序号	策划创意点	具体策略及措施

四、编制旅游营销策划方案

根据收集到的特定旅游景区的营销资料与数据，结合旅游市场分析及营销创意策划，依据实际情况，拟定旅游营销策划方案的组成要素、核心观点及策划思路并填入表4-12中。

表 4-12　旅游营销策划方案

序号	组成要素	核心观点及策划思路

◇任务小结

请学生将自评结果填入表 4-13 中。

表 4-13　学生自评

学生姓名	
学习内容概述	
收获与经验	
存在的问题	
改进措施	
学生自评（0~100分）	

说明：学生自评得分计入表 4-14 中。

◇任务评价

以个人为单位进行评价，具体评价指标见表 4-14。

表 4-14　任务评价

评价维度	评价指标	评价标准	学生互评	教师评价	学生自评
职业技能（60分）	完成情况（20分）	是否按时完成了任务的所有要求			
	分析深度（20分）	对内容的分析是否深入			
	创新创意（10分）	是否提出了有创意的内容或解决方案			
	解决问题（10分）	是否解决了实际问题且具有可行性和操作性			

续表

评价维度	评价指标	评价标准	学生互评	教师评价	学生自评
职业素养（40分）	学习态度（10分）	主动参与讨论研究，展示学习兴趣和理解			
	时间管理（10分）	按时完成工作，没有拖延和临时赶工			
	团队协作（10分）	有效沟通协作，积极参与任务分配与执行			
	总结反思（10分）	自我总结不足和优缺点，并提出改进建议			
总计					
总分					

说明：学生自评20%，学生互评30%，教师评价50%。总分90分及以上为优秀；80~89分为良好；70~79分为中等；60~69分为及格；60分以下为不及格。

◇ 拓展任务

康养旅游营销市场调研

一、调研目的

立足"健康中国"战略，将康养旅游与积极老龄化、全民健康理念相结合，调研康养产品在服务中老年群体、普及健康生活方式中的市场潜力，分析营销活动中如何传递"健康向上、绿色养生"的价值观，引导消费者树立科学养生观，同时为康养产业注入人文关怀，推动形成尊重生命、关注健康的社会风尚。

二、核心调研内容

（1）目标客户：康养旅游的主要受众群体（如中老年人群、亚健康人群、养生爱好者等）的年龄、性别、收入水平、健康状况、养生需求等特征。

（2）营销渠道：目前康养旅游产品的主要营销渠道（如线上旅游平台、旅行社、社交媒体、电视广告等）的覆盖范围、传播效果、成本效益。

（3）营销策略：现有康养旅游营销活动的主题、内容、形式，消费者对营销信息的接受度和反馈，竞争对手的营销手段和策略。

（4）品牌认知：消费者对康养旅游品牌的认知度和美誉度，品牌形象在消费者心中的定位。

三、执行方向

（1）收集分析康养旅游相关的市场数据，如市场规模、增长率、竞争格局等。
（2）对康养旅游消费者进行深度访谈，了解他们的消费心理和购买决策过程。
（3）监测竞争对手的营销动态，分析其营销策略的优缺点。

任务三 项目实训与总结

◇ 实训工单

一、项目名称

本项目名称：康养旅游营销策划。

二、实训任务

任课教师将结合当前旅游市场的热点和趋势，选取一个具体的旅游目的地或旅游产品作为实践教学的对象（在条件允许的情况下，可以基于真实的市场案例或行业需求）。学生将被分成若干小组，以旅游营销策划团队（乙方）的身份进行项目实训。各小组需要针对选定的旅游目的地或旅游产品，开展市场洞察与需求分析、目标市场定位、营销策略构思、执行计划制订等工作，制订一份具备创新性、实用性及市场竞争力的旅游营销策划方案，并完成方案展示与评估等相关任务。

三、实训目标

（1）基于康养客群特征（如中老年、亚健康人群）与营销渠道分析，制订精准营销策略，提升品牌认知度。

（2）掌握"用户画像→渠道筛选→内容设计"的营销方法论，平衡传统媒体与新媒体传播。

（3）形成可量化效果的营销方案，具备监测与优化竞争对手策略的能力。

四、实训内容

（一）客群与渠道分析

（1）利用"康养旅游营销调研"数据，绘制目标客户画像（如退休人群，偏好线下旅行社+子女代订）。

（2）对比各营销渠道效果（如线上平台转化率、电视广告触达率），制订"线下体验+线上裂变"组合策略。

（二）创意营销设计

（1）策划"康养体验官"活动：邀请KOL（如养生博主、退休社群领袖）免费体验，产出图文/视频内容进行社交媒体传播。

（2）设计"银发族专属套餐"（如含定期体检、中医理疗的季度卡），搭配"子女孝心礼"包装，刺激情感消费。

（三）效果评估与优化

（1）制订《康养旅游营销策划方案》，含渠道预算、传播节奏、KPI指标（如品牌搜索量增长30%、转化率提升15%）。

（2）模拟监测竞争对手营销动态（如竞品新推的"森林康养"主题活动），提出应对策略（如差异化"温泉+药膳"组合）。

请将小组成员的任务分工填入表4-15中。

表 4-15　小组成员任务分工

组别	成员姓名	具体负责完成的工作及主要内容

五、实训要求

（一）项目流程规范

各小组需严格按照"市场调研—需求分析—创意策划—方案编制—成果汇报"五阶段推进工作，每阶段需提交过程性文档，并留存不少于 10 张反映工作场景的实景照片。要求采用甘特图工具绘制项目进度表，明确各环节时间节点及质量验收标准。

（二）成果质量要求

（1）最终成果材料（见表 4-16）包含：① 5000 字以上策划方案；② 8 分钟路演视频。

表 4-16　实训项目成果提交

序号	成果名称	具体内容
1	5000 字以上策划方案	提交完整的策划方案，包括封面、目录、背景分析、旅游资源与条件分析、市场分析、定位分析、创意内容策划、保障与实施、附件等，要求内容完整、排版规范、图文并茂，创新可行
2	8 分钟路演视频	以团队为单位，进行策划方案的展示汇报，展示汇报内容包括团队协作分工及主要完成内容和总体贡献度、旅游创意策划方案的主要内容和创意展示

（2）策划方案排版标准规范，需设置三级标题并自动生成目录，商业数据必须注明来源并附原始调研问卷。

（3）路演环节采用"5+3"模式（5分钟陈述+3分钟问答），要求使用智慧教室或虚拟直播间采集录像视频。

六、实训评价

以小组为单位进行评价，具体评价指标见表4-17。

表4-17 项目实训评价

评价维度	评价指标	评价内容	评分标准	得分
职业技能（60分）	项目调研深度（20分）	调研的全面性与准确性	项目是否涵盖了目标市场的需求分析，竞争情况及潜在趋势，调研数据是否充分且可靠	
		数据分析方法	是否使用了有效的数据分析方法，如问卷调查、深度访谈、二次数据分析等	
		市场需求与竞争分析	能否通过调研分析目标市场的真实需求和竞争环境，明确竞争对手优势与劣势	
		数据支持与结论	调研数据是否直接支持方案中的结论，是否能清晰描绘目标市场需求与竞争现状	
	策划创意呈现（20分）	创意的独特性与创新性	提出的策划创意是否具有创新性，是否与现有市场做出差异化，有没有打破传统或提出新颖的视角	
		与目标市场的契合度	创意是否能有效吸引并满足目标游客群体的需求，是否能够通过创新解决实际问题	
		创意的实际可行性	提出的创意是否考虑到实际操作的可行性，能否在现实中落地执行	
		视觉表现与展示效果	创意是否通过图文并茂的方式清晰传达，展示是否具有吸引力，视觉效果是否清晰明了	
职业技能（60分）	方案整体质量（20分）	内容的全面性与完整性	方案是否涵盖了封面、目录、背景分析、现状分析、定位分析、内容策划、预算与实施等所有重要内容	

续表

评价维度	评价指标	评价内容	评分标准	得分
职业技能（60分）	方案整体质量（20分）	方案的实用性与可操作性	策划方案是否具有具体明确的实质内容，并且能够在实际环境中执行，有无明确的时间表和执行标准	
		整体质量与专业性	整个项目的方案是否具有较高的专业性，细节是否处理得当，内容是否充分，排版是否规范	
		可行性与影响力	方案是否具有可行性，并能够产生良好的市场效果和社会影响力	
职业素养（40分）	项目汇报效果（20分）	团队成员协作互动	在PPT展示中是否有明确的团队分工说明，团队成员是否能够协调统一地表达方案并有效回答问题	
		内容结构与清晰度	内容是否条理清晰，是否能够有效传达方案的要点、创新点和独特的创意	
		汇报逻辑性与流畅性	团队在汇报时是否具有良好的逻辑结构，演讲是否流畅、自然	
		PPT视觉效果与设计	PPT的设计是否简洁明了，图文搭配合理，视觉效果良好	
	团队合作情况（20分）	团队分工的合理性	团队成员是否能够根据各自优势合理分配任务，分工是否明确	
		团队协作的效果	团队成员之间的合作是否高效，是否能够在整个策划过程中保持沟通，协作是否顺畅	
		协作中的问题解决能力	在团队合作过程中，是否能够有效解决出现的问题，确保项目进度和质量	
		团队整体表现	团队合作是否融洽，是否能够共同推动项目进展，汇报中是否体现出整体协作精神	
总分				

说明：总分90分及以上为优秀；80~89分为良好；70~79分为中等；60~69分为及格；60分以下为不及格。

◇ 项目总结

以个人为单位，根据本项目学习内容和实训，填写并完成项目总结报告（见表4-18）。

表 4-18　项目总结报告

项目名称					
学生姓名		小组成员			
本人角色			完成的主要工作		
实训时间			校内指导教师		企业指导教师
学习总结					
学习反思					
改进方向					

◇ **知识测评**

一、名词解释

1. 旅游营销

2. 搜索引擎优化（SEO）

3. 口碑营销

二、单选题

1. 旅游营销的 4P 策略中，"Place"指（　　）。
   A. 产品　　　　　　B. 价格
   C. 渠道　　　　　　D. 促销

2. "通过旅游达人直播推广景区"属于（　　）。
   A. 口碑营销　　　　B. 事件营销
   C. 线下营销　　　　D. 人员推销

3. 旅游营销的"整合营销策划"指（　　）。
   A. 仅用线上渠道　　B. 仅用线下渠道
   C. 线上线下结合　　D. 依赖传统广告

三、多选题

1. 旅游营销的定价策略包括（　　）。
   A. 渗透定价法　　　B. 撇脂定价法
   C. 动态定价法　　　D. 成本定价法

2. 线上营销渠道包括（　　）。
   A. 社交媒体　　　　B. 旅游电商平台
   C. 线下展会　　　　D. 搜索引擎广告

3. 客户关系管理策略包括（　　）。
   A. 会员积分体系　　B. 定制化服务
   C. 客户反馈机制　　D. 一次性交易

四、判断题

1. 旅游营销只需要投放广告，不需要分析市场数据。（　　）
2. 差异化营销策略需要突出产品与竞争对手的独特性。（　　）
3. 情感定价法是旅游营销的主要策略之一。（　　）

五、简答题

1. 简述旅游营销策划的意义。
2. 旅游营销的线下渠道包括哪些？
3. 什么是动态定价法，适用于哪些场景？

项目五　旅游形象策划

◆ **项目导学**

　　旅游形象策划致力于通过深度挖掘旅游目的地的独特文化、自然资源及特色元素，打造出别具一格且极具吸引力的旅游形象。借助旅游形象策划的有效执行，塑造鲜明独特的旅游目的地品牌形象，吸引大量游客前来体验，进而提升旅游目的地在市场中的辨识度与美誉度。通过系统研习旅游形象策划的理论与实践，能使学生掌握旅游形象定位的精准方法、品牌塑造技巧以及传播策略，从而独立完成旅游目的地的形象策划工作。本项目紧密结合当下旅游市场对特色化、差异化旅游形象的追求趋势，运用实地调研、案例剖析、创意研讨等多样化教学方式，提升学生的形象定位能力、创意策划能力和品牌传播能力，为其未来在旅游行业的发展筑牢根基。

◆ **项目导图**

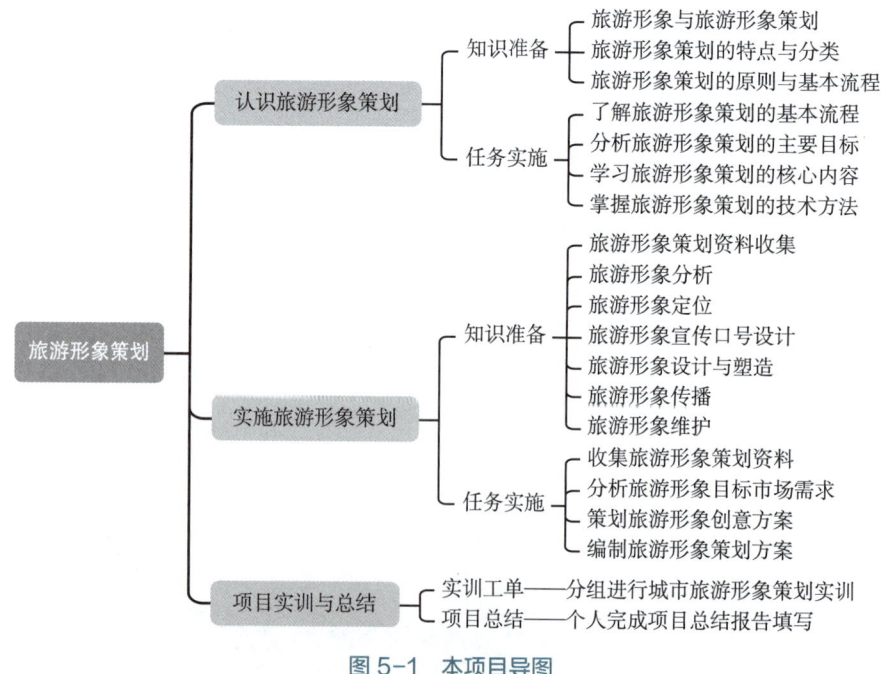

图 5-1　本项目导图

◆ 项目成果

1. 旅游形象策划方案
2. 旅游形象策划路演视频

◆ 项目引学

重庆武隆旅游形象歌曲《上武隆》MV 全球首发

2022 年 8 月 2 日上午，重庆武隆旅游形象歌曲《上武隆》MV 在武隆仙女山景区全球首发。作为重庆武隆推动新时代文化旅游高质量发展的又一次创新举措，《上武隆》的推出也标志着重庆武隆将通过音乐元素深入推动当地文旅融合，跑出乡村振兴"加速度"。

今生今世为你来，上风上水上武隆。歌曲《上武隆》以"爱尚重庆·邀耍武隆"为主题，通过唯美、深情、浪漫的艺术表现形式，向世界推介重庆武隆的"颜值"和"气质"。

歌曲《上武隆》MV 具有完整的电影叙事故事，在剧情中紧扣仙女山、白马山、天生三桥、芙蓉江、天坑地缝等特色旅游资源，让人们在视听中以文化为线、山水为伴，"乐"享武隆自然风光、历史人文和民风民俗。此外，歌手云朵首次以"旅行形象推荐官"的形象带领大众云游武隆，并借助音乐电影全方位、深层次、多角度地呈现武隆旅游多样化、个性化、特色化和国际化影效。

2022 年，武隆区委十五届三次全会提出，强力推进以国际化为引领的武隆旅游"三次创业"，加快建设世界知名旅游目的地。《上武隆》MV 通过聚合多种形式的立体传播和广泛传唱，向全世界发出了"上武隆的全球旅游邀请函"，吸引更多游客到武隆畅享旅游，以实际行动助推以国际化为引领的武隆旅游"三次创业"。

歌曲 MV 首发当天，还启动了"上武隆·觅知音"全球网络竞唱大赛，《上武隆》被指定为大赛的唯一竞唱歌曲。即日起至 12 月 20 日，网民和游客均可通过网络参与本次大赛。大赛将以线上初赛和线下决赛相结合的方式进行，网民和游客可通过线上网络竞唱取得智能评分后，根据线上评分排名确定进入线下决赛的参赛者名单，最终评选出金奖、银奖、铜奖、优秀奖得主。

据主办方介绍,参与大赛即有机会免费获得武隆全域旅游套票,并有机会获得金奖、银奖、铜奖、优秀奖分别10万元、8万元、5万元、1万元人民币的奖金。其中,金、银、铜奖得主还将受邀参加武隆专场旅游音乐会及大赛颁奖典礼。

(资料来源:人民网. 重庆武隆旅游形象歌曲《上武隆》MV全球首发[EB/OL]. http://www.cq.gov.cn/zwgk/zfxxgkml/zdlyxxgk/shgysy/ggwhty/whly/202208/t20220803_10975202.html,2022-08-03/2025-05-08)

【讨论与思考】

1. 音乐与MV如何赋能旅游形象塑造?
2. 如何设计一个成功的旅游形象推广活动?

任务一 认识旅游形象策划

◇ **课前准备**

如果你是一名旅游形象策划师,如何为一个旅游目的地打造独特形象?以小组为单位,选择一个真实或虚拟的旅游目的地,围绕"旅游形象策划"开展头脑风暴,在表5-1中详细回答每个问题,激发创意。

表5-1 头脑风暴记录

分类	问题	答案
形象定位	1.该目的地的核心特色与文化元素有哪些?	
	2.依据特色,如何确定独特且吸引人的形象主题?	
受众分析	1.目标游客群体是谁?不同群体对形象的期望有何差异?	
	2.如何根据受众期望,塑造符合其心理预期的旅游形象?	
竞争对比	1.周边或类似旅游目的地的形象定位是什么?	
	2.与竞争对手相比,该目的地形象的独特优势在哪儿?	
创意传播	1.有哪些新颖的传播方式来推广旅游形象?	
	2.如何利用新媒体平台进行形象传播,吸引游客关注?	
形象维护	1.旅游形象建立后,如何长期维护与更新?	
	2.面对负面事件,怎样及时调整形象策略,挽回声誉?	

◇ **任务描述**

你是一名旅游管理专业的学生，对旅游行业满怀热情，尤其对旅游目的地独特形象的塑造充满好奇。在接触各类旅游宣传资料时，你发现不同目的地的形象有很大差异，有些让人印象深刻，有些却平淡无奇。你渴望深入学习旅游形象策划，掌握打造令人难忘旅游形象的技巧，但目前对这一领域的了解有限，不知从何处开始。

◇ **任务分析**

在旅游市场竞争日益激烈的当下，旅游形象策划成为旅游目的地脱颖而出的关键。它是连接旅游目的地与游客的情感纽带，是游客对目的地的第一印象和持久记忆。对于希望投身旅游形象策划领域的人来说，首要任务是深度理解旅游形象策划的内涵、特点及重要性。

旅游形象策划是一个系统性工程，涵盖目的地资源挖掘、文化内涵提炼、目标受众分析、形象定位确定、传播策略制订等多个环节。其特点在于要精准把握目的地的独特性，结合游客需求和市场趋势，塑造出独一无二的形象。例如，文化底蕴深厚的古城，可能以历史文化传承为形象核心；自然风光优美的景区，会突出生态、绿色的形象主题。

所以，想要认识旅游形象策划，需先从理解其基本概念和内涵入手，深入掌握各环节的操作要点和相互关系，通过学习和实践积累经验，提升自己的策划能力和审美水平，为未来的旅游形象策划工作筑牢根基。

一、任务目标

（1）知识目标：理解旅游形象的构成（理念识别、行为识别、视觉识别），掌握形象定位与传播策略。

（2）能力目标：能设计旅游目的地或景区的视觉标识与宣传口号，运用故事化传播提升形象影响力。

（3）素养目标：增强文化自信，通过形象策划推动地方文化传播与认同。

二、任务重点

旅游形象定位方法（领先定位、比附定位等）和传播渠道（线上线下整合）。

三、任务难点

如何通过动态监测与反馈机制持续优化旅游形象，应对市场变化与竞争。

◇ 知识准备

一、旅游形象与旅游形象策划

（一）旅游形象

旅游形象是景区在游客心中的综合印象，是主体（旅游者）对客体（旅游地）的感知印象，包括形象客体（即客观外部形态状貌、结构内涵等因素）、形象主体（即人）和形象本体（即主客体之间的相互关系或感知关系）。个性鲜明、亲切感人的旅游地形象可以吸引潜在的旅游客源群体，提高旅游地的知名度和美誉度。良好的旅游形象可以在旅游市场上形成较长时间的垄断地位，为旅游地带来持续的经济效益和社会效益。

旅游形象分为总体形象和分形象。旅游总体形象是各个要素综合反映出来的形象，包括外显特征和内在精神两方面。外显特征包括外观形象（旅游景区形象、景点形象）、人物形象（代言人形象、管理人员形象、服务业人员形象）；内在精神包括服务形象、质量形象、管理形象、信誉形象、市场形象、社会责任形象、技术形象、旅游文化形象。旅游分形象是各个要素反映出来的某一方面的印象。包括旅游景区理念感知形象（TMI）、旅游景区视觉形象（TVI）、旅游景区行为形象（TBI）、旅游景区听觉形象（TAI）、旅游景区文化形象（TCI）、旅游景区电子形象（TEI）等。

旅游形象一旦形成，便会在旅游者心目中产生印象，这种印象具有相对的稳定性，其实质是旅游地的独特性文化内涵受到某类市场上共同稳定的认可。除了亲身的旅游经历外，还可以通过长期的人的社会化过程形成关于某地的"原生形象"，通过旅游地的促销、广告、公关活动等，有助于旅游者形成该地的"诱导形象"。因此，必须高度重视和科学塑造旅游地形象，同时对于旧有的、过时的以及负面的形象必须重新塑造。

（二）旅游形象策划

旅游形象策划是指策划主体为实现旅游目的地目标，尤其是以树立良好的旅游目的地形象为目的，在充分调查的基础上对旅游目的地形象战略和具体塑造旅游目的地形象的活动进行谋略、计划和设计的运作。它涉及对旅游地或旅游企业的客观形象和旅游者感知形象的认识，根据旅游地或旅游企业的现实水平和发展前景，针对旅游目标市场系统化地设计和塑造期望形象，并借助公众参与、各种活动及传播媒介的力量，将期望的形象传递给旅游者的全过程。

旅游形象策划对于提升旅游目的地的竞争力和吸引力至关重要。在当今旅游市场高度竞争化的环境下，一个鲜明、独特的旅游形象能够帮助目的地在众多竞争者中脱颖而出，吸引更多游客的关注和青睐。通过精心策划的旅游形象，不仅可以增加游客的到访量，还能提升游客的满意度和忠诚度，为旅游目的地带来长期的经济收益和社会效益。

（三）旅游形象策划的意义

1. 吸引目标游客群体

旅游形象在消费者选择旅游目的地时至关重要。鲜明的旅游形象能吸引具有特定兴趣和需求的游客，提高目的地的知名度和吸引力。在激烈的市场竞争中，形象驱动策略是旅游地提升自我、脱颖而出的关键。

2. 促进资源有效整合

旅游形象策划能整合目的地的自然、人文资源，打造独特的旅游产品和线路，丰富旅游体验，增加其深度和广度，使游客获得更全面的旅游享受。

3. 推动地方经济发展

旅游形象是区域形象的重要体现，良好的旅游形象能带动地方经济，创造就业机会，提升居民生活水平，为区域发展营造积极的"软"环境。

4. 增强文化认同感

旅游形象策划有助于弘扬地方文化，提升居民素质，营造热情好客的社会氛围。

通过挖掘和传播地方特色，增强居民对本土文化的认同感和自豪感。

5. 提升知名度与认可度

旅游形象策划旨在提升旅游地或企业的知名度、美誉度和认可度，实现经济效益、社会效益和环境效益的共赢。一个独特鲜明的旅游形象能极大地提升目的地的吸引力，促进旅游业的发展。

二、旅游形象策划的特点与分类

（一）旅游形象策划的特点

1. 独特性与差异性

旅游形象策划需要突出目的地的独特元素，这些元素可能是自然风光、历史文化、民俗风情等。通过强调这些独特性，可以吸引那些对这些特定元素感兴趣的游客。在旅游市场竞争日益激烈的情况下，与竞争对手形成差异是吸引游客的关键。通过策划具有差异性的旅游形象，可以使目的地在众多竞争者中脱颖而出。通过挖掘地域文化、自然景观、历史遗产等独特资源，塑造不可复制的旅游形象。例如，西安以"千年古都"作为定位，突出兵马俑、古城墙等历史符号，区别于其他城市。

2. 系统性与整体性

旅游形象策划需要综合考虑目的地的各个方面，包括自然景观、人文历史、基础设施、服务质量等。这些方面需要相互协调，形成一个统一的系统，以确保旅游形象的完整性和吸引力。在策划过程中，要注重整体形象的塑造，避免各个部分之间的冲突和矛盾。通过整体性的策划，可以确保旅游目的地在游客心中形成一个清晰、一致的形象。

3. 市场导向性

市场导向性意味着旅游形象策划需要紧密关注市场需求和游客偏好。通过市场调研和分析，了解游客的需求和期望，然后根据这些信息来策划符合市场需求的旅游形象。此外，市场导向性还要求策划者具备敏锐的市场洞察力，能够预测未来旅游市场的趋势和变化，以便及时调整和优化旅游形象。例如，可以针对不同游客的需求（如亲子游、银发旅游、生态旅游）设计差异化形象，敦煌就针对年轻群体推出"数字飞天"VR体验。

4. 文化性与体验性

旅游不仅仅是一种休闲活动，更是一种文化体验。因此，在策划旅游形象时，需要深入挖掘目的地的文化内涵，并将其融入旅游产品中。这不仅可以提升旅游产品的附加值，还可以增强游客的文化认同感。现代游客越来越注重旅游过程中的体验和感受。因此，策划者需要注重提升游客的参与度和互动性，通过提供丰富多样的旅游活动和体验项目，满足游客的个性化需求。例如，将地方"非遗"、民俗等融入形象设计（如贵州苗寨的"长桌宴"体验）；通过剧本杀、AR导览等增强游客参与感。

5. 动态性与可持续性

旅游市场是不断变化的，因此旅游形象策划也需要具有灵活性和适应性。策划者需要密切关注市场动态和游客反馈，及时调整策划方案，以确保旅游形象的时效性和吸引力。在策划旅游形象时，需要注重保护目的地的自然环境和文化遗产，确保旅游业的长期稳定发展。通过推广"绿色旅游、生态旅游"等理念，引导游客形成文明、环保的旅游行为，实现旅游业的可持续发展。例如，根据市场变化（如"新冠疫情"后健康旅游兴起）调整形象策略；强调低碳旅游（如九寨沟限流政策与"无痕旅行"倡导）。

（二）旅游形象策划的分类

1. 按策划对象划分

（1）旅游目的地形象策划：这类策划关注的是整个旅游目的地的整体形象，包括省域、市域、县域整体旅游形象（如海南省"阳光海岛"全域旅游品牌），需要协调区域内多元资源，如自然风光、历史文化、民俗风情、城市风貌等多个方面。目的是提升目的地的知名度和吸引力，吸引更多游客前来旅游。

（2）旅游景区形象策划：专注于特定旅游景区（如自然风景区、主题公园、历史遗迹等）的形象塑造，如黄山"奇松怪石"与"云海日出"视觉符号。通过突出景区的特色、提升游客体验、完善基础设施等手段，打造具有独特魅力的旅游景区形象。

（3）旅游企业形象策划：针对旅游企业（如旅行社、酒店、航空公司等）的品牌形象和企业文化进行策划，如开元酒店集团"国风文化主题"服务。通过塑造积极、正面的企业形象，提升企业的市场竞争力和品牌知名度。

2. 按策划目的划分

（1）品牌形象策划：旨在塑造和提升旅游目的地、旅游景区或旅游企业的品牌形象，如"好客山东"持续 20 年的品牌传播。通过明确品牌定位、设计品牌标识、传播品牌理念等手段，形成具有独特性和辨识度的品牌形象。

（2）营销形象策划：以促进旅游产品销售和旅游市场增长为目的的形象策划，如哈尔滨冰雪节"逃学企鹅"抖音营销。通过制订有效的营销策略、开展营销活动、利用媒体宣传等手段，提升旅游产品的知名度和吸引力，激发游客的购买欲望。

（3）危机修复形象策划：在旅游目的地、旅游景区或旅游企业遭遇负面事件或形象受损时进行的形象修复策划。通过及时应对、公开透明、积极沟通等手段，恢复公众对旅游目的地或企业的信任和好感，如"新冠疫情"后武汉"英雄城市"的叙事。

3. 按技术手段划分

（1）数字化形象策划：利用数字技术（如互联网、大数据、人工智能等）进行旅游形象策划，如故宫"数字孪生"项目。通过构建数字旅游平台、开发旅游 App、利用社交媒体进行宣传等手段，提升旅游形象的传播效率和互动性。

（2）可持续形象策划：注重环境保护、社会责任和经济效益相平衡的旅游形象策划。通过推广绿色旅游、生态旅游等理念，引导游客形成文明、环保的旅游行为；同时，关注旅游目的地的可持续发展，确保旅游业的长期稳定发展。

三、旅游形象策划的原则与基本流程

（一）旅游形象策划的原则

1. 优势集中原则

强调将旅游目的地的核心优势资源进行整合和集中展示，以形成强有力的品牌形象。这包括自然景观、文化遗产、特色美食、民俗风情等方面的优势。通过集中展示这些优势，可以增强旅游目的地的吸引力和竞争力，使游客在众多选择中更容易被吸引。

2. 观念领先原则

强调在旅游形象策划中要有前瞻性和创新性，勇于突破传统观念和思维模式。通过引入新的旅游理念、开发新的旅游产品、提升旅游服务质量等方式，使旅游目的地在市场中保持领先地位。

3. 个性专有原则

强调每个旅游目的地都应有自己独特的个性和特色，避免与其他目的地产生同质化竞争。通过深入挖掘目的地的文化内涵、历史背景、自然景观等独特资源，打造具有鲜明个性的旅游形象。

4. 市场导向原则

强调旅游形象策划应以市场需求为导向，充分考虑游客的需求和偏好。通过市场调研和分析，了解游客对旅游目的地的期望和需求，从而制订出符合市场需求的旅游形象策划方案。

5. 特色原则

强调在旅游形象策划中要注重突出目的地的特色元素，使游客在游览过程中能够感受到与众不同的文化氛围和体验。通过挖掘和展示目的地的特色资源、特色活动、特色美食等，增强游客的满意度和忠诚度。

（二）旅游形象策划的基本流程

1. 市场调研

市场调研是旅游形象策划的首要步骤，旨在深入了解目标市场的旅游需求、偏好以及行为模式。通过问卷调查、深度访谈、数据分析等多种方式，收集关于潜在游客的偏好、消费习惯以及对旅游目的地的期望等信息。这些信息为后续的策划提供了坚实的数据支持，确保策划方案能够精准对接市场需求。

2. 确定目标受众

在明确市场调研结果的基础上，旅游形象策划需要确定目标受众群体。这包括分析目标市场的细分群体，如年龄、性别、职业、兴趣等特征，以形成清晰的受众画像。这一步骤对于后续的形象定位和主题制订至关重要，因为它确保了策划方案能够精准触达目标受众,提升策划的针对性和实效性。

3. 形象定位与主题制订

结合目标受众的需求和偏好,以及旅游目的地的资源特色和文化内涵,旅游形象策划需要制订明确的形象定位和主题。这一步骤旨在通过独特的定位和主题,凸显旅游目的地的独特魅力,吸引目标受众的注意。同时,形象定位和主题也是后续策划活动的核心指导,确保所有推广和营销活动都围绕这一主题展开。

4. 形象标识与口号设计

在确定了旅游目的地的形象定位和主题后,接下来需要设计具有辨识度和吸引力的形象标识和口号。这些标识和口号是旅游目的地品牌形象的直观体现,能够强化游客对目的地的记忆和认知。设计过程中,需要注重创意性和独特性,确保标识和口号能够在众多竞争者中脱颖而出,成为旅游目的地的标志性符号。

5. 形象推广计划制订

制订了明确的形象定位和主题,并设计了吸引人的形象标识和口号后,接下来需要制订详细的形象推广计划。这一步骤包括确定推广渠道、推广内容、推广时间等要素,以确保推广活动的有效性和针对性。通过选择合适的推广渠道和方式,如广告投放、活动策划、社交媒体营销等,将旅游目的地的品牌形象和主题传达给目标受众,提升目的地的知名度和吸引力。

6. 实施与监测

形象推广计划的实施是旅游形象策划的关键环节。在这一步骤中,需要按照推广计划执行各项推广活动,并密切关注推广效果。通过数据分析工具,监测推广活动的数据表现,如点击率、转化率、用户反馈等,以评估推广活动的成效。同时,根据监测结果及时调整推广策略,优化推广效果,确保推广活动能够达到预期目标。

7. 持续投入与优化

旅游形象策划是一个持续的过程,需要保持对策划的持续投入和不断优化。根据市场推广的反馈和效果评估结果,不断调整和优化策划方案,包括形象定位、主题制订、推广渠道选择等方面。通过持续改进和优化,提升旅游目的地的品牌形象和市场竞争力,确保策划方案能够持续适应市场变化和游客需求的变化。

◇ **任务实施**

一、了解旅游形象策划的基本流程

了解并在表 5-2 中列出旅游形象策划的基本流程,包括每个阶段的主要任务及其完成每个任务的预期成果。

表 5-2　旅游形象策划基本流程

流程阶段	主要任务	预期成果

二、分析旅游形象策划的主要目标

选择某一旅游企业或目的地,在表 5-3 中列出其旅游形象策划的主要目标,并简要描述这些目标的具体内容和实现策略。

表 5-3　旅游形象策划目标分析

目标类型	目标描述	实现策略

三、学习旅游形象策划的核心内容

收集一个成功的旅游形象策划案例,从目标受众、形象定位、形象设计、形象传播四个方面分析旅游形象策划的核心内容,并简要描述每项内容的具体实施举措。将分析内容填入表 5-4 中。

表 5-4　旅游形象策划核心内容分析

策划内容	核心要点	实施举措

四、掌握旅游形象策划的技术方法

收集不少于 3 个旅游形象策划案例，根据每个案例的特点，分析其旅游形象策划的创意技法，并解释其创意来源及实施方法。请将分析内容填入表 5-5 中。

表 5-5　旅游形象创意策划技法分析

案例名称	创意技法	创意来源及实施方法

◇任务小结

请学生将自评结果填入表 5-6 中。

表 5-6　学生自评

学生姓名	
学习内容概述	
收获与经验	
存在的问题	
改进措施	
学生自评（0~100 分）	

说明：学生自评得分计入表 5-7 中。

◇ **任务评价**

以个人为单位进行评价，具体评价指标见表 5-7。

表 5-7 任务评价

评价维度	评价指标	评价标准	学生互评	教师评价	学生自评
职业技能（60分）	完成情况（20分）	是否按时完成了任务的所有要求			
	分析深度（20分）	对内容的分析是否深入			
	创新创意（10分）	是否提出了有创意的内容或解决方案			
	解决问题（10分）	是否解决了实际问题且具有可行性和操作性			
职业素养（40分）	学习态度（10分）	主动参与讨论研究，展示学习兴趣和理解			
	时间管理（10分）	按时完成工作，没有拖延和临时赶工			
	团队协作（10分）	有效沟通协作，积极参与任务分配与执行			
	总结反思（10分）	自我总结不足和优缺点，并提出改进建议			
总计					
总分					

说明：学生自评 20%，学生互评 30%，教师评价 50%。总分 90 分及以上为优秀；80～89 分为良好；70～79 分为中等；60～69 分为及格；60 分以下为不及格。

◇ **拓展任务**

一、案例分享：甘肃旅游形象策划

（一）甘肃旅游形象设计的核心理念

甘肃旅游形象设计的核心在于"交响丝路·如意甘肃"这一品牌定位。该品牌不仅体现了甘肃作为丝绸之路的重要组成部分，还融合了其深厚的历史文化底蕴和自然风光。通过这一品牌，甘肃希望向世界展示其"丝绸之路的艺术殿堂、商贸大道、文化宝库"的特质。此外，品牌口号"触摸历史，品味文化，游历山水，感受风情"也体现了甘肃旅游的多元性和文化内涵。

（二）甘肃旅游形象设计的理论基础

甘肃旅游形象设计基于旅游地形象设计理论，包括理念形象、行为形象和视觉形象三个层面。理念形象是旅游地的核心价值和精神追求，行为形象是旅游地在实际运营中的服务与管理表现，而视觉形象则是通过标识、广告、宣传材料等直观地展示旅游地的特色。通过这三个层面的系统设计，甘肃旅游形象得以全面呈现。

（三）甘肃旅游形象设计的具体策略

1. 视觉形象设计

甘肃在视觉形象设计上注重地方特色与时代感的结合。例如，甘肃旅游标识设计以敦煌飞天、大漠驼铃、嘉峪关城关等标志性景观为核心元素，采用黄色和绿色作为主色调，标准字为"GAN-SU.CHINA"，寓意甘肃随中国旅游发展而走向世界。此外，甘肃还通过城市雕塑、街道景观、广场设计等手段，提升城市形象与旅游氛围的融合度。

2. 行为形象设计

甘肃旅游形象设计不仅关注外部形象，也重视内部服务与管理。旅游从业人员的服务形象、居民的生活方式，以及旅游公关活动等，都是旅游形象的重要组成部分。例如，甘肃通过导游培训、服务质量提升、公益活动等方式，塑造了良好的旅游服务形象。同时，甘肃还通过举办夏河拉卜楞寺大法会、天水伏羲文化节、张掖马蹄寺观光旅游节等活动，丰富了游客的体验，增强了旅游吸引力。

3. 理念形象设计

甘肃旅游理念形象的核心是"多彩甘肃、魅力甘肃"，通过展示其丰富的自然景观、深厚的历史文化、多样的民族风情和现代发展成就，塑造了一个立体、多元、有吸引力的旅游形象。例如，甘肃通过敦煌莫高窟、嘉峪关、崆峒山、麦积山石窟等世界文化遗产，展示了其作为"文化大博览、民族大观园"的特质。同时，甘肃还通过"丝路花雨""大梦敦煌""天马萧萧"等优秀剧目，深化了旅游形象的传播。

4. 推广策略

甘肃旅游形象推广策略包括形象广告、公共关系、网络媒介、旅游销售激励、会展旅游等。例如，甘肃通过电视广告、广播、报纸、杂志、网络平台等多渠道进行宣传，扩大了旅游品牌的影响力。同时，甘肃也通过"敦煌行·丝绸之路国际旅游节"等大型节会活动，提升了旅游形象的国际知名度。此外，甘肃还通过"交响丝路·如意甘肃"品牌代言人黄轩的代言，进一步提升了品牌的传播力和亲和力。

（四）甘肃旅游形象设计的实践成果

1. 品牌建设成效显著

"交响丝路·如意甘肃"品牌自2018年推出以来，已成为甘肃旅游形象的代表。该品牌不仅提升了甘肃的文化自信和区域自豪感，还增强了品牌的国际影响力，特别是在东南亚市场。通过品牌建设，甘肃旅游形象从"单一景点"向"整体文化"转变，实现了从"粗放型营销"向"精准型营销"的转变。

2. 新媒体传播助力品牌推广

在新媒体时代，甘肃积极运用短视频、直播、社交媒体等新媒体手段进行旅游宣传。例如，甘肃通过网络直播、短视频平台等，展示了敦煌莫高窟、嘉峪关、崆峒山等著名景区，吸引了大量游客关注。此外，甘肃还通过"敦煌卡""丝绸之路自驾车旅游护照"等旅游产品，增强了游客的参与感和体验感。

3. 区域旅游协作提升整体形象

甘肃通过丝绸之路旅游推广联盟等区域旅游协作机制，与陕西、宁夏、青海、新疆等省区加强合作，共同打造精品旅游线路，提升了甘肃旅游的整体形象。同时，甘肃还通过"一带一路"倡议，加强了与沿线国家的旅游合作，拓展了国际市场。

二、案例评析

甘肃旅游形象设计是一个系统工程，涵盖了理念、行为、视觉等多个层面，通过品牌建设、新媒体传播、区域协作等多维度策略，不断提升甘肃旅游的吸引力和竞争力。未来，甘肃应继续深化"交响丝路·如意甘肃"品牌建设，推动文旅深度融合，打造全域旅游样板。通过数字营销、智慧旅游、文化 IP 开发等方式，进一步提升旅游形象的传播力和吸引力。

三、案例借鉴

选择当地某一旅游目的地或景区，绘制旅游创意策划思维导图。

任务二　实施旅游形象策划

◇ 课前准备

请每位同学自主收集并分析 2 个成功的旅游形象策划案例，重点分析案例概述、策划亮点、成功因素及启示或借鉴，将分析要点填写至表 5-8 中，并在课堂上进行分享讨论。

表 5-8　旅游形象策划案例分析

序号	案例名称	案例概述	策划亮点	成功因素	启示或借鉴

◇ 任务描述

某一旅游发展公司的品牌负责人（甲方）明白在竞争激烈的旅游市场中，鲜明且独特的旅游形象是吸引游客、提升景区辨识度和美誉度的关键。为了塑造出区别于竞争对手，能够精准传达景区特色与价值的旅游形象，他决定委托专业的旅游策划公司（乙方）。乙方需要基于深度的市场调研和对景区资源的深度剖析，结合当下旅游市场趋势与游客喜好，从理念识别、行为识别和视觉识别等多维度进行设计，打造出一套完整且富有吸引力的旅游形象体系，并制订有效的传播推广策略，将新的旅游形象精准传递给目标受众，提升景区在市场中的整体形象和竞争力。

◇任务分析

你作为专业旅游策划公司的项目经理（乙方），接受旅游发展公司委托后，需要通过全面的市场调研，深入了解目标游客的心理需求、审美倾向以及竞争对手的形象定位。同时，深度挖掘景区的历史文化、自然景观等独特资源，以此为基础，从理念、行为和视觉等多个层面，为景区量身定制旅游形象策划方案。方案不仅要在设计上独具匠心，还要制订切实可行的传播推广策略，运用多种渠道将新形象广泛传播。并且建立有效的评估机制，定期对旅游形象的传播效果进行评估和优化，为甲方打造出具有强大市场吸引力的旅游形象。

一、任务目标

（1）知识目标：掌握形象识别系统（理念、行为、视觉）设计流程及传播策略（故事化、数字化）。

（2）能力目标：能设计视觉标识（LOGO、宣传口号）并通过多媒介传播（如VR、直播）强化形象认知。

（3）素养目标：提升美学设计与文化表达能力，推动地方形象与文化IP的深度融合。

二、任务重点

形象定位方法（领先定位、空隙定位）、视觉系统设计（标志、海报）与动态监测机制（大数据舆情分析）。

三、任务难点

如何通过用户生成内容（UGC）实现品牌形象的自发传播，以及快速修复负面舆情。

◇ 知识准备

一、旅游形象策划资料收集

（一）景区内部资源

全面梳理景区的自然景观，包括山脉、河流、森林、湖泊等的独特之处，了解其四季的变化特点；深入挖掘人文历史，如古建筑、名人故事、传统习俗、历史事件等；统计景区内的旅游设施，像酒店、餐厅、游乐设施等的数量、分布和服务水平，这些都将成为塑造旅游形象的核心素材。

（二）目标市场信息

通过问卷调查、访谈等方式，获取目标游客的年龄、性别、职业、收入水平等基本信息，以此分析他们的消费能力和消费习惯；探究他们的旅游动机，是追求休闲放松、文化体验还是冒险刺激；了解他们获取旅游信息的渠道，如社交媒体、旅游网站、旅行社推荐等，以便后续精准传播。

（三）竞争对手资料

收集同类型景区或周边景区的旅游形象定位、宣传口号、特色活动等，分析它们的优势和不足，找出差异化竞争的方向；研究它们的市场份额、游客评价，了解市场竞争态势，从而更好地制订自身的旅游形象策略。

（四）行业趋势动态

关注旅游行业的最新政策法规，了解政策导向对旅游发展的影响；分析旅游市场的流行趋势，如生态旅游、研学旅游、康养旅游等的发展态势，以便结合景区实际融入流行元素；研究新技术在旅游领域的应用，如虚拟现实（VR）、增强现实（AR）等，思考如何利用这些技术提升旅游形象的吸引力。

（五）历史宣传资料

回顾景区过去的宣传资料，包括海报、宣传片、宣传册等，总结以往旅游形象塑造的经验和教训；分析过去游客的反馈和评价，了解哪些方面得到了认可，哪些方面需要改进，为新的旅游形象策划提供参考。

二、旅游形象分析

（一）旅游形象识别

旅游形象识别是构建和传播旅游目的地或旅游产品独特形象的过程，它通常包括理念识别、行为识别和视觉识别三个方面。

（1）理念识别：指得到社会普遍认同的、体现旅游目的地或旅游产品自身个性特征的、促使并保持其正常运作及长足发展而构建的反映整个组织明确的经营意识的价值体系。它是旅游形象识别的内核。例如，旅游地可能强调其独特的文化个性、精神内涵、发展目标、口号、价值观、伦理道德水平等。

（2）行为识别：是在理念识别的指导下进行的动态识别模式，它应该做到使旅游目的地或旅游产品的一切行为与理念保持高度一致。这主要表现为旅游地的政府行为、民众行为和企业行为，如提高旅游的接待服务质量，关键是提高从业人员的职业道德、文化修养、业务素质、服务意识和外语水平。

（3）视觉识别：是最直观有形的形象识别系统，包括旅游地的建筑造型、公共标志牌、交通工具、员工制服、标准字体、标准色、象征图案及宣传口号等。

（二）旅游形象诊断

旅游形象诊断即对当前的旅游形象进行评价，判断当前形象对旅游者的影响效果和旅游地有哪些最能吸引旅游者的要素。这通常涉及对旅游地的知名度和美誉度的分析。

1. 知名度与美誉度组合分析

（1）高知名度、高美誉度：旅游地形象良好，认可度较高，形象策划的目标是保持和强化这一良好形象。

（2）低知名度、高美誉度：旅游地产品和服务质量较高，但对外宣传促销力度不够，形象策划的目标是将良好形象快速有效地传播出去。

（3）低知名度、低美誉度：旅游地可能正处于生命周期的衰退期，产品和服务不成熟，形象策划的首要目标是改造不良形象，然后有效传播改造后的良好形象。

（4）高知名度、低美誉度：旅游地可能已进入生命周期的衰退期，需要及时更新旅游产品和服务项目，形象策划的目标是重塑旅游地形象（见图5-2）。

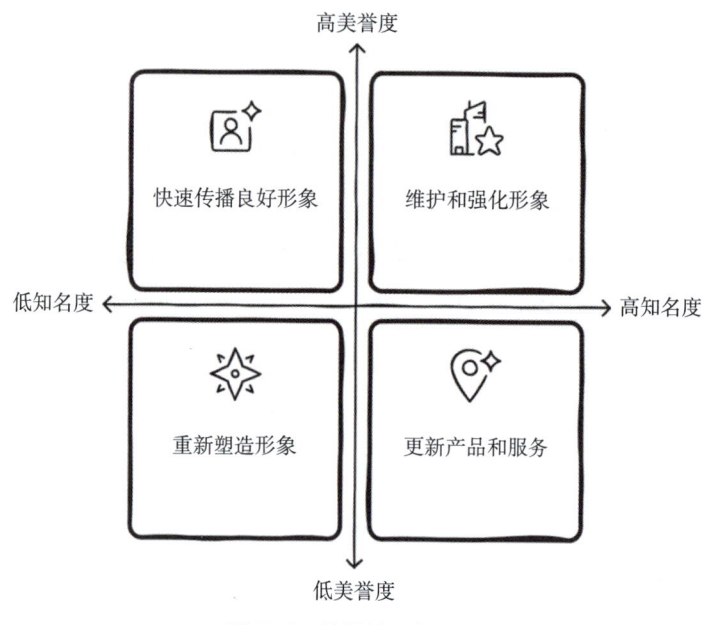

图5-2 旅游地形象分析

2. 核心吸引要素分析

核心吸引要素是旅游形象策划中的关键部分,它们能够激发游客的兴趣并促使他们前往旅游目的地。调查哪些景区、景点、景物或要素是游客提及最多或让游客印象最深的,这些要素往往形成旅游地对旅游者的核心吸引力。

在核心吸引要素分析中,需要详细列出目的地所拥有的各类吸引要素,并对其吸引力进行评估。例如,对于自然景观,可以分析山脉的雄伟、河流的秀美、森林的幽静等特色;对于人文历史,可以挖掘古建筑的历史价值、名人故事的传奇色彩、传统习俗的独特魅力等;对于民俗活动,可以关注其独特性、参与性和观赏性;对于旅游设施,可以评估其舒适性、便捷性和服务质量。

同时,还需要考虑这些核心吸引要素与目标游客的匹配程度。通过市场调研,了解目标游客的喜好和需求,将核心吸引要素与目标游客的兴趣点相结合,进一步提升目的地的吸引力。例如,对于喜欢冒险刺激的游客,可以重点推广景区的探险活动;对于追求文化体验的游客,可以深入挖掘和展示景区的历史文化内涵。

此外,在核心吸引要素分析中,还需要关注竞争对手的情况。通过对比分析,找出自身在核心吸引要素上的优势和不足，以便在策划过程中进行针对性的提升和改进。例如，如果竞争对手在自然景观方面已经具有很高的知名度，那么可以更加注重对人文历史或民俗活动的挖掘和推广，以形成差异化的竞争优势。

（三）旅游形象目标市场分析

依据不同维度对旅游市场进行细致划分。从地理因素来看，涵盖本地、周边城市、国内其他地区以及国际市场，分析各区域游客在旅游需求、消费能力和出行习惯上的差异。例如，本地游客可能更倾向于周末短途休闲游，而国际游客则对具有独特文化魅力的深度游感兴趣。

基于人口统计学因素，将游客按年龄、性别、职业、收入等类别进行细分。像年轻群体追求时尚、刺激的旅游体验，会热衷主题乐园、户外探险等项目；老年群体则更注重休闲养生，偏好宁静的自然风光和文化底蕴深厚的景点。

从心理因素出发，考虑游客的生活方式、价值观和旅游动机。注重生活品质的游客可能会选择高端度假型景区，而对历史文化有浓厚兴趣的游客则会被历史古迹景区所吸引。行为因素方面，分析游客的旅游频率、消费频率、品牌忠诚度等，如经常旅游的游客更关注旅游产品的创新性和独特性。

综合评估各细分市场的规模、增长潜力、竞争状况以及与景区资源和能力的匹配度。对于规模较大、增长潜力高且竞争相对较小的细分市场，景区可以将其作为重点拓展的目标市场。例如，若某景区在生态资源方面独具优势，而市场上对生态旅游的需求正快速增长，那么以追求生态体验的游客群体作为目标市场，将更有利于景区的发展。

同时，考虑景区的长期发展战略，也可以选择一些具有潜力的小众细分市场进行培育，打造独特的旅游形象，形成差异化竞争优势。

三、旅游形象定位

（一）旅游形象定位策略

1. 品牌个性塑造策略

赋予景区独特的品牌个性，使其在游客心中留下深刻印象。可以从景区的文化内涵、历史传承中提取元素，塑造具有鲜明性格的品牌形象。例如，有着深厚历史底蕴的古镇景区，可为自身打造一种"饱经岁月洗礼，却依旧散发着迷人魅力的智者"的形象，通过古街古巷的布局、传统建筑的风貌以及老工匠们的精湛技艺展示，传递出沉稳、内敛且富有故事的品牌个性，吸引那些对历史文化有浓厚兴趣、追求深度旅游体验的游客。

2. 差异化竞争策略

深入分析竞争对手的旅游形象定位，找出市场空白点或尚未充分挖掘的领域，突出景区的独特之处。如果周边景区大多以自然风光吸引游客，而本地景区拥有丰富的民俗文化资源，那么就可以将民俗文化作为核心竞争力，定位为"民俗文化大观园"，通过举办民俗文化节、展示传统民俗技艺、提供民俗特色美食等方式，与其他景区形成差异化竞争，吸引对民俗文化感兴趣的游客群体。

3. 目标受众聚焦策略

根据目标市场分析的结果，精准聚焦特定的游客群体，针对他们的需求和偏好进行形象定位。对于年轻的背包客群体，他们追求自由、冒险和新奇的体验，景区若有独特的户外运动资源，如攀岩、徒步等，可定位为"青春冒险营地"，强调其充满活力、挑战自我的旅游形象，从景区设施、活动设计到宣传推广，都围绕这一目标受众展开，提高景区在该群体中的吸引力和认可度。

4. 情感联结建立策略

挖掘景区能够触动游客情感的元素，建立与游客的情感联结。例如，以亲子游为目标市场的景区，可围绕"陪伴""成长"等情感主题进行形象定位，打造"亲子欢乐成长乐园"，通过设置亲子互动游戏区、亲子共同参与的农事体验活动等，让游客在游玩过程中感受到家庭的温暖和亲情的珍贵，从而对景区产生情感认同和归属感，不仅吸引游客前来，还能提高游客的重游率。

5. 动态调整策略

旅游市场不断变化，游客的需求和偏好也在持续更新。景区应密切关注市场动态、游客反馈以及竞争对手的动向，适时对旅游形象定位进行动态调整。当某一新兴旅游趋势兴起，如"碳中和旅游"受到广泛关注，景区若具备相关条件，可及时调整形象定位，融入绿色环保元素，打造"低碳生态旅游目的地"，以适应市场变化，保持景区的竞争力和吸引力。

(二) 旅游形象定位方法

1. 领先定位

适用于在某方面具有绝对优势的旅游目的地或景区，将自身定位为行业领导者或某一领域的第一，强调其独一无二、不可替代的地位，借助人们对"第一"的强烈认知和追求，吸引游客。提到长城，人们自然会想到八达岭长城，它以其雄伟壮观的气势、悠久的历史和丰富的文化内涵，成为中国长城的代表，在长城旅游中占据领先地位，定位为"万里长城之首，中华脊梁象征"，吸引着国内外大量游客前来感受其宏伟与厚重。

2. 比附定位

借助知名度较高的旅游地或品牌的声誉和形象，将自身与之建立某种联系或比较，使游客在对知名旅游地的认知基础上，快速了解和认识本旅游地，提升自身形象和知名度。安徽宏村有"中国画里的乡村"之称，将自身与中国传统绘画这一高美誉度的艺术形式相联系，借助人们对中国传统绘画的美好印象，让游客对宏村充满诗意的乡村风光产生强烈的向往，快速在旅游市场中占据一席之地。

3. 逆向定位

突破传统思维和常规定位方式，针对旅游市场中主流形象或竞争对手的定位，反其道而行之，强调与主流不同的特色和优势，吸引那些追求独特、个性体验的游客。当大多数海滨旅游地都以阳光、沙滩、海水等常规元素作为卖点时，某海滨小镇以"暗夜星空海滨"为定位，强调其远离城市光污染，能让游客欣赏到璀璨星空的独特优势，吸引了众多天文爱好者和追求浪漫独特体验的游客，成为海滨旅游的新亮点。

4. 空隙定位

通过市场细分，发现旅游市场中尚未被充分挖掘或满足的需求空白点，然后将旅游地形象定位在这一空白领域，填补市场空缺，满足特定游客群体的需求。随着人们对养生健康的关注度不断提高，旅游市场中出现了对养生旅游的需求空白。一些拥有丰富中医药资源和优美自然环境的地方，定位为"中医药养生旅游胜地"，推出中药浴、药膳、中医养生课程等特色产品和服务，吸引了大量注重养生保健的游客，成功开辟了新的旅游市场。

5. 重新定位

当旅游地的发展阶段、市场环境、游客需求等因素发生变化，或原有的旅游形象出现老化、与实际情况不符等问题时，就要对旅游地的形象进行重新塑造和定位，以适应新的市场形势，提升竞争力。某工业城市原本以工业旅游为主要形象，但随着工业转型和城市环境改善，原有的工业旅游吸引力下降。该城市重新审视自身资源和市场需求，将形象定位为"生态宜居休闲城"，大力发展城市生态旅游、文化休闲旅游等，通过打造城市公园、文化街区等新的旅游景点，成功实现了旅游形象的转型，吸引了更多休闲度假游客。

表5-9总结了以上五种定位法的优缺点、适用对象、典型代表。

表5-9 旅游形象定位方法一览

定位方法	优点	缺点	适用对象	典型代表
领先定位法	形象最高阶梯，保持长久不衰的地位	形象持续、稳固领先的旅游地较少	独一无二、不可替代的旅游资源或产品	西藏：人间圣地，天上西藏
比附定位法	借助品牌之光让自己生辉	形成恶性竞争，新生景区易遇冷	适合开发之初的旅游地	腾冲：中国的北海道
逆向定位法	相反的内容形式，标新立异，关注度强	易于接受的心理形象阶梯不易开辟	非主流的旅游资源或产品	沙坡头：沙漠水城
空隙定位法	与竞争对手和平共处	发现旅游需求空隙，创意定位较难	所有旅游景区	贵州丹寨万达旅游小镇：云上丹寨，大美"非遗"
重新定位法	新发展	旅游者的接受度难以测量	新发展战略下的旅游地或衰退期的旅游景区	拉斯维加斯：从"世界赌城"到"世界会展娱乐之都"

四、旅游形象宣传口号设计

（一）旅游形象宣传口号设计原则

1. 突出景区独特卖点

围绕景区最具特色的自然景观、人文历史或休闲体验等元素，设计能够精准展现景区独特魅力的口号。例如，拥有奇特丹霞地貌的景区，口号可以是"探秘丹霞奇境，邂逅大地的鬼斧神工"，直接点明景区独特的地貌特征，激发游客的好奇心。

2. 引发情感共鸣

挖掘游客内心深处对旅游的情感需求，如追求放松、渴望冒险、向往浪漫等，将这些情感与景区特色相结合。对于主打海滨度假的景区，宣传口号可以为"滨海悠梦，沉醉在温柔的时光海岸"，通过描绘出浪漫、惬意的度假氛围，让游客心生向往，产生情感共鸣。

3. 简洁有力易传播

口号需简洁明了，字数不宜过多，要读起来朗朗上口，便于记忆和传播。例如，具有深厚历史文化底蕴的古镇景区，口号可以是"千年古镇，一眼千年"，仅用短短八个字，就将古镇悠久的历史和独特的韵味展现出来，易于游客传播。

4. 结合时代潮流

关注当下流行文化、社会热点和旅游趋势，融入相关元素，使口号更具时代感和吸引力。在环保理念盛行的当下，以生态旅游为特色的景区可以提出"绿色生态之旅，共赴自然之约"的口号，既符合时代潮流，又突出景区特色。

5. 与定位主题呼应

确保宣传口号与景区的整体形象定位和主题相契合，强化游客对景区的认知。若景区定位为亲子欢乐主题，口号"亲子趣游天地，共享成长时光"，紧密围绕亲子主题，进一步深化景区在游客心中的形象。

（二）旅游形象宣传口号设计常见误区

1. 文化失焦：文化元素混搭导致认知超载

在设计旅游形象宣传口号时，为了展现地域文化的多样性，有时可能会不自觉地融入多个文化符号。然而，当这些文化符号在口号中同时出现时，很可能会造成游客的认知超载。例如，将"苗银""茶马古道"和"长征"等具有不同历史背景和文化内涵的元素混搭在一起，不仅难以形成统一的品牌形象，还可能让游客感到困惑和无所适从。因此，在设计口号时，应精选最具代表性的文化元素，避免文化失焦，确保口号简洁明了，易于理解和记忆。

2. 科技滥用：技术体验与实际体验脱节

随着科技的不断发展，AR（增强现实）、区块链等先进技术逐渐被应用于旅游领域。然而，在设计旅游形象宣传口号时，如果过度依赖这些技术，而未能将其与游客的实际体验紧密结合，就可能导致口碑不佳。例如，某古城推出的"元宇宙城墙"项目，虽然创意新颖，但由于技术不成熟，加载延迟严重，影响了游客的体验感受，最终导致差评。因此，在利用科技手段提升旅游形象时，应注重技术的实用性和游客的实际需求，确保技术体验与实际体验相辅相成。

3. 代际错位：口号未能贴合年轻群体喜好

随着"Z世代"逐渐成为旅游市场的主力军，他们的喜好和偏好对旅游形象宣传口号的设计产生了重要影响。然而，如果口号未能贴合年轻群体的喜好，就可能导致代际错位。例如，传统的旅游口号可能无法引起"Z世代"的共鸣，而使用网络流行语（如"特种兵式旅游""48小时速通副本"）等年轻群体熟悉的表达方式，则能更好地吸引他们的注意。因此，在设计口号时，应关注年轻群体的喜好和趋势，确保口号能够与他们产生共鸣，提升口号的传播效果。

4. 可持续悖论：虚假承诺损害品牌形象

随着可持续发展理念的深入人心，越来越多的旅游目的地开始强调其环保和可持续发展理念。然而，如果在实际操作中未能兑现承诺，就可能导致可持续悖论。例如，某景区在宣传口号中承诺"零碳"旅游，但随后被揭穿数据造假，这不仅损害了景区的品牌形象，还可能导致游客的流失。因此，在设计宣传口号时，应确保承诺的真实性和可行性，避免虚假宣传对品牌形象造成负面影响。同时，还应建立完善的认证体系，确保可持续旅游理念得到切实落实。

五、旅游形象设计与塑造

（一）视觉识别系统设计

（1）标志设计：标志是旅游形象的核心视觉符号，需高度凝练景区特色。以拥有独特古桥的景区为例，可将古桥的轮廓抽象化，融入当地传统色彩，设计出简洁且富有辨识度的标志，让游客一眼就能联想到景区。

（2）宣传海报：根据不同的旅游主题和季节，设计系列宣传海报。例如，春季应突出花海景观，夏季则展现清凉的水上活动，运用高清摄影、插画等形式，搭配醒目的标语，如"春赏繁花，邂逅自然之美"，吸引游客目光。

(3)导览标识：在景区内设置统一风格的导览标识，采用与景区文化氛围相符的材质和造型。如历史文化景区，可使用古朴的木质标识牌，配以清晰的文字和图标，引导游客游览，同时强化景区形象。

（二）行为识别系统塑造

（1）员工服务行为：对景区员工进行服务培训，从礼貌用语、热情接待到专业讲解，让游客感受到优质服务。导游能够生动讲述景区历史故事和文化内涵，会提升游客的旅游体验。

（2）游客互动活动：举办各类主题活动，如民俗文化节、户外音乐节等，鼓励游客参与。在民俗文化节中，游客可亲身参与传统手工艺制作，增强对景区文化的认同感。

（3）社区参与：鼓励当地社区居民参与旅游服务，展示原汁原味的生活风貌和民俗风情，让游客体验到真实的地方文化。

（三）理念识别系统深化

（1）核心价值观提炼：明确景区的核心价值观，如"保护自然，传承文化"，并将其融入景区的运营管理中。在景区开发建设时，优先考虑生态保护和文化传承。

（2）宣传口号推广：设计简洁有力、富有感染力的宣传口号，如"寻梦千年古镇，品味古韵风华"，通过各种渠道进行宣传，强化游客对景区形象的认知。

（3）品牌故事讲述：挖掘景区背后的历史故事、传说等，整理成品牌故事，通过官网、社交媒体等平台传播，让游客更深入地了解景区的文化底蕴。

六、旅游形象传播

（一）旅游形象传播策略

（1）品牌一致性策略：在所有传播活动中，始终保持旅游形象的一致性，从宣传口号、视觉标识到服务体验，都围绕既定的旅游形象定位展开。无论是线上广告还是线下活动，都要确保游客接收到统一、清晰的景区形象信息，强化品牌记忆。例如，以"浪漫海滨度假"为定位的景区，在各类宣传物料中都要突出浪漫元素和海滨特色，让游客在不同场景下都能感知到景区的核心形象。

（2）故事化传播策略：挖掘景区背后的历史文化、传说故事、人文风情等，将其编写成生动有趣的故事，通过各种传播渠道讲述给游客。故事化的内容更容易引起游客的情感共鸣，让他们对景区产生更深的兴趣和认同感。例如，拥有古老寺庙的景区可以讲述寺庙的历史典故、高僧的传奇事迹，吸引对文化感兴趣的游客。

（3）互动参与策略：鼓励游客积极参与旅游形象传播，通过举办各类互动活动，如摄影比赛、征文活动、线上打卡等，提高游客的参与度和黏性。游客在参与过程中不仅能更深入地了解景区，还会主动将自己的体验分享给他人，形成口碑传播。例如，举办"××景区摄影大赛"，邀请游客拍摄景区美景并分享到社交媒体，设置丰厚奖品，激发游客的参与热情。

（4）差异化竞争策略：深入分析竞争对手的传播策略和旅游形象，找出自身的独特优势和差异化卖点，在传播中突出这些特色，吸引目标游客。如果周边景区主打自然风光，本景区则可以突出民俗文化体验，通过独特的文化活动和特色产品，吸引对文化旅游感兴趣的游客群体。

（二）旅游形象传播渠道

1. 线上传播渠道

（1）社交媒体营销：在微信、微博、抖音、小红书等热门社交媒体平台开设官方账号，定期发布景区美景、特色活动、游客故事等内容。利用短视频平台的热门话题和挑战，制作有趣、富有创意的视频，吸引用户关注和分享。例如，在抖音发起"××景区最美打卡点"挑战，鼓励游客拍摄并上传在景区的精彩瞬间，提升景区的曝光度和话题性。

（2）旅游电商平台推广：与携程、飞猪、马蜂窝等旅游电商平台合作，优化景区产品页面展示，突出景区独特形象和卖点。发布游客真实评价和优质图片、视频，吸引潜在游客预订。同时，参与平台的促销活动和专题推荐，提高景区的搜索排名和流量。

（3）网络广告投放：通过搜索引擎广告（如百度推广）、信息流广告（如今日头条）等形式，针对目标客源地和潜在游客群体进行精准广告投放。根据游客的搜索关键词、浏览行为、兴趣爱好等数据，推送个性化的旅游广告，提高广告的点击率和转化率。

（4）在线旅游社区和论坛：积极参与各大在线旅游社区和论坛，如携程旅行社区等，发布关于景区的攻略、游记、图片等内容，解答游客的疑问，与游客进行互动交流。通过在这些平台上树立良好的口碑和形象，吸引更多游客关注。

2. 线下传播渠道

（1）参加旅游展会：积极参加国内外各类旅游展会，如国际旅游展、地方旅游文化节等，搭建独具特色的展位，展示景区的自然风光、人文景观、特色产品等。通过现场讲解、互动体验、发放宣传资料等方式，与潜在游客和旅游业界人士进行面对面交流，拓展客源市场。

（2）旅行社合作推广：与各地旅行社建立紧密合作关系，为其提供景区宣传资料、培训支持和优惠政策。鼓励旅行社将景区纳入旅游线路推荐给游客，通过旅行社的销售渠道和专业服务，吸引更多团队游客。同时，与旅行社联合开展促销活动，如推出特价旅游套餐、主题旅游线路等。

（3）传统媒体宣传：在报纸、杂志、广播、电视等传统媒体上投放广告，根据景区的目标市场和受众特点，选择合适的媒体平台和广告时段。发布景区的宣传报道、专题节目等，提高景区在大众市场的知名度和美誉度。

（4）户外广告投放：在机场、火车站、汽车站、高速公路等交通枢纽，以及城市繁华商圈、购物中心等人流量较大的地方投放户外广告，如广告牌、灯箱广告、车身广告等。通过醒目的广告画面和简洁的宣传口号，吸引过往人群的注意力。

3. 合作推广渠道

（1）跨界合作：与其他行业品牌进行跨界合作，借助双方的品牌影响力和资源优势，实现互利共赢。例如，与知名运动品牌合作举办户外马拉松赛事，将景区作为比赛场地，通过赛事宣传和参与者的口碑传播，提升景区的知名度和吸引力。

（2）区域合作：与周边景区、旅游目的地开展区域合作，共同打造旅游品牌和旅游线路。通过联合宣传、资源共享、客源互送等方式，实现区域旅游的协同发展，提高整体旅游竞争力。例如，相邻的历史文化景区和自然风光景区可以联合推出"文化＋自然"深度游线路，吸引更多游客。

（3）网红达人合作：邀请旅游博主、网红达人到景区体验游玩，并在社交媒体上分享他们的旅游经历和感受。利用网红达人的粉丝基础和影响力，扩大景区的宣传范围，吸引更多年轻、时尚的游客群体。

七、旅游形象维护

（一）动态监测机制

为了有效维护旅游目的地的形象，建立一个完善的动态监测机制是至关重要的。这一机制不仅能够帮助我们及时了解旅游形象的现状，还能预测潜在的风险，及时采取相应的应对措施。

1. 健康度评估模型

形象指数是一个科学量化旅游形象状态的工具。该公式结合了网络美誉度（A）、游客满意度（B）和专家评议分（C）三个关键因素，通过赋予不同的权重，得出一个综合的形象指数（S）。具体计算公式为：$S=0.3A+0.4B+0.3C$。这一指数能够全面反映旅游形象在公众心目中的整体表现。

预警阈值设定则是根据形象指数的不同区间，设定不同的预警级别和应对措施。当指数达到或超过 85 时，表示旅游形象处于优秀状态，此时应总结经验并推广；当指数在 70~84 时，表示形象良好，但仍需要进行局部优化；当指数降至 50~69 时，应发出预警信号，并采取专项整改措施；而当指数低于 49 时，则意味着旅游形象面临危机，需要立即启动形象重塑工程。

2. 大数据监测平台

大数据监测平台是动态监测机制的重要组成部分。通过整合 OTA 平台点评数据（如携程、Booking 等）、社交媒体舆情（如微博、小红书等）以及搜索引擎热词（如百度指数、Google Trends 等）实时监测旅游形象的动态变化。这些数据不仅能够帮助我们了解公众对旅游目的地的看法和态度，还能揭示潜在的市场趋势和消费者需求。

（二）形象更新机制

随着时代的发展和消费者需求的变化，旅游形象也需要不断更新以保持其活力和吸引力。因此，建立一个有效的形象更新机制至关重要。

1. 迭代周期规划

迭代周期规划是形象更新机制的基础。根据旅游形象的不同层面和更新需求，可以制订短期、中期和长期的迭代计划。短期微调（年度）规划主要关注宣传口号的优化和营销活动的创新；中期升级（3～5 年）规划则涉及 VI 系统的更新和品牌形象的升级；长期重塑（10 年）规划则是对文化内核的重构和整体形象的全面升级。

2. 代际传承设计

代际传承设计是保持旅游形象活力和吸引力的关键。通过传统元素现代表达的方式，将传统文化与现代审美相结合，创造出具有时代特色的旅游形象。例如，故宫文创的"朕知道了"胶带和苏州博物馆的建筑新旧对话都是成功的案例。

同时，培育青年社群也是形象更新机制中的重要一环。通过大学生旅游体验官招募、电竞酒店等新业态植入等方式，我们可以吸引更多年轻人的关注和参与，从而增强旅游形象的年轻化和时尚感。这些举措不仅有助于提升旅游目的地的知名度和美誉度，还能为旅游业的可持续发展注入新的活力。

◇ 任务实施

一、收集旅游形象策划资料

学生选择特定旅游目的地或景区，收集与该旅游目的地或景区旅游形象策划相关的各类资料，为旅游形象策划提供坚实的资料基础。请将收集到的资料填入表 5-10 中。

表 5-10　旅游形象策划资料搜集

序号	资料类别	具体内容

二、分析旅游形象目标市场需求

通过对选定旅游景区旅游形象目标市场的深入分析，明确景区的形象定位、目标游客需求及市场竞争态势。请将分析内容填入表 5-11 中。

表 5-11 旅游形象目标市场需求分析

序号	需求分析点	具体分析内容

三、策划旅游形象创意方案

基于旅游形象目标市场需求的分析结果,学生为选定景区设计一套新颖、独特且符合市场需求的旅游形象创意方案。请将创意内容填入表 5-12 中。

表 5-12 旅游形象策划创意

序号	策划创意点	具体策略及措施

四、编制旅游形象策划方案

根据收集的旅游形象策划资料与数据,结合市场需求分析及创意策划,依据实际情况,拟定旅游形象策划方案的组成要素、核心观点及策划思路并填入表 5-13 中。

表 5-13 旅游形象策划方案简表

序号	组成要素	核心观点及策划思路

◇ 任务小结

请学生将自评结果填入表 5-14 中。

表 5-14 学生自评

学生姓名	
学习内容概述	
收获与经验	
存在的问题	
改进措施	
学生自评（0~100分）	

说明：学生自评得分计入表 5-14 中。

◇ 任务评价

以个人为单位进行评价，具体评价指标见表 5-15。

表 5-15 任务评价

评价维度	评价指标	评价标准	学生互评	教师评价	学生自评
职业技能（60分）	完成情况（20分）	是否按时完成了任务的所有要求			
	分析深度（20分）	对内容的分析是否深入			
	创新创意（10分）	是否提出了有创意的内容或解决方案			
	解决问题（10分）	是否解决了实际问题且具有可行性和操作性			
职业素养（40分）	学习态度（10分）	主动参与讨论研究，展示学习兴趣和理解			
	时间管理（10分）	按时完成工作，没有拖延和临时赶工			
	团队协作（10分）	有效沟通协作，积极参与任务分配与执行			
	总结反思（10分）	自我总结不足和优缺点，并提出改进建议			
总计					
总分					

说明：学生自评20%，学生互评30%，教师评价50%。总分90分及以上为优秀；80~89分为良好；70~79分为中等；60~69分为及格；60分以下为不及格。

◇ **拓展任务**

城市旅游形象市场调研

一、调研目的

以社会主义核心价值观为引领，将城市旅游形象与城市精神文明建设相融合，调研城市在历史文化传承、现代文明展示、生态环境保护等方面的形象认知，挖掘城市发展中的奋斗故事、典型人物、创新成果等思政资源，为塑造兼具文化底蕴与时代精神的城市形象提供参考，助力提升城市软实力与市民归属感。

二、核心调研内容

（1）形象认知：游客和潜在游客对城市旅游形象的主要印象，包括城市的自然景观、历史文化、民俗风情、现代化设施等。

（2）传播渠道：城市旅游形象的主要传播渠道（如旅游宣传册、官方网站、短视频平台、影视作品等）的传播效果和受众覆盖范围。

（3）满意度评价：游客对城市旅游服务质量、旅游环境、旅游安全等方面的满意度，以及对城市旅游形象的整体评价。

（4）竞争优势：与其他旅游城市相比，城市在旅游形象方面的独特优势和竞争力。

三、执行方向

（1）设计城市旅游形象调查问卷，通过线上线下相结合的方式进行调查。

（2）分析城市旅游相关的新闻报道、社交媒体话题、游客评论等，提取关于城市旅游形象的关键信息。

（3）邀请旅游专家、学者、从业者等进行座谈，听取他们对城市旅游形象建设的建议。

任务三　项目实训与总结

◇ **实训工单**

一、项目名称

本项目名称：城市旅游形象策划。

二、实训任务

任课教师将结合当前旅游市场的热门话题和发展趋势，选取一个具体的旅游目的地或景区作为实践教学的对象（在条件允许的情况下，可以基于真实的市场案例或行业需求）。学生将被分成若干小组，以旅游形象策划团队（乙方）的身份进行项目实训。各小组需要针对选定的旅游目的地或景区，进行深入的市场调研与需求分析，明确目标市场的细分与特征，确定形象定位与核心价值，构思创意形象策划方案，制订详细的实施计划，并最终提交一份具备创新性、针对性及实施可行性的旅游形象策划方案，同时完成方案的展示与评估任务。

三、实训目标

（1）依据城市旅游形象认知数据（如自然景观、历史文化印象），提炼核心IP，提升城市知名度与美誉度。

（2）掌握"品牌定位→内容创作→多渠道传播"的策划路径，强化城市旅游竞争力。

（3）输出兼具创新性与落地性的形象方案，具备对接政府旅游主管部门的提案能力。

四、实训内容

（一）形象诊断与定位

（1）分析"城市旅游形象调研"结果，提取游客对城市的关键印象词（如"山水之城""历史古都"），识别传播薄弱点（如现代化设施宣传不足）。

（2）对比同类旅游城市（如竞争优势中提及的对标城市），确定差异化定位（如

"传统与现代交融的活力都市")。

(二)传播内容与渠道

(1)设计城市旅游主题口号(如"××城:一半山水一半诗")与视觉标识(如融合地标建筑的 LOGO)。

(2)制作城市旅游宣传片脚本,聚焦"晨曦中的古街""夜空中的现代商圈"等对比场景,适配短视频平台传播。

(三)长效运营方案

(1)编制《城市旅游形象策划方案》,含年度主题活动(如"城市文化节""网红打卡季")、政企联动机制(如景区与交通部门合作推出"旅游一卡通")。

(2)模拟向旅游专家座谈会汇报方案,听取关于"文化 IP 活化""年轻客群吸引"的建议。

请将小组成员的任务分工填入表 5-16 中。

表 5-16 小组成员任务分工

组别	成员姓名	具体负责完成的工作及主要内容

五、实训要求

(一)项目流程规范

各小组需严格按照"市场调研—需求分析—创意策划—方案编制—成果汇报"五阶段推进工作,每阶段需提交过程性文档,并留存不少于 10 张反映工作场景的实景照片。要求采用甘特图工具绘制项目进度表,明确各环节时间节点及质量验收标准。

（二）成果质量要求

（1）最终成果材料（见表5-17）包含：① 5000字以上策划方案；② 8分钟路演视频。

（2）策划方案排版标准规范，需设置三级标题并自动生成目录，商业数据必须注明来源并附原始调研问卷。

（3）路演环节采用"5+3"模式（5分钟陈述+3分钟问答），要求使用智慧教室或虚拟直播间采集录像视频。

表5-17 实训项目成果提交

序号	成果名称	具体内容
1	5000字以上策划方案	提交完整的策划方案，包括封面、目录、背景分析、旅游资源与条件分析、市场分析、定位分析、创意内容策划、保障与实施、附件等，要求内容完整、排版规范、图文并茂，创新可行
2	8分钟路演视频	以团队为单位，进行策划方案的展示汇报，展示汇报内容包括团队协作分工及主要完成内容和总体贡献度、旅游创意策划方案的主要内容和创意展示

六、实训评价

以小组为单位进行评价，具体评价指标见表5-18。

表5-18 项目实训评价

评价维度	评价指标	评价内容	评分标准	得分
职业技能（60分）	项目调研深度（20分）	调研的全面性与准确性	项目是否涵盖了目标市场的需求分析，竞争情况及潜在趋势，调研数据是否充分且可靠	
		数据分析方法	是否使用了有效的数据分析方法，如问卷调查、深度访谈、二次数据分析等	
		市场需求与竞争分析	能否通过调研分析目标市场的真实需求和竞争环境，明确竞争对手优势与劣势	
		数据支持与结论	调研数据是否直接支持方案中的结论，是否能清晰描绘目标市场需求与竞争现状	

续表

评价维度	评价指标	评价内容	评分标准	得分
职业技能（60分）	策划创意呈现（20分）	创意的独特性与创新性	提出的策划创意是否具有创新性，是否与现有市场做出差异化，有没有打破传统或提出新颖的视角	
		与目标市场的契合度	创意是否能有效吸引并满足目标游客群体的需求，是否能够通过创新解决实际问题	
		创意的实际可行性	提出的创意是否考虑到实际操作的可行性，能否在现实中落地执行	
		视觉表现与展示效果	创意是否通过图文并茂的方式清晰传达，展示是否具有吸引力，视觉效果是否清晰明了	
	方案整体质量（20分）	内容的全面性与完整性	方案是否涵盖了封面、目录、背景分析、现状分析、定位分析、内容策划、预算与实施等所有重要内容	
		方案的实用性与可操作性	策划方案是否具有具体明确的实质内容，并且能够在实际环境中执行，有无明确的时间表和执行标准	
		整体质量与专业性	整个项目的方案是否具有较高的专业性，细节是否处理得当，内容是否充分，排版是否规范	
		可行性与影响力	方案是否具有可行性，并能够产生良好的市场效果和社会影响力	
职业素养（40分）	项目汇报效果（20分）	团队成员协作互动	在PPT展示中是否有明确的团队分工说明，团队成员是否能够协调统一地表达方案并有效回答问题	
		内容结构与清晰度	内容是否条理清晰，是否能够有效传达方案的要点、创新点和独特的创意	
		汇报逻辑性与流畅性	团队在汇报时是否具有良好的逻辑结构，演讲是否流畅、自然	
		PPT视觉效果与设计	PPT的设计是否简洁明了，图文搭配合理，视觉效果良好	
	团队合作情况（20分）	团队分工的合理性	团队成员是否能够根据各自优势合理分配任务，分工是否明确	
		团队协作的效果	团队成员之间的合作是否高效，是否能够在整个策划过程中保持沟通，协作是否顺畅	
		协作中的问题解决能力	在团队合作过程中，是否能够有效解决出现的问题，确保项目进度和质量	
		团队整体表现	团队合作是否融洽，是否能够共同推动项目进展，汇报中是否体现出整体协作精神	
总分				

说明：总分90分及以上为优秀；80~89分为良好；70~79分为中等；60~69分为及格；60分以下为不及格。

◇ **项目总结**

以个人为单位,根据本项目学习内容和实训,填写并完成项目总结报告(见表 5-19)。

表 5-19 项目总结报告

项目名称					
学生姓名		小组成员			
本人角色			完成的主要工作		
实训时间			校内指导教师		企业指导教师
学习总结					
学习反思					
改进方向					

◇ **知识测评**

一、名词解释

1. 旅游形象

2. 理念识别（MI）

3. 比附定位法

二、单选题

1. 旅游形象的"原生形象"主要通过（　　）形成。

　　A. 广告宣传　　　　　　　　B. 亲身旅游经历

　　C. 长期社会化过程　　　　　D. 旅游地促销活动

2. "8D魔幻山城，热辣巴渝风情"属于旅游形象策划中的（　　）。

　　A. 宣传口号　　　　　　　　B. 视觉标识

　　C. 行为识别　　　　　　　　D. 理念识别

3. 旅游形象策划的"动态性原则"要求（　　）。

　　A. 定期更新形象以适应市场变化

　　B. 保持形象一成不变

　　C. 拒绝技术手段应用

　　D. 忽视游客反馈

三、多选题

1. 旅游形象识别系统（CIS）包括（　　）。

　　A. 理念识别（MI）　　　　　B. 行为识别（BI）

　　C. 视觉识别（VI）　　　　　D. 价格识别（PI）

2. 旅游形象定位方法包括（　　）。

　　A. 领先定位法（如"人间圣地，天上西藏"）

　　B. 比附定位法（如"中国的北海道"）

　　C. 逆向定位法（如"暗夜星空海滨"）

D. 随机定位法

3. 旅游形象传播渠道包括（　　　）。

　　A. 社交媒体（微信、抖音）

　　B. 影视宣传（如城市宣传片《火锅英雄》）

　　C. 旅游电商平台（产品详情页）

　　D. 内部行政文件

四、判断题

1. 旅游形象一旦形成便不可改变，需要长期维持。（　　　）
2. 视觉识别系统（VI）仅包括标志设计，与景区建筑风格无关。（　　　）
3. 危机修复形象策划需要通过透明沟通和整改措施恢复信任。（　　　）

五、简答题

1. 简述旅游形象策划的意义。
2. 旅游形象策划的原则有哪些？
3. 如何理解旅游形象的"文化性与体验性"特点？

项目六　旅游商品策划

◆ **项目导学**

　　旅游商品策划聚焦于深入探寻旅游目的地的文化精髓、特色物产以及游客需求，旨在开发出一系列独具地域特色、富有纪念价值且实用的旅游商品。通过精心的旅游商品策划，不仅能够丰富旅游目的地的消费体验，还能进一步强化其品牌形象，将旅游文化以实物的形式传递给游客。本项目强调理论与实践的深度融合，学生通过系统学习旅游商品策划的相关知识，掌握从商品创意构思、设计研发到营销推广的全流程技能，能够根据不同旅游目的地的特点，策划出具有市场竞争力的旅游商品。本项目采用市场调研、竞品分析、创意工作坊等多样化教学方法，紧密贴合当前旅游市场对高品质、个性化旅游商品的需求，提升学生的创新思维、市场分析能力以及营销策划能力，为学生在旅游商品领域的职业发展奠定坚实基础。

◆ **项目导图**

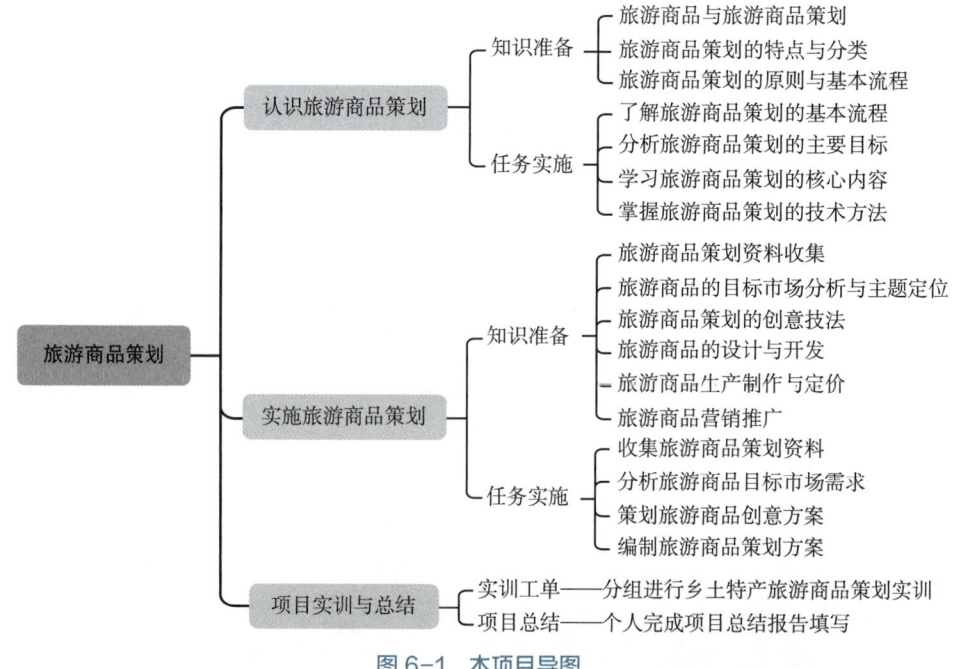

图 6-1　本项目导图

◆ 项目成果

1. 旅游商品策划方案
2. 旅游商品策划路演视频

◆ 项目引学

"趣"逛文博 | "重庆范儿"文创产品打造按下加速键！

重庆文化创意产业联盟成立

重庆"80后"艺术家惠唯带来的既像双胞胎、又像一人两面的红鼻头小孩Timmy和Tammy，可爱得让人舍不得放手；手腕轻轻一抖，黑白底色的老旧吊脚楼群就变成了灯火璀璨的最新洪崖洞夜景……

如此有趣、又极富重庆范儿的文创产品，你是不是也爱了？9月20日，第十三届重庆国际文化产业博览会（以下简称重庆文博会）在重庆国际博览中心北展馆正式同广大市民、游客见面。在现场，不光前述这些创意满满的文创产品可以直接买回家，同时重庆文投集团还宣布重庆文化创意产业联盟成立，为打造具有重庆辨识度的文创产品按下了加速键。

搭建平台助力重庆文创产业再提升

20日上午11点，"文耀巴渝 创启山城"重庆文化创意产业联盟成立仪式如约在重庆国际博览中心N1馆主舞台举行。

"我们希望重庆文化创意产业联盟能够成为一个充满活力、智慧和创新创造力的集体，构建起一个全业态、全方位、全链条、全要素的文创产业'朋友圈''生态圈''资源圈'和'渠道圈'。"在成立仪式上，重庆文投集团党委书记、董事长舟斌这样说道。

据介绍，重庆文化创意产业联盟是在重庆市委宣传部、市国资委的指导支持下，由重庆文投集团牵头发起，联合艺术高校、创意机构、文创企业、文物单位、旅游景区、文化园区等共同组建的文化创意产业联合体。联盟成立后将致力于促进文化创意产业内以及跨行业、跨区域的资源整合与共享，通过搭建政策咨询、学习培训、信息交流、技术合作、市场应用、产权保护等一系列公共服务平台，共同助推提升重庆文化创意产业的整体实力与核心竞争力。

冉斌表示，重庆文化创意产业联盟将以"创意兴文化、IP创未来"为发展理念，重点做好研文化、筑平台、聚资源、拓市场、创未来五方面工作。

具体来说，研文化，主要是通过产学研结合，深入研究挖掘重庆"六大主体文化"和现代时尚文化元素，打造具有重庆自己的文创产业IP；筑平台，是由重庆文投集团打造"文创产业孵化基地"，构筑文创企业资源共享、优势互补的发展平台；聚资源，是通过聚集创意设计、工艺创新、科技应用、项目推介、市场营销、人才引培、品牌提升等多方面资源，促进市场主体合作共赢；拓市场，是打造线上线下融合发展模式，合力拓展市场渠道与空间，提高市场供需匹配度，推动产业链上下游资源互通、协同发展；创未来，则坚持数字思维、全球视野，推动重庆文化创意公共品牌打造，形成一大批有重庆辨识度、全国影响力的"特色文创产品"，发展跨界融合、共生共荣的文创产业体系和市场体系。

"我们希望打造出一片'创意森林'，进一步把文化创意产业的土壤培育起来。"冉斌告诉记者，接下来，重庆文投集团还将积极推进设立重庆文化创意产业发展促进会，搭建文创领域从业人员培训教育体系，建设文创产业发展研究平台，探索构建"行业组织＋研究平台＋市场主体"三位一体发展模式，让更多创新创意人才加入重庆文创事业中来，做出更多更好的文创产品，为重庆文化消费注入新的活力，让重庆文化魅力走向世界。

超600件精品带你看"创意重庆"

回到本文一开篇就提到的两件好看又好玩的文创作品，在本届文博会上，大家只要走进"长江文化"主题展馆（N1馆）的"创意重庆"展区（T6展位）就能一探究竟。

在整个"创意重庆"展区中，重庆文投集团牵头，精心遴选了41家重庆地区重点文博单位和优质文化创意企业的600余件文创新品、精品同广大市民、游客见面。其中具有重庆高辨识度的文创产品更是备受热捧。

20日，上游新闻记者在现场看到，重庆中国三峡博物馆带来的"小粉炉"（原型为馆藏文物清粉晶龙衔环双耳三足熏炉）摆件、重庆红岩革命历史文化中心的"红梅""荷花"系列茶具等都吸引了不少观众放下了又拿起，仔细把玩。

"这样的卡应该很多'80后'玩过。"在现场,时光里书店的老板李柯成拿着书店最新开发的光栅卡跟记者演示,只要稍微变换一下卡片的角度,解放碑、洪崖洞、十八梯、朝天门的新旧对比就能先后在同一张图片上显现出来,令人感慨不已。

在"走走停停,遇见自己"的旅游文创展区,大足石刻的旅行家手办盲盒、千手观音织绣画、石刻密语装饰画,以及西沱云梯吊脚楼夜灯、天上黄水防晒渔夫帽、梁平年画、南川金佛山"千年金山红"古树茶等,都不断有观众前来询价、下单。

"你我笔下,皆是星河"的艺术衍生品展示区,由重庆艺术大市场协同四川美术学院和重庆艺术家们一同带来。艺术家惠唯带来的《迷城》油画纸质拼图、"小丑不丑"盲盒,唐自豪出品的"男孩与龙""骑独角兽的恐龙女孩""云上的猴子",云力元工作室带来的"中国人的星空故事系列——太空兔手办"等,都让人眼前一亮。

如果大家走累了,"红岩"创意咖啡或是85号创意公馆出品的"创意重庆"城市特调咖啡,可以任意选择。重庆特有的黄桷兰、蜡梅的创意香氛……在"创意重庆"展区里可以闻到,大家也可以买回家继续享受。

(资料来源:上游新闻."趣"逛文博丨"重庆范儿"文创产品打造按下加速键!重庆文化创意产业联盟成立.[EB/OL].https://baijiahao.baidu.com/s?id=1810701311417726736&wfr=spider&for=pc)

【讨论与思考】
1. 如何挖掘地域文化打造特色旅游商品?
2. 旅游商品如何实现多元化营销?

任务一　认识旅游商品策划

◇ **课前准备**

如果你是旅游商品策划师,如何开发出具有市场竞争力的旅游商品? 以小组为单位,选择一个真实或虚拟的旅游目的地,围绕"旅游商品策划"开展头脑风暴,在表6-1中详细回答每个问题,激发创意。

表 6-1　头脑风暴记录

分类	问题	答案
商品定位	1. 该目的地的哪些特色物产与文化元素可以融入商品？	
	2. 如何依据特色确定独特且实用的商品主题？	
受众分析	1. 目标游客群体是谁？不同群体对商品的需求有何差异？	
	2. 如何根据受众需求，设计符合其心理预期的旅游商品？	
竞争对比	1. 周边或类似旅游目的地的旅游商品有哪些？	
	2. 与竞争对手相比，该目的地旅游商品的独特优势在哪？	
创意设计	1. 有哪些新颖的设计理念可以用来开发旅游商品？	
	2. 如何将现代工艺与传统特色结合，提升商品吸引力？	
营销推广	1. 有哪些创新的营销方式可以用来推广旅游商品？	
	2. 如何利用线上线下渠道进行商品销售，提高销量？	
商品维护	1. 旅游商品推出后，如何持续改进与更新？	
	2. 面对商品质量问题，怎样及时处理，挽回声誉？	

◇任务描述

你是一名旅游管理专业的学生，对旅游行业充满憧憬，尤其对旅游商品的开发与策划兴趣浓厚。在旅游过程中，你发现各地的旅游商品参差不齐，有些独具特色，让人爱不释手，有些却毫无新意，难以吸引游客。你渴望深入学习旅游商品策划，掌握打造畅销旅游商品的技巧，但目前对这一领域的知识和方法知之甚少，不知从何处着手。

◇任务分析

在旅游市场蓬勃发展的今天，旅游商品策划已成为旅游产业中不可或缺的一环。它不仅能为游客提供独特的旅游纪念，还能传播旅游目的地的文化，增加旅游收入。对于希望投身旅游商品策划领域的人来说，首要任务是深入理解旅游商品策划的内涵、流程及重要性。

旅游商品策划是一个综合性工程，涵盖目的地资源调研、商品创意构思、设计研发、生产制作、营销推广以及售后维护等多个环节。其特点在于要紧密结合旅游目的地的特色，满足游客的多样化需求，同时兼顾市场的经济效益。例如，以美食闻名的旅游地，可以开发特色食品礼盒作为旅游商品；而具有传统手工艺的地区，会将手工艺品进行创新设计，推向市场。

所以，要认识旅游商品策划，需先从理解其基本概念和内涵入手，深入掌握各环节的操作要点和相互关系，通过学习和实践积累经验，提升自己的策划能力和市场洞察力，为未来的旅游商品策划工作奠定基础。

一、任务目标

（1）知识目标：了解旅游商品的分类（文化创意、特色食品等）与设计原则（文化性、实用性）。

（2）能力目标：能结合地域文化开发具有市场竞争力的旅游商品，制订生产与营销策略。

（3）素养目标：培养工匠精神与环保意识，推动传统工艺的创新与可持续发展。

二、任务重点

旅游商品的文化元素转化（如将"非遗"技艺融入设计）和定价策略（如成本加成、市场导向）。

三、任务难点

平衡商品的文化价值与市场需求，避免同质化，如文创产品的实用性与艺术性结合。

◇ 知识准备

一、旅游商品与旅游商品策划

（一）旅游商品

旅游商品又称旅游购物品，通常指旅游者在旅游过程中或旅游前后所购买的物质形态商品。这些商品不仅具有使用价值，还承载着满足旅游者购物需求和传播旅游地形象的双重重任。它与旅游产品有明显区别，旅游产品如旅游景观、旅游服务、旅游线路等，而旅游商品则主要指旅游者在旅游过程中所购买的实物商品。

从类别上看，旅游商品丰富多样。其中，文化纪念品是最具代表性的一类，比如故宫推出的"故宫文创"系列，将故宫的建筑、文物元素融入文具、饰品等日常用品中，使游客能够将故宫文化带回家；地方特产类旅游商品则能凸显地域特色，像新疆的葡萄干、云南的普洱茶等，这些特产因独特的产地环境和制作工艺，成为游客了解当地风土人情的重要载体；工艺艺术品则展现了当地的传统手工艺，如景德镇的陶瓷、苏州的刺绣，它们精湛的技艺和独特的艺术风格吸引着众多游客；旅游一般用品是具有实用价值的生活日用品，如草帽、手杖等。旅游纪念品以旅游景点的文化古迹或自然风光为题材制作的商品，通常标注产地地名或用当地著名历史人物、事件做商标。其他商品，如机场免税店出售的来自世界各国的特色商品。

旅游商品具有多方面的价值。从文化价值来看，它是地方文化的生动体现，一件小小的旅游商品，可能蕴含着当地的历史传说、民俗风情，成为文化传播的使者。例如，以藏族唐卡艺术为蓝本制作的明信片、装饰画等商品，让更多人了解到唐卡这一独特的艺术形式。在经济价值方面，旅游商品的销售能够带动当地的经济发展，促进就业，增加旅游收入。同时，旅游商品还具有情感价值，它是游客旅行记忆的实物载体，当游客看到旅行中购买的纪念品时，便能回忆起旅途中的美好时光。旅游商品不仅满足旅游者的购物需求，还传播旅游地的形象。精美的旅游商品能激发旅游者的美好回忆，显示其生活经历，并可作为长期保存或赠送的礼品。

（二）旅游商品策划

旅游商品策划是指策划主体为促进旅游产业发展，特别是以增强旅游购物体验和推动地方经济发展为目标，在深入市场调研的基础上，对旅游商品的创意开发、设计、生产及营销推广活动进行策略规划、方案设计和实施运作的过程。它涵盖了对旅游商品市场需求、消费者偏好及地方文化特色的深入理解，依据旅游目的地的资源特色、工艺水平及市场趋势，有针对性地策划和设计具有吸引力的旅游商品，并通过创意包装、渠道拓展及多元化的营销手段，将这些商品有效推广给游客的全过程。

旅游商品策划对于提升旅游目的地的综合吸引力、延长游客停留时间及增加旅游收入具有重要意义。在旅游体验日益多样化的今天，富有特色、文化内涵和实用价值的旅游商品不仅能激发游客的购买欲望，还能作为旅游记忆的载体，增强游客对旅游地的情感联结和口碑传播。通过精心策划的旅游商品，不仅能够促进地方经济的发展，带动相关产业链的成长，还能提升旅游目的地的品牌形象，为旅游业可持续发展注入新的活力。

（三）旅游商品策划的意义

1. 提升旅游体验

旅游商品作为旅游过程中的重要元素，能够丰富游客的旅游体验。精心策划的旅游商品不仅具有实用性，还能体现地方特色和文化内涵，使游客在购物过程中获得愉悦感和满足感。通过提供多样化的旅游商品选择，满足不同游客的个性化需求，进一步提升整体旅游体验。

2. 促进地方经济发展

旅游商品策划有助于推动地方经济的发展。通过销售具有地方特色的旅游商品，可以吸引更多游客前来消费，带动相关产业的发展，如手工业、农业、文化产业等。同时，旅游商品的销售也为当地居民提供了就业机会，增加了收入来源，促进了经济的多元化发展。

3. 传播地方文化

旅游商品是地方文化的重要载体。通过策划具有地方特色的旅游商品，可以将地方文化以实物形式展现给游客，加深游客对地方文化的了解和认识。这种文化传播不仅有助于提升地方知名度，还能促进文化交流与融合，推动地方文化的传承与发展。

4. 增强旅游吸引力

独特的旅游商品可以成为吸引游客的重要因素之一。通过策划具有创意和特色的旅游商品，可以提升旅游目的地的吸引力，吸引更多游客前来参观和消费。这种吸引力不仅有助于增加游客数量，还能延长游客的停留时间，提高旅游收入。

5. 推动旅游产业升级

旅游商品策划是推动旅游产业升级的重要手段之一。随着旅游业的不断发展，游客对旅游商品的需求也在不断变化。通过策划符合市场需求和时代潮流的旅游商品，可以推动旅游产业的转型升级，提高旅游产业的竞争力和可持续发展能力。

二、旅游商品策划的特点与分类

（一）旅游商品策划的特点

1. 以客为导向，注重设计特色

旅游商品策划的首要特点是坚持以客户为导向，注重设计特色。这要求策划者在设计旅游商品时，必须深入了解目标客户的需求和偏好，确保商品能够满足客户的期望。同时，设计特色是旅游商品的生命力所在，策划者需要注重商品的独特性和创新性，通过巧妙的构思和精湛的工艺，打造出具有浓郁地方特色或民族特色的旅游商品，以吸引游客的注意力。

2. 涉及内容广泛，需要多专业合作

旅游商品策划涉及的内容非常广泛，包括取材、功用、工艺、造型、包装、销售等各个环节。这些环节都需要充满创意和变革，以适应不断变化的市场需求和游客审美。因此，旅游商品策划需要工艺美术学、历史学、人类文化学、心理学、营销学、旅游管理学等多种专业人员的合作开发。这种跨专业的合作模式有助于提高设计开发的质量和效率，确保旅游商品能够在市场上脱颖而出。

3. 注重市场需求，强调可行性

旅游商品策划的一个重要特点是注重市场需求，强调可行性。在策划过程中，策划者需要对目标市场进行充分的调研，了解游客的需求和偏好，以及竞争对手的情况。同时，策划者还需要考虑商品的生产成本、销售渠道和利润空间等因素，确保商品在实际操作中具有可行性。这种以市场需求为导向的策划方式有助于降低市场风险，提高商品的竞争力。

4. 强调文化内涵，促进文化传承

旅游商品策划应强调文化内涵的传承和弘扬。在策划过程中，策划者需要深入挖掘旅游目的地的文化特色，将其融入旅游商品中。这不仅可以增加商品的吸引力，还能促进文化的传承和保护。通过举办文化活动、参观历史遗迹、体验传统手工艺等方式，策划者可以让游客更好地了解当地的文化，从而增强游客对旅游商品的认同感和归属感。

5.注重便携性和实用性

为了方便游客在旅途中携带和使用，旅游商品策划还应注重商品的便携性和实用性。策划者需要确保商品的体积适中、重量轻便，并且易于包装和携带。同时，商品应具有实用性，能够满足游客在旅途中的实际需求。这种注重便携性和实用性的策划方式有助于提高游客的购买意愿和满意度。

（二）旅游商品策划的分类

1.按旅游商品类型分类

（1）**文化创意类商品策划**：以当地的历史文化、民俗风情、传说故事等为灵感来源，通过创意设计，将文化元素融入商品中。例如，以敦煌壁画为元素的丝巾、书签、笔记本等文创产品，既具有艺术价值，又能让游客将当地文化带回家。

（2）**特色食品类商品策划**：针对当地的特色美食、传统小吃等进行策划包装。不仅要注重食品的口味和品质，还要在包装设计上体现地域文化特色。例如，云南的鲜花饼，在包装上印上云南的花卉图案和民族风情元素，提升了产品的吸引力和文化内涵。

（3）**手工艺品类商品策划**：围绕当地的传统手工艺，如陶瓷、木雕、刺绣、银饰等进行策划。强调手工制作的工艺价值和独特性，注重产品的品质和艺术感。例如，景德镇的陶瓷制品，通过精美的造型和独特的工艺，成为极具代表性的旅游商品。

（4）**实用生活用品类商品策划**：将旅游目的地的特色元素与实用生活用品相结合，如印有当地风景或文化图案的T恤、帽子、背包、雨伞等。这类商品既具有实用性，又能起到宣传旅游地的作用，方便游客在日常生活中使用，从而扩大旅游地的影响力。

2.按策划目的分类

（1）**品牌推广型策划**：重点在于通过旅游商品的设计、生产和销售，提升旅游目的地或旅游企业的品牌知名度和美誉度。例如，迪士尼乐园推出的各种卡通形象周边产品，如玩偶、服装、文具等，不仅为游客提供了具有纪念意义的商品，更重要的是强化了迪士尼的品牌形象，使其品牌影响力不断扩大。

（2）市场拓展型策划：旨在开拓新的市场领域，吸引更多不同类型的游客购买旅游商品。例如，一些旅游地针对年轻游客群体，策划推出具有潮流元素、互动体验性强的旅游商品，如盲盒形式的旅游纪念品、AR 互动的文化卡片等，以拓展年轻市场份额。

（3）文化传承型策划：以传承和弘扬当地的传统文化为主要目的，将濒临失传的民间技艺、文化符号等融入旅游商品中。例如，一些少数民族地区，通过策划制作具有民族特色的服饰、饰品等旅游商品，使民族文化得到传承和发展，同时也让游客更好地了解和体验当地文化。

3. 按策划范围分类

（1）区域旅游商品策划：以某个特定的区域为范围，对该区域内的旅游商品进行整体策划。例如，对一个省、市或旅游经济区进行旅游商品的统一规划和设计，整合区域内的资源，打造具有区域特色的旅游商品品牌。例如，长三角地区可能会联合策划推出一系列体现江南水乡文化、吴越文化的旅游商品。

（2）旅游景区旅游商品策划：针对具体的旅游景区进行旅游商品策划，紧密结合景区的主题、特色和文化内涵。例如，故宫博物院根据故宫的建筑、文物等元素，开发了大量具有故宫特色的文创产品，如宫廷娃娃、故宫日历、文具等，成为景区旅游商品策划的成功典范。

（3）旅游线路旅游商品策划：根据特定的旅游线路，设计与之相匹配的旅游商品。例如，在丝绸之路旅游线路中，策划推出以"丝路文化"为主题的系列旅游商品，如驼铃、西域风格的饰品、描绘丝路风光的画册等，让游客在旅游过程中能够购买到与旅游线路相关的特色商品，增强旅游体验。

三、旅游商品策划的原则与基本流程

（一）旅游商品策划的原则

1. 文化性原则

旅游商品应深度挖掘和体现旅游目的地的文化内涵，将当地的历史、民俗、艺术等元素融入其中，成为文化的载体。例如，以西安兵马俑为原型制作的工艺品，不仅是一件商品，更是秦代文化的生动展现。通过这种方式，游客在购买和使用旅游商品的过程中，能够更直观地感受和了解当地文化，实现文化的传播与传承。同时，独特的文化元素也能使旅游商品在众多同类产品中脱颖而出，增强其吸引力和竞争力。

2. 市场导向原则

旅游商品策划必须以市场需求为出发点和落脚点。要深入调研目标市场的消费习惯、审美偏好、购买能力等因素。例如，针对年轻游客追求时尚、个性化的特点，开发具有潮流设计和创意玩法的旅游商品；对于老年游客，注重商品的实用性和文化底蕴。此外，还要关注市场动态和竞争态势，分析竞争对手的产品优势与不足，从而精准定位，开发出符合市场需求且具有差异化竞争优势的旅游商品。

3. 创新性原则

在旅游商品策划中，创新是关键。一方面是设计创新，突破传统思维，运用新的设计理念、材料和工艺，打造出别具一格的商品。例如，将现代 3D 打印技术应用于旅游纪念品制作，创造出独特的造型。另一方面是功能创新，赋予旅游商品更多实用或有趣的功能。例如，一款带有当地景点导览功能的智能钥匙扣，既方便游客使用，又增加了商品的附加值。创新能够使旅游商品满足游客日益多样化和个性化的需求，提升游客的购买欲望。

4. 实用性原则

旅游商品在具备纪念意义和文化价值的同时，还应具有一定的实用性。一件实用的旅游商品能够让游客在日常生活中频繁使用，从而不断强化对旅游目的地的记忆和印象。像印有当地风景图案的环保购物袋，既可以作为旅行的纪念，又能在日常生活购物时使用；还有融入当地特色元素的护肤品，满足游客日常护肤需求的同时，也让游客感受到当地独特的护肤文化。

5. 品质优先原则

优质的商品品质是旅游商品赢得市场和游客信任的基础。从原材料的选择，到生产制作的工艺把控，再到产品的质量检测，每一个环节都要严格要求。例如，在制作手工刺绣旅游商品时，选用优质的丝线和面料，确保刺绣工艺精细，色彩鲜艳持久。只有提供高品质的旅游商品，才能提升游客的满意度和忠诚度，树立良好的品牌形象，促进旅游商品的持续销售和旅游目的地的口碑传播。

6. 环保可持续原则

在旅游商品策划过程中，要充分考虑环境保护和可持续发展。选用环保材料，减少对环境的污染和资源的浪费。例如，采用可降解材料制作旅游商品的包装，避免使用一次性塑料制品。同时，鼓励开发具有可持续利用价值的旅游商品，如可重复使用的纪念品、以再生材料制作的商品等，这不仅符合现代消费者对环保的关注和需求，也体现了旅游企业的社会责任，有助于旅游目的地的可持续发展。

（二）旅游商品策划的基本流程

1. 前期调研

（1）市场分析：了解旅游市场的整体趋势，包括旅游人数的变化、热门旅游目的地的分布、游客的消费习惯和偏好等。分析不同年龄段、性别、地域游客的需求差异。例如，年轻游客更倾向于时尚、个性化的商品，老年游客则对传统工艺和文化底蕴深厚的商品更感兴趣。同时，研究竞争对手的旅游商品，找出其优势和不足，为自身商品定位提供参考。

（2）资源调研：深入挖掘旅游目的地的特色资源，包括历史文化、民俗风情、自然风光、特色物产等。例如，某古镇拥有独特的传统染织工艺，这就为开发相关的旅游商品提供了文化和技术支持；又如，某山区盛产优质茶叶，可围绕茶叶开发茶礼盒、茶工艺品等旅游商品。

2. 创意构思

（1）主题确定：根据前期调研结果，确定旅游商品的主题。主题应紧密围绕旅游目的地的特色，能够突出其独特魅力。例如，以"敦煌文化"为主题，开发一系列以敦煌壁画、飞天形象为元素的文创产品；以"海岛风情"为主题，设计贝壳饰品、海洋主题的手工艺品等。

（2）概念生成：在主题框架下，展开创意，生成具体的商品概念。从功能、造型、材质等多方面进行思考。例如，设计一款具有照明功能的、以当地标志性建筑为造型的夜灯，或者用当地特色的竹材制作环保餐具。

3. 设计开发

（1）外观设计：根据商品概念，进行外观设计。注重色彩搭配、图案设计和造型美感，使其既能体现旅游目的地的文化特色，又符合现代审美。例如，一款以少数民族服饰图案为灵感设计的丝巾，在色彩上选用该民族传统的鲜艳色调，图案进行现代化的抽象处理，使其更具时尚感。

（2）功能设计：如果旅游商品具有实用功能，要对功能进行优化设计。例如，一款多功能的旅行背包，除了具备基本的收纳功能外，还可以设计专门放置水杯、雨伞、充电宝的独立隔层，以及方便携带的隐藏式背带。

（3）样品制作：完成设计后，制作样品。通过样品检验设计的可行性和效果，对尺寸、材质、工艺等方面进行调整和优化。

4. 生产制作

（1）供应商选择：寻找合适的生产供应商，考察其生产能力、生产工艺、产品质量、价格和信誉等。选择具有丰富经验和良好口碑的供应商，确保能够按时、按质、按量完成生产任务。

（2）生产监控：在生产过程中，加强对生产环节的监控，定期检查产品质量，及时解决生产中出现的问题。对原材料的使用、生产工艺的执行等进行严格把关，确保产品符合设计要求。

5. 营销推广

（1）品牌建设：为旅游商品打造品牌，设计品牌名称、标识和品牌故事。品牌要能够体现旅游商品的特色和价值，容易被游客记住和识别。例如，"故宫文创"品牌，以故宫深厚的文化底蕴为依托，通过独特的品牌形象和丰富的产品系列，吸引了大量游客。

（2）渠道选择：确定销售渠道，包括线上和线下渠道。线上可通过电商平台、社交媒体、旅游网站等进行销售和推广；线下可在景区商店、机场、车站、酒店、旅游纪念品店等场所设置销售点。同时，与旅行社、导游等合作，将旅游商品纳入旅游行程推荐中。

（3）促销活动：制订促销策略，如打折优惠、满减活动、买一送一、赠品促销等。利用节假日、旅游旺季等时机，开展促销活动，吸引游客购买。例如，在春节期间，推出带有春节元素的旅游商品礼盒，并进行折扣促销。

6. 售后反馈

（1）客户服务：建立完善的客户服务体系，及时处理游客的咨询、投诉和售后问题。提供优质的客户服务，能够提高游客的满意度和忠诚度。

（2）反馈收集：收集游客对旅游商品的反馈意见，了解他们对商品的评价、建议和需求。通过问卷调查、在线评论、电话回访等方式，获取游客的反馈信息。根据反馈，对旅游商品进行改进和优化，为后续的商品策划提供参考。

◇ **任务实施**

一、了解旅游商品策划的基本流程

了解并在表 6-2 中列出旅游商品策划的基本流程，包括每个阶段的主要任务及其完成每个任务的预期成果。

表 6-2 旅游商品策划基本流程

流程阶段	主要任务	预期成果

二、分析旅游商品策划的主要目标

选择某一旅游企业或目的地，在表 6-3 中列出其旅游商品策划的主要目标，并简要描述这些目标的具体内容和实现策略。

表 6-3 旅游商品策划目标分析

目标类型	目标描述	实现策略

三、学习旅游商品策划的核心内容

收集一个成功的旅游商品策划案例,从前期调研、创意构思、设计开发、营销推广四个方面分析旅游商品策划的核心内容,并简要描述每项内容的具体实施举措。请将分析内容填入表 6-4 中。

表 6-4 旅游商品策划核心内容分析

策划内容	核心要点	实施举措

四、掌握旅游商品策划的技术方法

收集不少于 3 个旅游商品策划案例,根据每个案例的特点,分析其旅游商品策划的创意技法,并解释其创意来源及实施方法。请将分析内容填入表 6-5 中。

表 6-5 旅游商品创意策划技法分析

案例名称	创意技法	创意来源及实施方法

◇ **任务小结**

请学生将自评结果填入表 6-6 中。

表 6-6　学生自评

学生姓名	
学习内容概述	
收获与经验	
存在的问题	
改进措施	
学生自评（0~100分）	

说明：学生自评得分计入表 6-7 中。

◇ 任务小结

以个人为单位进行评价，具体评价指标见表 6-7。

表 6-7　任务评价

评价维度	评价指标	评价标准	学生互评	教师评价	学生自评
职业技能（60分）	完成情况（20分）	是否按时完成了任务的所有要求			
	分析深度（20分）	对内容的分析是否深入			
	创新创意（10分）	是否提出了有创意的内容或解决方案			
	解决问题（10分）	是否解决了实际问题且具有可行性和操作性			
职业素养（40分）	学习态度（10分）	主动参与讨论研究，展示学习兴趣和理解			
	时间管理（10分）	按时完成工作，没有拖延和临时赶工			
	团队协作（10分）	有效沟通协作，积极参与任务分配与执行			
	总结反思（10分）	自我总结不足和优缺点，并提出改进建议			
总计					
总分					

说明：学生自评20%，学生互评30%，教师评价50%。总分90分及以上为优秀；80~89分为良好；70~79分为中等；60~69分为及格；60分以下为不及格。

◇ 拓展任务

一、案例分享：故宫旅游商品策划

（一）产品设计：文化与创意的结合

故宫文创产品设计的核心在于将传统文化元素与现代设计理念相结合，使产品既具有文化内涵，又具备实用性和趣味性。例如，故宫推出了"奉旨旅行"行李牌、"朕看不透"眼罩、"朕就是这样汉子"折扇等产品，这些产品不仅外观精美，还融合了历史与当代年轻人惯用语境的IP形象，深受年轻消费者喜爱。

此外，故宫文创产品还注重细节设计，如龙凤纹样、紫禁城建筑元素等，这些传统元素在产品中得到再现和再创造，使消费者在日常生活中感受到故宫文化的魅力。

（二）市场定位：精准把握目标受众

故宫文创产品的目标市场主要包括国内外游客，尤其是对中国传统文化感兴趣的游客，以及国内的文化爱好者、艺术家和学者。这些消费者普遍属于中高收入阶层，受过高等教育，对历史和文化有一定的了解和兴趣。

为了更好地满足不同层次游客的需求，故宫文创产品分为三类：利用现有文物资源衍生出的产品、根据非物质文化遗产技术或传统工艺制作的艺术品、常见的大众化生活日用品。这种分类策略不仅满足了不同消费者的审美和功能需求，还增强了产品的文化性和艺术性。

（三）营销策略：多渠道推广与品牌建设

故宫文创产品营销策略主要包括产品策略、价格策略、促销策略和渠道策略。在产品策略方面，故宫注重创意设计，推出了一系列文具、彩妆、饰品、生活潮品、手账周边、宫廷饰品、包袋服饰等各品类文创商品。

在价格策略方面，故宫采取了中高档定位，采用差异化定价，根据创意设计、材料、工艺等因素划分价格段。同时，故宫还通过动态定价策略，如分层定价、促销折扣、套餐销售以及限量版和定制服务等策略，更准确地把握市场需求和消费者心理。

在促销策略方面，故宫通过线上线下结合的方式，利用社交媒体、电商平台、

KOL 合作等方式进行推广。例如，故宫在淘宝上开设了折扣专区，并提供免费赠品、满额免运费等优惠活动。此外，故宫还通过与知名本地和国际品牌合作，利用新媒体开展营销活动，提高品牌知名度，并迅速打入海外市场。

（四）渠道拓展：线上线下融合

故宫文创产品销售渠道主要包括线上和线下渠道。线上渠道包括官方网站、电商平台（如淘宝、天猫）、微信小程序等，而线下渠道则包括故宫博物院内的商店、旅游纪念品店，以及与精品店、高端百货合作的销售渠道。

为了进一步扩大市场覆盖面，故宫还通过在其他城市组织快闪活动，结合故宫美食、故宫淘宝和故宫文化，吸引大量关注。此外，故宫还通过与旅游平台合作，如携程、飞猪等，提供定制化的旅游产品，增强游客的购买意愿。

（五）品牌建设：文化 IP 与情感共鸣

故宫文创产品不仅注重产品设计和营销，还非常重视品牌建设。通过打造"故宫"这一文化 IP，故宫成功地将传统文化转化为现代文化符号，吸引了大量年轻消费者。例如，"故宫猫"这一形象，不仅满足了消费者对故宫的情感需求，还增强了品牌亲和力。

此外，故宫还通过举办各种活动，如音乐会、舞蹈表演、文化讲座等，吸引游客参与，增强游客的沉浸感和参与感。通过这些活动，故宫不仅提升了品牌知名度，还增强了游客的文化认同感。

二、案例评析

故宫旅游商品策划是一个融合文化传承与现代创意的综合项目。通过创新设计、精准市场定位、多渠道推广和品牌建设，故宫不仅成功地将传统文化转化为现代文化产品，还吸引了大量年轻消费者。图 6-2 和图 6-3 展示了故宫商品的策划模式。

随着科技的发展，游客对高品质、个性化旅游产品及智慧旅游、虚拟现实等新型旅游体验的需求逐渐显现。因此，故宫在未来的文创产品开发中，将更加注重智能化和多元化。例如，故宫可以开发数字导览小程序，结合腾讯、百度地图等平台，提供精确定位、手绘地图等服务，提升游客的参观体验。

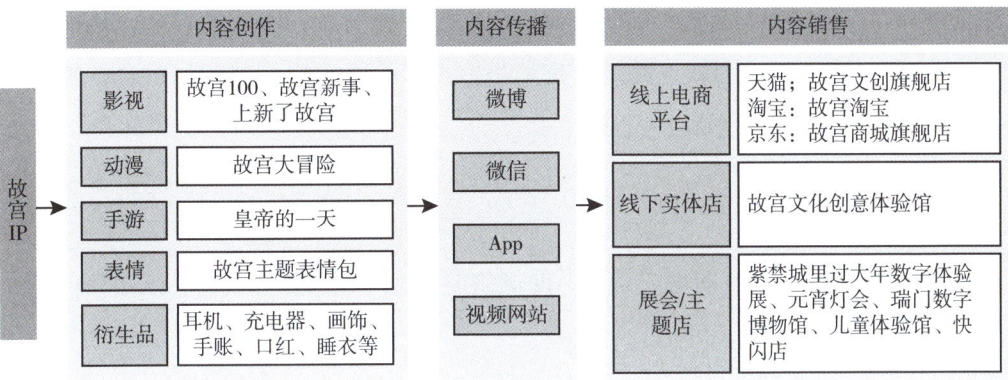

图6-2 故宫从"活起来"到"火起来"的"网红"之路

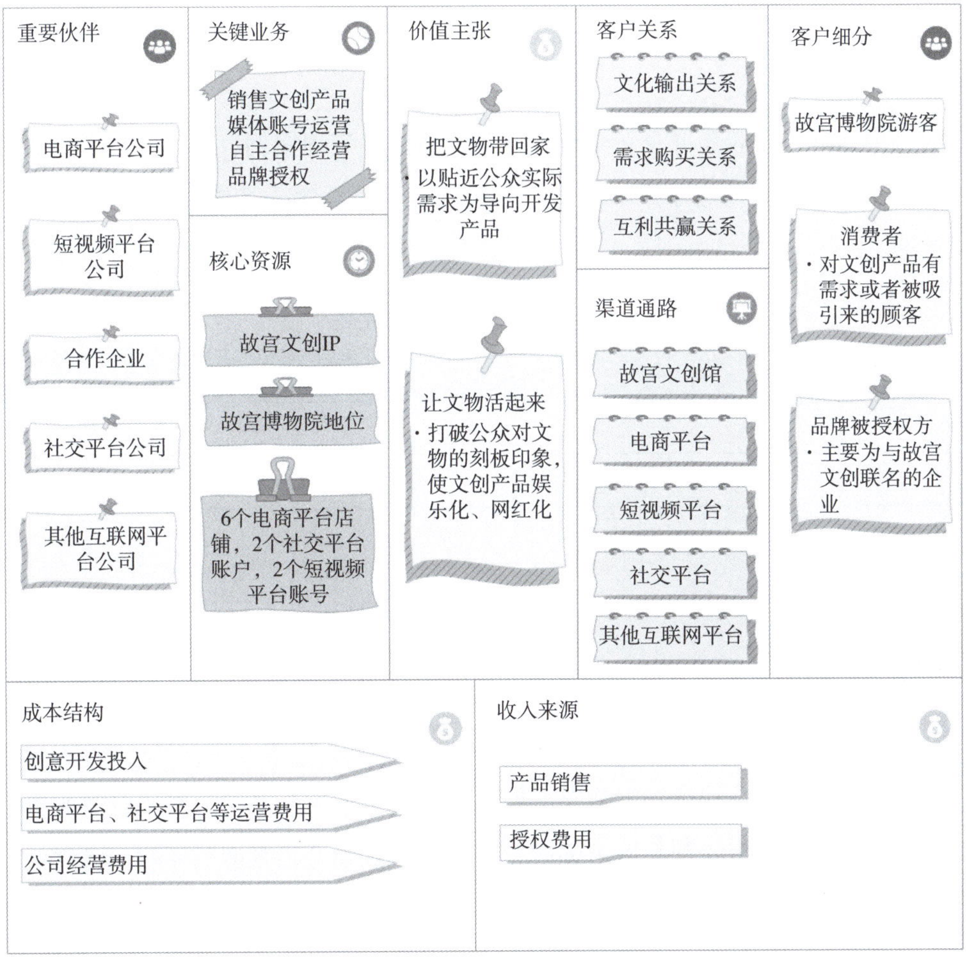

图6-3 故宫文创商业模式

同时，故宫还可以通过大数据分析，深入了解消费者的需求和偏好，从而优化产品设计和营销策略。例如，通过分析销售数据，故宫可以调整产品组合，推出更多符合市场需求的文创产品。

三、案例借鉴

选择当地某一旅游目的地或景区，绘制旅游创意策划思维导图。

任务二　实施旅游商品策划

◇ 课前准备

请每位同学自主收集并分析 2 个成功的旅游商品策划案例，重点分析案例概述、策划亮点、成功因素及启示或借鉴，将分析要点填写至表 6-8 中，并在课堂上进行分享讨论。

表 6-8　旅游商品策划案例分析

序号	案例名称	案例概述	策划亮点	成功因素	启示或借鉴

◇ 任务描述

某旅游发展公司的产品负责人（甲方）深知在旅游市场中，独特且优质的旅游商品是提升游客体验、增加旅游收入的重要途径。为了开发出契合景区文化、满足游客需求的旅游商品，他决定委托专业的旅游策划公司（乙方）实施旅游商品策划。乙方需要在充分调研市场和景区资源的基础上，结合当下旅游消费趋势与游客喜好，从商品创意构思、设计研发、生产制作到营销推广，进行全流程的策划，打造出一系列具有市场竞争力的旅游商品，并制订有效的销售策略，将这些商品精准推向目标受众，提升旅游商品在市场中的销量和品牌影响力。

◇ **任务分析**

你作为专业旅游策划公司的项目经理（乙方），接受旅游发展公司委托后，首先要开展全面的市场调研，深入了解目标游客的消费偏好、购买能力以及竞争对手的商品特点。同时，深度挖掘景区的文化内涵、特色资源等，以此为核心，从商品的创意构思阶段开始，到设计研发、选择合适的生产厂家进行生产制作，再到制订营销推广和销售策略，每一步都要精心策划。不仅要保证旅游商品在设计上新颖独特、品质优良，还要通过多元化的销售渠道和促销活动，提高商品的销售量。最后，还要建立完善的售后反馈机制，根据游客的反馈不断优化商品，为甲方打造出畅销的旅游商品。

一、任务目标

（1）知识目标：了解商品开发流程（资料收集、主题定位、生产营销）及设计原则（文化性、实用性）。

（2）能力目标：能将地域文化元素（如"非遗"、民俗）转化为商品创意，制订供应链管理与定价策略。

（3）素养目标：培养工匠精神与环保意识，推动传统工艺的市场化与可持续发展。

二、任务重点

文化元素再创作（如 IP 联名、科技融合）、销售渠道拓展（电商平台 + 景区实体店）。

三、任务难点

小众文化商品的市场接受度调研，以及低成本高创意的商品迭代（如文创盲盒的用户反馈应用）。

◇ 知识准备

一、旅游商品策划资料收集

（一）旅游商品市场资料

（1）市场需求：了解目标顾客的需求偏好，包括他们的购买习惯、消费能力、对旅游商品的期望等。这有助于确定旅游商品的设计方向和销售策略。

（2）市场竞争：分析竞争对手的旅游商品种类、价格、质量、销售渠道等，以便找出自身的竞争优势和差距，为策划提供有针对性的建议。

（二）旅游商品设计资料

（1）地域文化与民族特色：深入挖掘当地的地域文化和民族特色，将这些元素融入旅游商品的设计中，以提升商品的独特性和吸引力。

（2）设计趋势与潮流：关注旅游商品设计的最新趋势和潮流，了解消费者的审美变化和市场需求，以便设计出符合市场需求的旅游商品。

（三）旅游商品生产与销售资料

（1）生产成本与质量控制：了解旅游商品的生产成本和质量要求，以便制订合理的定价策略和质量控制措施。

（2）销售渠道与营销策略：分析旅游商品的销售渠道和营销策略，包括线上销售、线下销售、促销活动、品牌建设等，以便制订有效的市场推广计划。

（四）政策法规与行业标准资料

（1）相关政策法规：了解国家、地方和行业对旅游商品的政策法规要求，确保策划的旅游商品符合法律法规的要求，避免法律风险。

（2）行业标准与规范：了解旅游商品的行业标准和规范，确保策划的旅游商品符合行业要求，提高商品的竞争力和市场认可度。

（五）其他相关资料

（1）消费者反馈与评价：收集消费者对旅游商品的反馈和评价，了解商品的优点和不足，为后续的改进和优化提供依据。

（2）旅游市场发展趋势：关注旅游市场的发展趋势和动态，了解未来市场的变化和机遇，为策划提供前瞻性的建议。

二、旅游商品的目标市场分析与主题定位

（一）旅游商品的目标市场分析

1. 游客群体细分

游客的年龄、性别、消费习惯和旅游目的存在显著差异，对旅游商品的偏好也不尽相同，因此需进行精细化分类。

（1）按年龄划分：青少年群体追求新奇、潮流，动漫周边、创意文具等富有创意和趣味性的商品更受他们青睐；中青年群体注重商品的文化内涵与实用性，倾向于选择能融入日常生活的文创产品，如印有景区特色图案的服装、家居用品；老年群体则偏爱具有纪念意义、品质上乘的传统工艺品，以及地方特色食品。

（2）按旅游目的划分：休闲度假游客通常愿意为高品质的特色商品支付较高价格，借此丰富旅行体验；商务游客则更关注商品是否便携、精致，是否可作为商务礼品赠送；研学游客对具有教育意义的商品兴趣浓厚，如历史文化书籍、科普模型等。

2. 市场规模与趋势分析

准确把握旅游商品市场规模与趋势，对策划工作至关重要。一方面，要关注旅游行业整体发展态势，如国内旅游人数、旅游总收入的变化，以及新兴旅游目的地的崛起。近年来，随着人们生活水平的提升，旅游市场持续扩张，旅游商品市场也迎来广阔的发展空间。另一方面，要深入研究消费趋势的转变，如消费者对个性化、定制化商品的需求不断增加，对环保、健康产品的关注度显著提升。此外，线上销售渠道迅速崛起，直播带货、社交媒体营销等新型营销模式为旅游商品销售开辟了新途径。

3. 竞争格局剖析

了解竞争格局，有助于找准自身定位，制订差异化的竞争策略。首先，对同类型旅游目的地的旅游商品进行调研，分析其商品种类、价格、设计风格和销售渠道。例如，部分以历史文化为主题的景区，可以推出大量历史文物复制品、传统手工艺品；自然风光类景区则多销售与自然景观相关的摄影作品、生态产品。其次，关注

竞争对手的优势与不足，从中挖掘市场空白点。若某景区周边的旅游商品同质化严重，就可通过创新设计、优化品质，推出独具特色的商品，吸引游客目光。

4. 游客需求与偏好调研

直接获取游客的需求与偏好，是设计出契合市场需求的旅游商品的重要前提。可采用问卷调查、访谈、焦点小组等方式，收集游客对旅游商品的期望、购买意愿、价格接受范围等信息。同时，借助大数据分析，了解游客在互联网上的搜索行为、消费记录，精准把握游客的潜在需求。

（二）旅游商品的主题定位

1. 定位原则

（1）突出文化特色：旅游商品应深度挖掘旅游目的地独特的历史文化、民俗风情、自然风光等元素，将其融入商品主题，让游客在购买商品时，能真切感受到当地文化的魅力。例如，西安兵马俑景区围绕兵马俑形象开发的各类纪念品，就生动展现了秦朝文化的深厚底蕴。

（2）契合市场需求：要充分考虑目标市场游客的消费习惯、兴趣爱好和购买能力，使商品主题与游客需求紧密契合。年轻游客群体对时尚、新奇的商品更感兴趣，旅游商品的主题就可融入潮流文化元素，如动漫、游戏等。

（3）保持独特性：在竞争激烈的旅游商品市场中，独特的主题定位能使商品脱颖而出。避免与其他旅游目的地的商品主题雷同，通过创新思维，挖掘小众但极具特色的文化元素，打造独一无二的商品主题。

（4）确保可持续性：旅游商品主题定位要具备长期发展的潜力，既能适应当下市场需求，又能随着时间推移进行适当调整和创新，持续吸引游客。

2. 定位方法

（1）文化溯源法：深入研究旅游目的地的历史文化，从当地的神话传说、历史事件、传统技艺中寻找灵感，将文化元素转化为商品主题。以丽江古城为例，依据纳西族东巴文化，开发出东巴文字木雕、东巴造纸等特色旅游商品。

（2）游客导向法：通过市场调研，了解游客的需求和期望，围绕游客关注的热点确定商品主题。例如，针对亲子游客群体，开发亲子互动型的旅游商品，设置亲子共同参与制作的环节，增进亲子间的情感交流。

（3）竞品分析法：对同类型旅游目的地的旅游商品进行分析，找出市场空白点或尚未充分挖掘的领域，从而确定差异化的商品主题。若周边景区多以自然风光为主题开发商品，就可另辟蹊径，从当地的饮食文化入手，推出特色美食礼盒、烹饪工具等商品。

三、旅游商品策划的创意技法

（一）文化元素再创作

深入挖掘旅游目的地独特的文化资源，以全新视角对文化元素进行再创作。一方面，采用元素提取与重组的方式，将传统建筑、民俗图案、艺术形式分解，挑选具有代表性的部分，运用现代设计手法重新组合。例如，将故宫建筑的榫卯结构拆解，与现代金属材质结合，设计成兼具装饰性与功能性的创意书架。另一方面，融入故事性叙述，为旅游商品赋予文化故事，让消费者在使用过程中感受文化魅力。例如，围绕敦煌壁画中九色鹿的故事，开发九色鹿造型的文具套装，借助包装与宣传，讲述故事的来龙去脉，使商品成为文化传播的载体。

（二）功能创新拓展

打破传统旅游商品功能局限，从消费者需求出发，探索功能创新的可能性。一方面，实现多场景功能融合，设计出在不同场景下都能使用的旅游商品。例如，将具有地方特色的披肩设计成多功能服饰，既可以在旅游途中保暖，又能作为拍照道具，还能当作野餐垫使用。另一方面，引入科技元素提升功能体验，为旅游商品增添科技属性。例如，开发带有景区导览功能的智能手环，不仅能记录运动数据，还能通过定位提供景区实时讲解与路线规划服务。

（三）互动体验植入

为提升消费者参与度与情感共鸣，将互动体验融入旅游商品策划。一方面，设计 DIY 商品模式，提供原材料与制作工具，让消费者亲手参与商品制作。例如，在陶艺景区推出陶艺制作套装，消费者可根据自己的喜好塑造陶器形状，绘制图案，完成独一无二的作品。另一方面，运用增强现实（AR）、虚拟现实（VR）技术，打造沉浸式互动体验。扫描商品上的二维码，通过手机就能观看景区的 3D 虚拟全景，或与虚拟角色互动，增强消费者对景区的了解与记忆。

（四）跨界融合联动

通过跨界合作，整合不同领域的资源，为旅游商品注入新活力。一方面是与品牌跨界联名，借助其他品牌的影响力与设计理念，推出联名款旅游商品。例如，博物馆与时尚品牌合作，将馆藏文物元素融入时尚服饰，打造具有文化底蕴的时尚单品。另一方面是与产业跨界融合，结合当地特色产业，开发特色旅游商品。例如，葡萄酒产区与旅游相结合，推出葡萄酒酿造体验之旅，并配套销售葡萄酒、酒杯、醒酒器等相关商品。

（五）情感共鸣塑造

围绕消费者情感需求进行商品策划，通过唤起情感共鸣，提升商品吸引力与价值。一方面，融入怀旧元素，针对特定年龄群体，挖掘具有时代记忆的文化符号。例如，面向"80后""90后"，推出以童年零食、青年玩具为原型的创意商品，像铁皮青蛙造型的书签、弹珠汽水样式的香薰瓶，勾起消费者对童年的美好回忆。另一方面，开发定制化情感商品，让消费者能够将个人照片、文字、祝福融入商品。例如，定制带有情侣合照与恋爱纪念日的景区主题拼图，或是印上家庭旅行照片的马克杯，赋予商品独特的情感意义，使其成为承载情感的特殊纪念品。

四、旅游商品的设计与开发

（一）旅游商品设计原则

1. 特色性

旅游商品应在品种、外观、质料和工艺各方面具有浓郁的地方或民族特色，体现旅游目的地的环境、历史和文化。成功的旅游纪念品和用品，应是旅游地总体形象的组成部分，能够体现旅游地的标志性景物。风景、特产、文物、古迹、名人、名作等都可以作为设计的题材。

2. 观赏性

旅游者往往希望在旅途中购买的特色产品能具有纪念意义，能够成为一段不平凡的经历和体验的载体。因此，旅游商品应具有纪念性和观赏性，设计精巧、造型奇妙，可以成为家中精美的艺术摆设，反复观赏、耐人寻味。

3. 便携性

为便于游客在旅途中携带，旅游纪念品和日用品的体积要小，分量要轻，包装要精巧。这样游客在购买后才能轻松携带，不会增加旅行的负担。

4. 宣传性

游客买回旅游纪念品或带有纪念性的日用品后，往往会向亲友和宾客展示，这些商品实际上又成了旅游宣传品。因此，在设计旅游商品时，可以巧妙地融入旅游地的特色元素，使其成为宣传旅游地的良好载体。

5. 多价性

旅游商品的价格应兼顾高、中、低多档，以中档为主，以满足不同游客的消费需求。这样的价格策略有助于扩大市场覆盖面，提高旅游商品的销量。

6. 市场需求导向

旅游商品的设计应以市场需求为导向，实现旅游商品的设计、生产、促销及效益分析的一体化。通过深入了解游客的需求和喜好，可以设计出更符合市场需求的旅游商品，提高市场竞争力。

（二）旅游商品开发要点

1. 产品系列化

围绕旅游目的地的主题和文化特色，开发一系列具有关联性的旅游商品，形成产品体系。例如，以某古镇为主题，开发包括古镇建筑模型、传统手工艺品、特色食品、文化书籍等在内的系列旅游商品，满足不同游客的需求。

2. 定制化开发

根据游客的个性化需求，提供定制化的旅游商品服务。例如，为企业客户定制带有企业标志和旅游目的地特色的商务礼品，为游客定制印有个人照片和旅行纪念文字的纪念品，增加商品的独特性和纪念价值。

3. 与当地产业结合

充分利用当地的产业资源，推动旅游商品与当地传统产业的融合发展。例如，在茶叶产区开发茶叶旅游商品，带动当地茶叶产业的发展；与当地手工艺人合作，开发传统手工艺品，传承和保护非物质文化遗产。

五、旅游商品生产制作与定价

（一）旅游商品生产制作

1. 供应商筛选

寻找可靠的生产供应商，是保障商品质量与生产进度的首要任务。考察供应商的生产资质、生产能力、产品质量、价格水平、信誉口碑以及交货周期。通过实地考察供应商的生产车间，查看生产设备是否先进、工艺流程是否规范；向其过往合作过的客户了解合作体验，获取客观的评价，从而筛选出最合适的供应商。

2. 生产流程监控

在生产过程中，建立严格的质量管控体系，安排专人跟进生产进度。对原材料的采购、加工制作、成品检验等关键环节进行全程监督。例如，在生产以天然材质为主的旅游商品时，严格检查原材料的来源和品质，防止以次充好；对每一道加工工序进行抽检，确保工艺符合设计要求，避免出现质量问题。

3. 成本控制

在保证商品质量的前提下，合理控制生产成本。优化原材料采购渠道，与供应商协商争取更优惠的价格；通过批量采购降低单位成本。同时，合理安排生产流程，提高生产效率，减少不必要的人力、物力浪费。例如，在生产工艺复杂的旅游商品时，通过优化工艺流程，缩短生产周期，降低生产成本。

4. 库存管理

根据市场需求预测，合理规划商品库存。既要避免库存积压导致资金浪费，也要防止库存不足影响销售。建立库存管理系统，实时监控库存数量，根据销售数据和市场趋势及时调整生产计划和库存水平。

（二）旅游商品定价

1. 成本加成定价法

在生产成本的基础上，加上一定比例的利润，确定商品价格。计算直接成本，包括原材料成本、生产加工成本、运输成本等，再加上间接成本，如管理费用、营销费用等，最后根据预期利润率确定最终价格。这种定价方法简单易行，但可能忽略市场需求和竞争因素。

2. 市场导向定价法

以市场需求和竞争状况为导向，确定商品价格。分析同类旅游商品的市场价格，了解消费者对价格的敏感程度和接受范围。如果商品具有独特的文化价值或功能优势，可以适当提高价格；若市场竞争激烈，为吸引消费者，可采取低价策略。例如，在旅游旺季或针对热门景区的特色商品，可根据市场需求适当提高价格；而对于市场上较为常见的旅游商品，为提高竞争力，可降低价格。

3. 差别定价策略

根据市场细分、销售渠道、时间等因素，对同一商品制定不同价格。比如，针对高端消费者推出限量版、定制版旅游商品，定价较高；面向大众市场的普通商品，定价相对较低。在旅游淡季，通过打折、促销等方式降低价格，刺激消费；在旅游旺季，适当提高价格。同时，不同销售渠道的定价也可以有所差异，如景区内商店的商品价格可略高于线上商品的价格。

4. 心理定价策略

利用消费者的心理特点，制订具有吸引力的价格。采用尾数定价法，如将商品价格定为 9.9 元、19.9 元等，给消费者一种价格便宜的错觉；整数定价法适用于高端商品，如定价 1000 元，体现商品的高品质和档次。此外，还可采用声望定价法，针对具有较高品牌知名度和美誉度的商品，制订较高价格，满足消费者的炫耀心理。

六、旅游商品营销推广

（一）制订差异化营销推广策略

1. 定位精准，满足细分需求

深入调研目标市场，根据游客年龄、性别、消费习惯和旅游目的等要素进行市场细分。针对亲子游客群体，开发亲子互动型旅游商品，并围绕亲子陪伴、教育体验制订营销策略；对于年轻背包客，推出潮流时尚、便携实用的商品，借助社交媒体开展潮流话题营销。

2. 突出特色，塑造品牌形象

挖掘旅游商品背后独特的文化内涵、地域特色和工艺价值，将其融入品牌定位与宣传推广中。以丽江东巴文化为主题的旅游商品，可通过讲述东巴文字、绘画、舞蹈等文化故事，塑造神秘、独特的品牌形象，区别于其他旅游商品。

（二）构建多元化营销推广渠道

1. 线上推广渠道

（1）旅游电商平台：在淘宝、京东等综合电商平台以及马蜂窝、飞猪等旅游垂直电商平台开设店铺，优化商品详情页，利用电商平台的促销活动和广告投放工具，提高商品曝光度和销量。通过优化商品标题、描述与图片，提升商品搜索排名，增加商品浏览量，刺激消费者购买。

（2）社交平台在微信、微博、抖音、小红书等社交平台注册官方账号，发布精美的商品图片、视频和使用攻略，开展话题互动、直播带货等活动，吸引粉丝关注和购买。与旅游博主、网红合作，邀请他们体验和推荐旅游商品，借助其影响力扩大品牌知名度。

（3）内容平台：小红书、马蜂窝等内容平台以用户生成内容为特色，吸引大量旅游爱好者。商家可在这些平台发布旅游商品评测、使用攻略、旅行见闻等优质内容，巧妙植入商品信息，激发用户的购买欲望。平台的种草属性，能够有效引导用户在浏览内容后产生购买行为。

2. 线下推广渠道

（1）景区商店：景区是旅游商品销售的核心场所，景区商店凭借地理位置优势，直接触达游客。通过优化店铺陈列，突出商品特色，营造浓厚的文化氛围，吸引游客进店选购。同时，培训专业的销售人员，为游客提供个性化的服务，提升游客的购物体验。

（2）旅行社：旅行社作为旅游产业链的重要环节，与游客有着密切的接触。与旅行社合作，将旅游商品纳入旅游线路推荐中，旅行社在组织旅游活动时，向游客宣传推广旅游商品，既能为游客提供便捷的购物选择，又能借助旅行社的渠道资源，扩大商品的销售范围。

（3）特产店与礼品店：城市的特产店和礼品店，面向本地居民和过往游客，是旅游商品推广的重要线下渠道。将旅游商品铺货至这些店铺，借助店铺的客源和销售网络，提高商品的市场覆盖率。在店铺内设置醒目的商品展示区，开展促销活动，吸引顾客购买。

3. 多元融合推广渠道

（1）展会与活动：参加旅游展会、文化创意展会、民俗节庆活动等，搭建独具特色的展位，展示旅游商品。展会现场人流量大，会聚行业内的专业人士和潜在消费者，通过现场演示、互动体验等方式，吸引参观者的关注，提升商品的知名度和影响力。此外，举办商品发布会、品鉴会等活动，邀请媒体、行业专家、消费者代表参与，借助媒体报道和口碑传播，扩大商品的宣传范围。

（2）跨界合作：与酒店、餐厅、交通枢纽等场所开展跨界合作，实现旅游商品的多场景推广。在酒店客房内放置旅游商品宣传资料，或提供特色商品供客人选购；在餐厅推出与旅游商品相关的套餐；在机场、车站等交通枢纽设置销售点或宣传广告，增加商品的曝光度，方便游客购买。

（三）开展创意营销活动

1. 事件营销

结合旅游目的地的重大节日、庆典活动或热门事件，推出与之相关的主题旅游商品，并开展营销活动。例如，在春节期间推出春节限定版旅游商品，举办春节祈福购物活动，吸引游客购买。

2. 体验营销

为游客提供旅游商品的体验服务，如手工制作体验、美食试吃等。让游客在体验过程中感受商品的魅力，激发购买欲望。比如，在陶艺景区推出陶艺制作体验课程，游客完成作品后可选择购买相关陶艺商品。

3. 互动营销

通过线上线下互动活动，增强与消费者的沟通和互动。线上开展抽奖、打卡赢好礼等活动，线下举办知识竞赛、亲子游戏等活动，提高消费者参与度和品牌忠诚度。

（四）评估营销推广效果

1. 设定指标

制订销售额、销售量、客单价、转化率、粉丝增长数、品牌知名度等关键指标，全面评估营销推广效果。

2.数据分析

定期收集和分析营销数据,了解消费者行为和市场动态,找出营销活动中存在的问题和不足。根据数据分析结果,调整营销策略和活动方案,优化营销效果。

3.用户反馈

通过问卷调查、在线评论、客服反馈等渠道收集用户对旅游商品和营销活动的意见和建议,及时改进产品和服务,提升用户满意度。

◇任务实施

一、收集旅游商品策划资料

学生选择某一旅游目的地或景区,全面收集与该旅游目的地或景区旅游商品策划相关的各类资料并填入表6-9中,为旅游商品策划提供翔实、可靠的资料基础。

表6-9 旅游商品策划资料收集

序号	资料类别	具体内容

二、分析旅游商品目标市场需求

通过对选定旅游景区旅游商品目标市场的深入分析,明确旅游商品的主题定位、目标客户需求及市场竞争态势。请将分析内容填入表6-10中。

表6-10 旅游商品目标市场需求分析

序号	需求分析点	具体分析内容

三、策划旅游商品创意方案

基于旅游商品目标市场需求的分析结果,学生为选定景区设计一套新颖、独特且符合市场需求的旅游商品创意方案。请将策划内容填入表 6-11 中。

表 6-11　旅游商品策划创意

序号	策划创意点	具体策略及措施

四、编制旅游商品策划方案

根据收集的旅游商品策划资料与数据,结合市场需求分析及创意策划,依据实际情况,拟定旅游商品策划方案的组成要素、核心观点及策划思路。请将方案内容填入表 6-12 中。

表 6-12　旅游商品策划方案

序号	组成要素	核心观点及策划思路

◇任务小结

请学生将自评结果填入表 6-13 中。

表 6-13　学生自评

学生姓名	
学习内容概述	
收获与经验	
存在的问题	
改进措施	
学生自评（0～100 分）	

说明：学生自评得分计入表 6-14 中。

◇任务评价

以个人为单位进行评价，具体评价指标见表 6-14。

表 6-14　任务评价

评价维度	评价指标	评价标准	学生互评	教师评价	学生自评
职业技能（60 分）	完成情况（20 分）	是否按时完成了任务的所有要求			
	分析深度（20 分）	对内容的分析是否深入			
	创新创意（10 分）	是否提出了有创意的内容或解决方案			
	解决问题（10 分）	是否解决了实际问题且具有可行性和操作性			
职业素养（40 分）	学习态度（10 分）	主动参与讨论研究，展示学习兴趣和理解			
	时间管理（10 分）	按时完成工作，没有拖延和临时赶工			
	团队协作（10 分）	有效沟通协作，积极参与任务分配与执行			
	总结反思（10 分）	自我总结不足和优缺点，并提出改进建议			
总计					
总分					

说明：学生自评 20%，学生互评 30%，教师评价 50%。总分 90 分及以上为优秀；80～89 分为良好；70～79 分为中等；60～69 分为及格；60 分以下为不及格。

◇拓展任务

乡土特产旅游商品市场调研

一、调研目的

以文化自信与乡村产业振兴为目标，将乡土特产与非物质文化遗产保护、工匠精神培育相结合，调研传统手工艺、地域特色农产品在旅游商品中的开发现状，分析如何通过产品设计传递乡土文化内涵、展现劳动人民智慧，推动"老字号""非遗"等品牌的活化利用，增强消费者对本土文化的认同感与保护意识。

二、核心调研内容

（1）市场需求：消费者对乡土特产旅游商品的种类、功能、价格、包装等方面的需求和偏好，购买动机（如自用、送礼等）。

（2）供给状况：现有乡土特产旅游商品的种类、特色、品牌知名度，生产加工企业的规模、技术水平、销售渠道。

（3）发展瓶颈：乡土特产旅游商品开发面临的问题，如产品同质化严重、包装简陋、品牌影响力不足、质量不稳定等。

（4）竞争态势：主要竞争对手的乡土特产旅游商品特点、市场份额、销售策略。

三、执行方向

（1）对旅游景区、特产商店、电商平台等销售场所进行实地调研，观察乡土特产旅游商品的销售情况。

（2）与乡土特产生产加工企业、经销商进行访谈，了解生产、销售过程中的困难和需求。

（3）开展消费者焦点小组讨论，深入了解他们对乡土特产旅游商品的看法和建议。

任务三 项目实训与总结

◇ **实训工单**

一、项目名称

本项目名称：乡土特产旅游商品策划。

二、实训任务

任课教师将结合当下旅游消费趋势和市场热点，选择一个具有代表性的旅游目的地或景区作为实训对象（在条件允许时，优先采用真实市场案例或行业实际需求）。学生以小组为单位，组建旅游商品策划团队（乙方）开展实训。各小组需要对选定的旅游目的地或景区进行细致的市场调研与需求剖析，精准定位目标市场，挖掘旅游目的地的文化特色与优势资源，明确旅游商品的核心定位与价值主张。通过头脑风暴，构思富有创新性的旅游商品策划方案，涵盖商品设计、生产规划、营销策略、预算安排等内容，并制订详尽的执行计划。最终，提交一份兼具创新性、针对性和可操作性的旅游商品策划方案，并完成方案的汇报展示与评估工作。

三、实训目标

（1）结合特产市场需求（如包装、功能、品牌）与供给瓶颈（如同质化、质量不稳定），开发高附加值商品。

（2）掌握"文化赋能→产品创新→渠道拓展"的开发逻辑，推动乡村产业升级。

（3）形成从设计到销售的全链条方案，具备与生产企业对接的实操能力。

四、实训内容

（一）需求与供给分析

（1）调研"乡土特产旅游商品"数据，明确消费者对"便携包装""文化寓意""自用送礼兼顾"的需求，以及企业面临的"品牌影响力不足"问题。

（2）走访特产商店与电商平台，分析竞品包装设计（如简约风 vs 传统纹样）、价格带分布，寻找差异化机会。

（二）产品创新开发

（1）设计"文化故事 + 实用功能"组合商品：如将"非遗"刺绣纹样融入笔记本、书签等文创产品，搭配"产地溯源二维码"提升信任度。

（2）推出"地域风味礼盒"：精选 3～5 种特色食材（如手工辣酱、山珍干货），采用复古陶罐包装，附食谱手册增强体验感。

（三）产销对接规划

（1）制订《乡土特产旅游商品策划方案》，含产品矩阵、生产标准（如统一质量检测）、线上线下销售渠道（如景区直营店 + 直播带货）。

（2）组织"特产企业对接会"模拟场景，向生产商讲解包装升级成本与预期收益，推动合作意向达成。

请将小组成员的任务分工填入表 6-15 中。

表 6-15　小组成员任务分工

组别	成员姓名	具体负责完成的工作及主要内容

五、实训要求

（一）项目流程规范

各小组需严格按照"市场调研—需求分析—创意策划—方案编制—成果汇报"五阶段推进工作，每阶段需提交过程性文档，并留存不少于 10 张反映工作场景的实景照片。要求采用甘特图工具绘制项目进度表，明确各环节时间节点及质量验收标准。

（二）成果质量要求

（1）最终成果材料（见表6-16）包含：① 5000字以上策划方案；② 8分钟路演视频。

表6-16 实训项目成果提交

序号	成果名称	具体内容
1	5000字以上策划方案	提交完整的策划方案，包括封面、目录、背景分析、旅游资源与条件分析、市场分析、定位分析、创意内容策划、保障与实施、附件等，要求内容完整、排版规范、图文并茂，创新可行
2	8分钟路演视频	以团队为单位，进行策划方案的展示汇报，展示汇报内容包括团队协作分工及主要完成内容和总体贡献度、旅游创意策划方案的主要内容和创意展示

（2）策划方案排版标准规范，需设置三级标题并自动生成目录，商业数据必须注明来源并附原始调研问卷。

（3）路演环节采用"5+3"模式（5分钟陈述+3分钟问答），要求使用智慧教室或虚拟直播间采集录像视频。

六、实训评价

以小组为单位进行评价，具体评价指标见表6-17。

表6-17 项目实训评价

评价维度	评价指标	评价内容	评分标准	得分
职业技能（60分）	项目调研深度（20分）	调研的全面性与准确性	项目是否涵盖了目标市场的需求分析，竞争情况及潜在趋势，调研数据是否充分且可靠	
		数据分析方法	是否使用了有效的数据分析方法，如问卷调查、深度访谈、二次数据分析等	

续表

评价维度	评价指标	评价内容	评分标准	得分
职业技能（60分）	项目调研深度（20分）	市场需求与竞争分析	能否通过调研分析目标市场的真实需求和竞争环境，明确竞争对手优势与劣势	
		数据支持与结论	调研数据是否直接支持方案中的结论，是否能清晰描绘目标市场需求与竞争现状	
	策划创意呈现（20分）	创意的独特性与创新性	提出的策划创意是否具有创新性，是否与现有市场做出差异化，有没有打破传统或提出新颖的视角	
		与目标市场的契合度	创意是否能有效吸引并满足目标游客群体的需求，是否能够通过创新解决实际问题	
		创意的实际可行性	提出的创意是否考虑到实际操作的可行性，能否在现实中落地执行	
		视觉表现与展示效果	创意是否通过图文并茂的方式清晰传达，展示是否具有吸引力，视觉效果是否清晰明了	
	方案整体质量（20分）	内容的全面性与完整性	方案是否涵盖了封面、目录、背景分析、现状分析、定位分析、内容策划、预算与实施等所有重要内容	
		方案的实用性与可操作性	策划方案是否具有具体明确的实质内容，并且能够在实际环境中执行，有无明确的时间表和执行标准	
		整体质量与专业性	整个项目的方案是否具有较高的专业性，细节是否处理得当，内容是否充分，排版是否规范	
		可行性与影响力	方案是否具有可行性，并能够产生良好的市场效果和社会影响力	
职业素养（40分）	项目汇报效果（20分）	团队成员协作互动	在PPT展示中是否有明确的团队分工说明，团队成员是否能够协调统一地表达方案并有效回答问题	
		内容结构与清晰度	内容是否条理清晰，是否能够有效传达方案的要点、创新点和独特的创意	
		汇报逻辑性与流畅性	团队在汇报时是否具有良好的逻辑结构，演讲是否流畅、自然	
		PPT视觉效果与设计	PPT的设计是否简洁明了，图文搭配合理，视觉效果良好	

续表

评价维度	评价指标	评价内容	评分标准	得分
职业素养（40分）	团队合作情况（20分）	团队分工的合理性	团队成员是否能够根据各自优势合理分配任务，分工是否明确	
		团队协作的效果	团队成员之间的合作是否高效，是否能够在整个策划过程中保持沟通，协作是否顺畅	
		协作中的问题解决能力	在团队合作过程中，是否能够有效解决出现的问题，确保项目进度和质量	
		团队整体表现	团队合作是否融洽，是否能够共同推动项目进展，汇报中是否体现出整体协作精神	
总分				

说明：总分90分及以上为优秀；80~89分为良好；70~79分为中等；60~69分为及格；60分以下为不及格。

◇ **项目总结**

以个人为单位，根据本项目学习内容和实训，填写并完成项目总结报告（见表6-18）。

表6-18 项目总结报告

项目名称				
学生姓名		小组成员		
本人角色		完成的主要工作		
实训时间		校内指导教师		企业指导教师
学习总结				

续表

项目名称	
学习反思	
改进方向	

◇ 知识测评

一、名词解释

1. 旅游商品
2. 文化创意类商品
3. 可持续设计原则

二、单选题

1. 旅游商品的核心价值是（　　）。
   A. 价格低廉　　　　　　B. 文化内涵
   C. 体积小巧　　　　　　D. 国际品牌
2. "故宫文创胶带"属于（　　）。
   A. 文化创意类商品　　　B. 特色食品类商品
   C. 手工艺品类商品　　　D. 实用生活用品类
3. 旅游商品设计的"便携性原则"要求（　　）。
   A. 体积大、重量重　　　B. 便于游客携带与储存

C. 忽视包装设计　　　　　D. 仅考虑美观性

三、多选题

1. 旅游商品按类型分类包括（　　　）。

   A. 文化创意类（如敦煌壁画丝巾）

   B. 特色食品类（如云南鲜花饼）

   C. 手工艺品类（如景德镇陶瓷）

   D. 医疗用品类

2. 旅游商品策划的原则包括（　　　）。

   A. 文化性原则　　　　　B. 市场导向原则

   C. 实用性原则　　　　　D. 奢侈性原则

3. 旅游商品定价方法包括（　　　）。

   A. 成本加成定价法　　　B. 市场导向定价法

   C. 心理定价法　　　　　D. 情感定价法

四、判断题

1. 旅游商品只需要展示文化，不需要考虑实用性。（　　　）
2. 旅游商品策划需要结合当地产业，如茶叶产区开发茶主题商品。（　　　）
3. 手工艺品类商品不需要关注现代设计，保持传统即可。（　　　）

五、简答题

1. 简述旅游商品策划的意义。
2. 旅游商品设计如何体现"文化性原则"？
3. 旅游商品的营销渠道有哪些？

项目七　旅游项目策划

◆ 项目导学

旅游项目策划聚焦对旅游目的地的综合资源进行深度挖掘与整合，包括自然景观、人文历史、民俗风情、特色产业等，旨在打造一系列具有独特吸引力、高参与度和良好体验感的旅游项目。通过精心的旅游项目策划，能够丰富旅游目的地的旅游产品体系，提升旅游目的地的综合竞争力，吸引更多游客前来游览，促进当地旅游经济的繁荣发展。本项目注重理论与实践的紧密结合，学生通过系统学习旅游项目策划的相关知识，掌握从项目主题定位、内容设计、资源配置到运营管理的全流程技能，能够根据不同旅游目的地的特色和市场需求，策划出具有创新性和可行性的旅游项目。本项目采用实地考察、案例分析、小组研讨等多样化教学方法，紧密贴合当前旅游市场对多元化、个性化旅游项目的需求，提升学生的创新思维、资源整合能力以及项目管理能力，为学生在旅游项目策划领域的职业发展奠定坚实基础。

◆ 项目导图

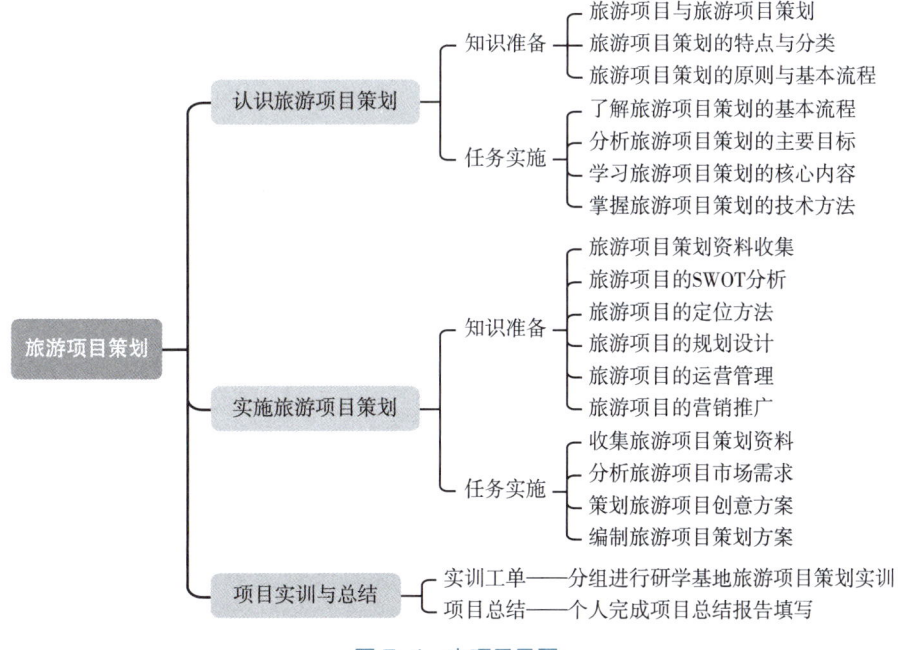

图 7-1　本项目导图

◆ 项目成果

1. 旅游项目策划方案
2. 旅游项目策划路演视频

◆ 项目引学

"小院经济"推动乡村文旅流量转化，经济文化双向赋能

我国是一个人多地少的国家，大国小农是基本的国情农情。2022年，全国有乡村常住人口4.9亿人，2亿多户农户，他们中的多数仍主要居住在农村庭院。小小一方庭院，不仅是农民的生活栖息地，还是农民的增收致富园。2023年，"庭院经济"首度被写入中央一号文件。发展庭院经济，能够充分利用庭院空间内的各类资源，让闲散的资源"变现"，还能通过庭院这个"小窗口"显化农业多元功能和乡村多重价值。随着人们生活观念的转变和对乡村生活的向往，小院经济逐渐成为乡村振兴的新风口。而政策导向下的"小院经济"，作为农户家庭院落经济的代表，正以其独特的魅力与潜力，成为农村经济转型与创新发展的重要力量。

一、"小院经济"有多大产能？

狭义上讲，小院经济即庭院经济，可以理解为农户家庭院落经济，是农户以自己的住宅院落内或房前屋后及村庄闲散待利用场域为空间，以家庭为生产经营单位，主要利用自家劳动力，从事小规模种植养殖、乡村旅游及其衍生服务等，参与市场经济、追求经营收益的一种经济形态。庭院经济是农村中的大田连片种植、园区化养殖、规模设施农业、工厂化加工等规模化农业生产形态之外的有益补充。

广义的"小院经济"也包括了以院落空间作为空间载体的一种休闲餐饮、文化体验的商业运营模式。这种模式通常核心面积不大，却能通过迷你小溪、围炉煮茶等国潮风场景，以及野奢露营帐篷、田间凉棚、户外天幕、网红咖啡屋等拍照打卡场景，吸引消费者，尤其是年轻人的追捧和喜爱。

小院经济虽然总体产值不像某些行业那样庞大，但从乡村振兴的角度来看，它具有重要意义。乡村振兴的根本不是乡村城镇化，而是提升乡村的人文价值和经济价值，让农村居民和下乡的人都能获利，为国家的饮食安全和人民的健康提供基础

保证。小院经济不仅能吸引城里人下乡，还能带动一批人回乡度假、创业、居住、养老，他们的需求将产生不容忽视的总体产值，为乡村振兴创造巨大的价值空间。

从发展现状来看，在政策支持下，不少地区已取得显著成效。例如，四川省成都市郫都区鼓励农户利用庭院种植花卉、盆景等园艺产品，结合乡村旅游发展，打造出多个"美丽庭院"示范村。游客不仅可以欣赏到精美的园艺景观，还能参与花卉种植体验活动，购买特色花卉盆栽。据统计，参与庭院经济发展的农户年均增收超过2万元。

浙江省杭州市余杭区部分村庄开展"民宿＋庭院手工制作"的小院经济模式。农户将自家小院改造成特色民宿，并设置手工制作工作室，如竹编、陶艺等。游客入住民宿期间，可以参与手工制作课程，亲手制作具有当地特色的手工艺品，带走作为纪念。这种模式不仅丰富了游客的旅游体验，也为农户带来了额外的收入，民宿经营与手工制作销售合计年均收入可达15万元左右。

然而，小院经济在快速发展过程中也面临诸多挑战。由于门槛较低，市场参与者不断增加，导致同质化竞争加剧。许多乡村创客集中涌入民宿、咖啡馆等热门领域，造成市场饱和，经营压力增大。部分乡村创客盲目追求"城市感"，忽视乡村本土消费市场需求与特色，导致业态运营困难。

二、小院经济特点

（一）小规模，回流快，可复制，强参与

庭院经济主要以家庭为基本单位，用好用活家庭的劳动力和自有资源，如庭院内外的土地、房屋等，开展小规模生产活动。相比户外露营、家庭农场等微度假产业，网红小院主打轻资产运作，不分淡旺季，可关联的业态模式也更多元，具有风险小、回收期短和便于迭代的特征。小院运营模式可复制到其他乡村小院的升级改造中，运用低成本打造网红场景的思路，使乡村原住居民能简单有效地参与庭院经济建设，从而带动乡村旅游产业。

（二）地域特色强

我国东西、南北跨度非常大，不同区域的地理环境和气候条件差异很大，适合庭院种植的农作物、养殖的动物等种类不同，具有明显的地域性特点。例如，黑龙江的农户庭院空间大，院内可以种玉米；内蒙古的农户庭院能养牛羊；东部沿海地区的农户庭院空间较小，常见到栽种花草等。

小院可以结合当地的历史传承和人文习俗，衍生出院院不同、各美其美的不同IP。依托"小院"特色文化资源建设美丽乡村新文化空间，活化乡村文化资源。以"小院＋文化""小院＋书院""小院＋艺术""小院＋非遗""小院＋农耕""小院＋村史"等模式，建立"小院"文旅全面发展的内生机制，用新理念引领乡村文化振兴道路。

（三）多元化、灵活

庭院经济的生产活动通常有特色种植、特色养殖、特色手工、特色休闲旅游、生产生活服务等多种类型，一家庭院之内甚至也会种养结合、产加销一条龙服务等。由于是一个农户或少数农户利用庭院发展经济，规模较小，生产的产品和提供的服务很容易根据市场需求进行调整，可以和休闲农业、乡村旅游等产业充分融合发展，拓展庭院多重功能，满足定制化、个性化、差别化服务需求。

（四）经济性、生态化

发展庭院经济是以增加收入为目的，例如，院内种植的玉米、蔬菜卖出去能换来钱，即便销路不好也能自家吃，减少家庭消费支出，具有增加收入和节省开支的好处。发展庭院经济多以环保方式生产，如少用化肥农药。有的会将"杂草丛生、一片荒凉"的院落转变成"遍地农作物、绿意盎然"的生态空间，让庭院摇身一变成为风景小园。

三、"小院经济"的融合模式

（一）"小院＋餐饮"

将院落空间打造成户外的主题餐饮，也是餐饮户外化的新风口，大多数小院都会融入餐饮元素，如下午茶、烤肉套餐、围炉煮茶、火锅等，可以说这类网红小院"餐饮"便是主营收入。例如，深圳的桔塘小院，素有"全国小院标杆"之称，餐饮营收占比高达80%，因为客群特殊，营业时间主要集中在下午至晚间，为不同消费群体准备了不同套餐，依靠场景和情绪体验，受到消费者欢迎。

（二）"小院＋商拍"

目的是打造出吸金场景，吸引用户来拍照收费，把被动观看转变成主动售卖，小院主打的就是主题的精致，虽然空间不大，但是能打卡的地方非常多，而且每一个小景观都能拍出不一样的感觉，精致、时尚的空间布局，使得随手一拍都是大片。

像武汉的赫尔露营农场，因为女性顾客居多，所以门票包含免费换装服务，农场提供各种主题服装、换衣间，同时可以预约摄影师，在限定时间内免费，超出部分则由顾客付费。

（三）"小院+活动"

靠场景、户外餐食不足以提高客户的黏性和忠诚度，要给客户提供一个可以释放情绪价值的地方，因此推陈出新的户外生活玩法就很重要，与客群情感需求进行对接，来增加印象、记忆、体验、情感。因此，小院可以嫁接亲子主题活动，如生日宴、周末营、茶话会、疗愈等主题活动，从而增加客流重复到店消费的概率。例如，重庆的小森林城市野奢营地，其客群复购率高达40%，原因在于体验活动的多样性。不仅有自己研发的插花、茶艺、烘焙、冥想等活动，还有异业联盟的旗袍秀、车友会、歌迷会、读书会等活动，不定期有"非遗"手工体验、营地音乐会、美食品鉴活动，还有森林学校、心身灵疗愈、自然研学课堂、森林夜校等，适合多种客群参与。

（四）"小院+教育"

结合当下自然教育、美育教育、食农教育等多种元素，做不一样的小院主题，这在增加客户体验、记忆点方面是非常有效的一个方法，教育属性的加入，属于主动体验的过程，可以赋予小院更多的内涵，给予顾客更多的参与感。例如，长沙的芭蕉熊半山坡生态农场，他们的食农教育就具有竞争力、差异化、高品质体验的属性，农场采取生态种植的方式，种植各种香草，然后结合当地消费者的口味以及美食文化研发了系列体验产品。

四、"小院经济"营造路线

（一）产业与业态精准定位

深入调研当地资源禀赋、市场需求与文化特色，结合乡村旅游、生态农业、文化创意等多领域，精准选择适合的产业与业态。例如，对于自然资源丰富的山区，可以发展特色林果种植与加工，并结合休闲采摘、山林徒步等旅游项目；对于具有深厚历史文化底蕴的古村落，可开展传统手工艺传承与展示，打造民俗文化体验小院等。

（二）空间功能合理规划

借鉴景观设计理念，依据小院场地属性与定位，科学划分生产、生活、休闲、商业等功能区域。注重空间布局的合理性与流畅性，确保各功能区相互协调又相对独立。例如，在庭院角落设置小型种植区，用于生产新鲜农产品；在靠近入口处打造休闲接待区，布置舒适的座椅与景观小品，营造宜人的休闲氛围；利用庭院周边空地搭建特色商业摊位或小型工作坊，开展手工艺品制作与销售等活动。

（三）风格塑造与品牌打造

挖掘当地文化元素与特色，为小院设定独特的风格主题，如田园风、民俗风、禅意风等，并通过建筑装饰、景观营造、活动策划等多方面体现主题特色。在此基础上，构建小院品牌形象，设计具有辨识度的品牌标识与宣传口号，利用线上线下多种渠道进行品牌推广。例如，以当地传统农耕文化为主题，打造"农耕小院"品牌，在庭院内设置传统农具展示区、农耕体验区，并通过社交媒体、旅游宣传册等进行宣传推广，吸引游客前来体验传统农耕生活。

（四）组织化与市场化协同推进

积极引入龙头企业、农民专业合作社、家庭农场等新型经营主体，通过合作、入股、托管等多种方式，加强与小农户的利益联结机制。借助新型经营主体的资金、技术、管理与市场资源，提升小院经济的组织化程度与市场竞争力。例如，由龙头企业牵头，成立庭院经济合作社，统一采购生产资料、开展技术培训、制订产品标准、拓展销售渠道，小农户按照合作社要求进行生产经营，并享受相应的利润分红。

小院经济凭借其独特的魅力与优势，为乡村振兴战略注入了新的活力与机遇。通过科学规划、文化挖掘、多元融合与创新营销，小院经济有望在未来实现更大规模的发展与提升，不仅成为农民增收致富的重要途径，也将为城市居民提供更多亲近自然、体验乡村生活的美好空间，在乡村与城市之间架起一座沟通交流与协同发展的桥梁，共同绘就乡村振兴与城乡融合发展的美好画卷。

（资料来源：威家镇人民政府. 沉浸式文旅｜"小院经济"推动乡村文旅流量转化，经济文化双向赋能［EB/OL］. https://www.lianxi.gov.cn/02/zwgk_227083/xczx/202503/t20250303_6861875.html，2024-12-18/2025-05-07）

【讨论与思考】

1. 小院经济如何通过"体验设计"增强游客的情感价值和消费黏性？
2. 从乡村振兴与文化传承的角度应如何避免"千院一面"的现象？

任务一　认识旅游项目策划

◇ **课前准备**

如果你是一名旅游项目策划师，如何打造出兼具吸引力与市场价值的旅游项目？以小组为单位，选择一个真实或虚拟的旅游目的地，围绕"旅游项目策划"开展头脑风暴，在表 7-1 中详细回答每个问题，激发创意。

表 7-1　头脑风暴记录

分类	问题	答案
项目定位	1. 该目的地的核心旅游资源（自然/人文/产业等）有哪些？	
	2. 如何结合市场需求与资源特色，确定项目的差异化定位？	
受众分析	1. 目标游客群体是谁？不同群体（如家庭、年轻人、银发族）的需求有何差异？	
	2. 如何设计符合目标群体偏好的体验环节与互动形式？	
竞争对比	1. 周边或同类旅游目的地的热门项目有哪些，其优劣势是什么？	
	2. 本项目的独特卖点（USP）是什么？如何避免同质化竞争？	
创意设计	1. 如何通过科技手段（如 VR/AR）或文化 IP 赋能项目体验？	
	2. 如何将本地"非遗"、民俗活动转化为沉浸式旅游项目？	
营销推广	1. 如何通过短视频、直播等新媒体渠道预热项目？	
	2. 如何设计"门票+体验"的套餐产品，提升二次消费？	
项目管理	1. 如何协调景区、商家、政府等多方资源保障项目落地？	
	2. 项目运营后，如何通过游客反馈持续优化体验流程？	

◇ **任务描述**

你是一名旅游管理专业的学生，对旅游行业满怀热情，尤其对旅游项目的策划与运营充满兴趣。在旅行过程中，你发现不同的旅游项目给游客带来的体验差异巨大，有些项目凭借独特的创意和优质的服务吸引众多游客，而有些项目却因缺乏特色和吸引力无人问津。你渴望深入学习旅游项目策划，掌握打造热门旅游项目的方法，但目前对旅游项目策划的知识和流程了解甚少，不知该从何处开始着手学习。

◇ **任务分析**

在旅游行业快速发展的当下，旅游项目策划已成为旅游产业的核心组成部分。它不仅能够为游客带来丰富多样的旅游体验，还能推动旅游目的地的经济发展，传播当地文化。对于想要投身旅游项目策划领域的人来说，首要任务是深入理解旅游项目策划的内涵、流程及重要性。

旅游项目策划是一项复杂的系统性工程，涵盖目的地资源调研、项目创意构思、设计规划、开发建设、营销推广以及运营管理等多个环节。其特点在于要深度挖掘旅游目的地的特色资源，精准匹配游客的多样化需求，同时实现经济效益与社会效益的平衡。例如，以文化遗产为核心的旅游地，可开发"非遗工坊+角色扮演"的沉浸式项目；以自然景观为特色的区域，可设计"生态探险+科普教育"的复合型项目。

所以，要认识旅游项目策划，需要先从理解其基本概念和内涵入手，深入掌握各环节的操作要点和相互关系，通过学习和实践积累经验，提升自己的策划能力、市场洞察力和项目运营能力，为未来的旅游项目策划工作打下坚实基础。

一、任务目标

（1）知识目标：掌握旅游项目的类型（新建、改建、自然资源型等）与策划流程（调研、定位、设计）。

（2）能力目标：能撰写完整的旅游项目策划方案，涵盖功能布局、产品设计、运营管理等环节。

（3）素养目标：强化项目可行性分析与风险管控意识，注重经济效益与生态保护的平衡。

二、任务重点

旅游项目的 SWOT 分析、主题定位（如文旅融合、智慧旅游）与功能分区规划。

三、任务难点

大型旅游项目的多维度整合，如资源、政策、技术的协同，以及长期运营的可持续性设计。

◇ **知识准备**

一、旅游项目与旅游项目策划

（一）旅游项目

旅游项目是旅游产业发展的重要载体，是在一定时间和空间范围内，依托旅游资源和旅游设施，为满足游客多样化旅游需求而规划、设计、开发的具有特定主题和功能的旅游活动、产品或服务组合。它与旅游产品有所区别，旅游产品是向市场提供能满足游客需求的各种要素的总和，而旅游项目更强调具体的、可操作的活动或实体建设。

从类别上看，旅游项目丰富多元。休闲度假类项目，如三亚的滨海度假酒店集群、莫干山的精品民宿群落，以舒适的住宿环境、完善的休闲设施和特色服务，吸引游客放松身心，享受悠闲时光；文化体验类项目，如西安的大唐不夜城，通过唐风建筑、演艺活动、"非遗"展示等，让游客沉浸式感受盛唐文化的魅力；生态旅游类项目，如云南西双版纳热带雨林徒步、四川卧龙自然保护区观熊猫，以独特的自然资源为依托，让游客亲近自然、了解生态；主题游乐类项目，如上海迪士尼乐园、深圳欢乐谷，凭借刺激的游乐设施、精彩的主题演出和丰富的互动体验，为游客带来欢乐与惊喜；商务会展类项目，如博鳌亚洲论坛、广交会，在提供商务交流平台的同时，也吸引参会人员开展旅游活动。

旅游项目具有多重价值。在文化价值层面，它是地方文化传承与传播的重要媒介，如丽江古城的纳西族东巴文化体验项目，将古老的东巴文字、祭祀仪式等文化元素融入旅游活动，使游客深入了解当地民族文化。经济价值方面，旅游项目的开发运营能够带动餐饮、住宿、交通等相关产业发展，创造大量就业机会，增加地方财政收入。社会价值上，旅游项目促进了不同地区、不同文化背景人群的交流融合，丰富了居民和游客的精神文化生活，提升了旅游目的地的社会知名度和影响力。同时，旅游项目还是游客获取独特旅游体验、形成美好旅行记忆的核心载体，对提升旅游目的地吸引力和竞争力起到关键作用。

（二）旅游项目策划

旅游项目策划是指策划主体以推动旅游产业发展、提升旅游目的地竞争力、满足游客多元化需求为目标，在全面深入的市场调研与资源分析基础上，对旅游项目的主题定位、功能规划、产品设计、运营管理及营销推广等活动进行系统性构思、策略规划、方案设计和实施指导的过程。它要求策划者精准把握旅游市场趋势、游客消费偏好，深入挖掘旅游目的地的资源特色和文化内涵，通过创新思维和专业方法，将资源优势转化为具有市场吸引力的旅游项目。

旅游项目策划的流程涵盖多个关键环节。首先是前期调研，包括对旅游市场需求、竞争态势、政策环境、资源禀赋等方面的详细分析；其次，进行主题定位和功能规划，确定旅游项目的核心主题和功能分区；再次是开展产品设计，打造特色旅游活动、体验项目和配套服务；又次，进行运营管理模式设计和营销推广策略制定；最后，形成完整的策划方案并指导实施。

旅游项目策划对于旅游产业发展具有至关重要的意义。它能够整合旅游资源，优化资源配置，避免盲目开发和重复建设；通过创新主题和特色产品设计，提升旅游项目的差异化竞争力，满足游客日益多样化和个性化的需求；科学的运营管理和营销推广策略，有助于提高旅游项目的运营效率和市场知名度，吸引更多游客，促进旅游产业的可持续发展；同时，优秀的旅游项目策划还能带动区域经济发展，促进文化传承与创新，推动旅游目的地形象的提升和品牌塑造。

（三）旅游项目策划的意义

1. 推动旅游产业升级与可持续发展

旅游项目策划能够通过创新思维和前瞻性视角，对旅游资源进行深度整合与优化配置。在传统观光旅游向休闲度假、文化体验等多元化旅游形态转型的背景下，策划者可挖掘旅游目的地潜在资源，开发特色旅游项目。例如，浙江安吉原本以竹产业闻名，通过策划打造"中国大竹海"生态旅游项目，将竹林资源与休闲度假、户外运动相结合，开发出竹林徒步、竹文化体验工坊等特色活动，不仅丰富了旅游产品类型，还推动当地旅游产业从单一的资源依赖型向多元化、复合型转变，促进旅游产业可持续发展。

2. 增强旅游目的地竞争力

在竞争激烈的旅游市场中，旅游项目策划能帮助旅游目的地打造差异化优势。通过深入挖掘当地文化内涵、自然资源特色，策划出具有独特主题和体验的旅游项目。例如，河南洛阳依托十三朝古都的历史文化底蕴，策划打造"唐宫夜宴"实景演艺项目，将盛唐文化与现代科技融合，以精彩绝伦的舞台表演和沉浸式体验，迅速成为旅游热点，吸引大量游客，提升了洛阳在全国旅游市场的知名度和竞争力，使洛阳从众多历史文化名城脱颖而出。

3. 满足游客多元化需求

随着游客旅游消费观念的转变，其需求日益多样化、个性化。旅游项目策划以游客需求为导向，精准把握市场趋势，开发出契合不同游客群体的旅游项目。针对年轻游客追求刺激、时尚的特点，策划极限运动旅游项目；针对亲子家庭游客，打造寓教于乐的亲子主题乐园和科普研学基地。例如，上海海昌海洋公园，通过策划丰富的海洋生物科普活动、亲子互动体验项目，满足亲子家庭游客需求，成为深受欢迎的旅游目的地，有效提升游客的旅游满意度和重游率。

4. 带动区域经济发展

旅游项目策划所开发的旅游项目，能直接带动旅游消费，同时刺激餐饮、住宿、交通、购物等相关产业发展。一个大型旅游项目的落地，会吸引大量游客，从而为当地带来可观的餐饮、住宿收入。例如，重庆洪崖洞民俗风貌区，经过精心策划和打造，成为热门旅游打卡地，周边的酒店、餐厅、商铺生意火爆，不仅增加了当地居民的就业机会，还显著提升了区域经济收入，成为拉动地方经济增长的重要引擎。

5. 促进文化传承与创新

旅游项目策划是文化传承与创新的重要途径。通过将地方特色文化融入旅游项目中，以旅游为载体，让文化得以传承和传播。例如，安徽黄山脚下的宏村，通过策划古村落文化体验旅游项目，将徽派建筑文化、徽州民俗文化等融入游客的游览体验中，使游客在游玩过程中了解和感受徽州文化的魅力。同时，旅游项目策划也能推动文化创新，如一些地方将传统"非遗"技艺与现代设计结合，开发出具有创意的文化体验项目，让传统文化在新时代焕发出新的活力。

二、旅游项目策划的特点与分类

（一）旅游项目策划的特点

1. 创新性

旅游项目策划需突破传统思维，以新颖独特的视角开发旅游项目。在旅游市场同质化竞争激烈的当下，唯有创新才能吸引游客目光。例如，陕西西安的"大唐不夜城"，打破传统历史文化街区单纯展示古建筑的模式，通过创新性地将盛唐文化与现代科技、时尚元素融合，打造出"盛唐密盒"互动表演、沉浸式夜游体验等特色项目。身着古装的演员与游客趣味互动，借助灯光秀、全息投影等技术，营造出如梦如幻的盛唐景象，成功吸引大量游客，成为文旅创新的标杆案例，体现了旅游项目策划创新性对项目成功的关键作用。

2. 综合性

旅游项目策划涉及旅游资源、市场、文化、经济、生态等多方面因素，需进行综合考量。一个旅游项目的开发，不仅要考虑当地独特的自然资源与文化底蕴，设计与之匹配的旅游活动，还要结合市场需求确定目标客户群体，规划合理的营销策略；同时，兼顾交通、住宿、餐饮等配套设施建设，以及项目运营对当地生态环境和社区发展的影响。例如，海南三亚国际旅游度假区的策划，在依托热带滨海风光开发海滨度假项目的同时，综合规划了高端酒店群、特色餐饮街区、免税购物商城、便捷交通网络，并且注重生态环境保护，实现旅游开发与生态保护的平衡，全方位满足游客需求，展现了旅游项目策划的综合性特点。

3. 时效性

旅游市场需求和行业发展趋势处于动态变化中，旅游项目策划需紧跟时代步伐，把握市场时机。季节性旅游项目对时效性要求尤为明显，如哈尔滨冰雪大世界，每年冬季根据当年流行趋势和游客喜好，策划全新的冰雪主题和冰雕造型，及时推出冰雪娱乐项目，吸引游客在冬季旅游旺季前往游玩；此外，社会热点、政策变化也会影响旅游市场。例如，随着"研学旅游"政策的推广，各地迅速策划推出各类研学旅游项目，抓住政策红利，满足市场新需求，体现了旅游项目策划必须具备时效性，及时响应市场变化。

4. 地域性

旅游项目策划要充分挖掘和体现旅游目的地的地域特色。不同地区拥有独特的自然景观、民俗文化、历史传统，这些地域特色是旅游项目的核心吸引力。云南丽江的旅游项目策划，深度融入纳西族东巴文化，从古城建筑风格、民俗表演到特色餐饮、手工艺品，处处彰显纳西族文化元素，让游客体验到独特的地域风情；而内蒙古草原的旅游项目则围绕蒙古族游牧文化，策划那达慕大会、骑马射箭、草原露营等项目，突出草原地域特色，使旅游项目具有鲜明的地方辨识度，吸引对特定地域文化感兴趣的游客。

（二）旅游项目策划的分类

1. 按项目性质分类

（1）新建旅游项目策划：是针对全新开发的旅游项目开展的策划工作，需要从无到有进行全面规划。例如，上海海昌海洋公园在建设前，策划团队基于对海洋主题旅游市场的调研，结合上海的城市定位和游客需求，对项目的主题定位、功能分区、设施建设、旅游产品设计等进行全方位策划。打造出以海洋生物展示、科普教育、娱乐表演为核心的主题公园，涵盖极地海洋馆、火山鲸鲨馆等特色场馆，以及虎鲸科普秀、美人鱼表演等精彩活动，成功填补上海海洋主题旅游市场空白，吸引大量游客前来游玩。

（2）改建与扩建旅游项目策划：是在原有旅游项目基础上进行优化升级或规模扩大。以北京故宫博物院为例，随着游客数量增长和旅游需求变化，故宫博物院开展改建与扩建策划。一方面，对部分区域进行功能改造，如将部分办公区域改建为文物展厅，提升文物展示能力；另一方面，通过扩建故宫博物院北院区，扩大文物保护和展示空间，同时优化游客参观路线，增加文创体验区等新功能区域，提升游客参观体验，进一步挖掘故宫的旅游价值。

2. 按资源类型分类

（1）自然资源型旅游项目策划：它依托山川、湖泊、森林、海滨等自然景观资源。例如，四川九寨沟景区的旅游项目策划，围绕九寨沟独特的水景资源，开发了徒步游览线路、观光车游览线路，建设观景平台和栈道，方便游客近距离欣赏五彩斑斓的湖泊、气势磅礴的瀑布。同时，结合当地生态环境，策划生态科普旅游活动，如开展植物讲解、野生动物观察等，让游客在欣赏美景的同时，了解自然生态知识，增强环保意识。

（2）人文资源型旅游项目策划：它以历史文化遗迹、民俗风情、宗教文化等人文景观资源为基础。例如，山西平遥古城的旅游项目策划，充分挖掘平遥古城的历史文化价值，将古城内的明清建筑、票号文化、民俗风情等元素有机结合。策划推出古城游览、票号博物馆参观、民俗表演观赏、传统手工艺体验等旅游项目，游客可以漫步在古色古香的街道，参观日升昌票号等历史建筑，观看抬花轿、踩高跷等民俗表演，亲手制作平遥漆器等传统手工艺品，感受深厚的历史文化底蕴和独特的民俗风情。

3. 按旅游目的分类

（1）观光型旅游项目策划：以展示自然风光、历史文化遗迹等景观为核心，吸引游客欣赏美景、增长见识。例如，桂林漓江山水风光旅游项目策划，围绕漓江的喀斯特地貌景观，打造乘船游览漓江、徒步江畔、骑行观景等旅游线路，同时开发沿途观景台、摄影基地等配套设施，让游客全方位领略漓江"江作青罗带，山如碧玉簪"的秀丽风光，感受大自然的鬼斧神工和当地独特的山水文化。

（2）休闲度假型旅游项目策划：注重为游客提供放松身心、享受悠闲时光的环境和服务。例如，三亚亚龙湾的度假酒店群策划，依托亚龙湾优质的海滩资源，打造集高端住宿、特色餐饮、休闲娱乐、康体养生为一体的度假项目。酒店内设有私人沙滩、无边泳池、水疗中心、高尔夫球场等设施，同时提供丰富的休闲活动，如海上运动、瑜伽课程、SPA护理等，满足游客多样化的度假需求，让游客远离城市喧嚣，享受惬意的度假生活。

（3）文化体验型旅游项目策划：聚焦于挖掘和展示地方特色文化，让游客深入体验当地文化内涵。例如，西安大唐不夜城的策划以盛唐文化为主题，通过唐风建筑、仿古雕塑、特色演艺、"非遗"展示等多种形式，打造沉浸式文化体验空间。街区内每天上演《再回长安》《盛唐密盒》等精彩演艺节目，设置手工艺品制作工坊、传统美食街区，游客可以身着唐装，漫步其中，品尝唐式美食，观看精彩表演，参与文化互动，亲身感受盛唐时期的繁荣与辉煌。

4. 按旅游业态分类

（1）乡村旅游项目策划：以乡村地域空间为载体，深度融合乡村自然景观、农耕文化、民俗风情等资源，打造集观光、休闲、体验、度假为一体的旅游产品。在策划时，注重保留乡村原始风貌，突出乡村特色，实现乡村旅游与农业生产、文化传承、生态保护的协同发展。在具体项目设计上，包含农事体验类活动，如让游客参与播种、插秧、收割等季节性农事劳作，体验"汗滴禾下土"的农耕生活；乡村民宿集群建设，以当地传统民居为蓝本，融入现代舒适元素，提供特色住宿服务；乡村美食开发，挖掘本土特色食材与烹饪技艺，打造农家宴、特色小吃街等美食项目。例如，浙江安吉余村，通过策划"生态乡村＋休闲度假"模式，发展竹林观光、竹笋采摘、竹制品制作等体验项目，配套建设精品民宿与农家餐厅，吸引大量游客前来，成为乡村旅游业态策划的成功典范，带动乡村经济振兴与村民增收致富。

（2）研学旅游项目策划：聚焦"旅游＋教育"融合，以学生群体为主要目标市场，依据不同学龄段学生的认知水平与教育需求，设计兼具知识性与趣味性的旅游项目。策划核心在于精准定位研学主题，科学规划课程体系，合理安排旅游线路与活动形式，实现"游中学，学中游"的教育目标。常见的研学主题涵盖自然科学、历史文化、工业科技、红色教育等领域。在自然科学主题研学中，组织学生前往自然保护区、地质公园等地，开展动植物观察、标本制作、生态调研等活动；历史文化主题研学则带领学生参观博物馆、古迹遗址，通过专家讲解、文物修复体验、历史场景还原等方式，深入了解传统文化。如陕西西安开展的"行走长安"研学项目，以十三朝古都历史为脉络，设计参观兵马俑、体验古法造纸、学习唐乐舞等课程，让学生在实地游览中感受中华文明的博大精深，提升综合素质与文化自信。

（3）康养旅游项目策划：围绕健康养生核心需求，整合生态环境、中医药、温泉、运动等多元资源，为游客提供健康维护、疾病预防、康复理疗、身心放松等服务。策划重点在于打造全方位、个性化的康养产品体系，满足不同年龄、健康状况游客的差异化需求。在产品设计上，包含温泉康养项目，利用温泉矿物质与微量元素的理疗功效，搭配中医推拿、药浴、艾灸等传统疗法；森林康养项目，依托森林高负氧离子环境，开展森林漫步、森林瑜伽、森林冥想等活动；中医药康养项目，推出中药调理、针灸推拿、养生食疗、中医文化体验等服务。例如，海南博鳌乐城国际医疗旅游先行区，结合热带气候与滨海风光，引入国际先进医疗资源，策划高端体检、康复治疗、医美抗衰、健康管理等康养项目，成为国内康养旅游业态的标杆，吸引众多追求高品质健康生活的游客。

（4）工业旅游项目策划：工业旅游项目策划将工业生产场景、企业历史文化、产品制造流程转化为旅游资源，面向公众开放参观体验，旨在传播工业文明、提升企业品牌形象、拓展旅游消费市场。策划过程需要平衡生产安全与参观体验，设计科学合理的游览路线与互动环节。不同行业的工业旅游项目各有特色。在汽车制造企业，游客可参观冲压、焊接、涂装、总装四大生产线，了解汽车制造工艺，参与模拟驾驶、汽车设计等体验；食品企业则开放食品加工车间，让游客观摩食品制作过程，亲手参与糕点烘焙、巧克力制作等活动；文化创意产业的工业旅游项目，如陶瓷工坊、手工皮具坊，游客可体验传统手工艺制作，感受匠人精神。以青岛啤酒博物馆为例，通过展示青岛啤酒百年历史、酿造工艺、老厂房设备，结合啤酒品鉴、啤酒酿造体验等互动项目，使游客深入了解啤酒文化，实现企业宣传与旅游经济的双赢，成为工业旅游业态的经典案例。

（5）文旅融合项目策划：以文化为灵魂、旅游为载体，通过创新创意手段，将地方特色文化深度融入旅游项目开发全过程，打造具有鲜明文化标识的旅游产品与体验。策划注重挖掘文化内涵，运用现代科技手段与新颖表现形式，增强文化旅游的吸引力与感染力。具体项目形式多样，包括文化演艺项目，如《印象·刘三姐》以漓江山水为舞台，展现广西少数民族风情；沉浸式文化体验街区，如长沙文和友，还原老长沙风貌，打造集美食、娱乐、购物于一体的怀旧空间；文化遗产活化利用项目，如敦煌莫高窟通过数字化展示技术，让游客沉浸式感受千年石窟艺术魅力。此类策划通过文化与旅游的深度融合，既传承弘扬了优秀传统文化，又为旅游业注入新活力，满足游客日益增长的文化旅游消费需求。

（6）智慧旅游项目策划：依托大数据、人工智能、物联网、5G 等现代信息技术，对旅游服务、管理、营销等环节进行数字化升级，旨在提升游客旅游体验的便捷性、个性化，提高旅游企业运营效率与管理水平。策划重点在于构建智慧旅游平台，整合旅游信息资源，实现旅游服务的智能化供给。在实际应用中，涵盖智慧导览系统，游客通过手机 App 即可获取景区语音讲解、智能路线规划、景点 AR 展示等服务；智能票务系统，支持线上预约、扫码入园，减少排队等待时间；旅游大数据分析平台，帮助旅游企业精准掌握游客需求与市场动态，优化产品与营销策略。例如，杭州西湖景区，通过部署智慧旅游系统，实现游客流量实时监测、智能停车引导、个性化旅游推荐等功能，提升了景区服务质量与游客满意度，成为智慧旅游业态策划的示范案例。

三、旅游项目策划的原则与基本流程

（一）旅游项目策划的原则

1. 市场导向原则

旅游项目策划必须以市场需求为核心导向。在策划前期，需要深入开展市场调研，全面了解目标游客群体的年龄结构、消费习惯、兴趣偏好、出行方式等信息，精准把握市场动态和发展趋势。例如，随着年轻游客对沉浸式体验的需求日益增长，策划者应及时捕捉这一趋势，开发如沉浸式剧本杀旅游、VR虚拟实景体验等项目。同时，分析竞争对手的产品特点和市场策略，找出差异化竞争点，确保策划的旅游项目能够契合市场需求，具有较强的市场竞争力，避免因盲目开发导致项目与市场脱节，造成资源浪费。

2. 创新独特原则

在旅游市场竞争激烈的当下，创新独特是旅游项目脱颖而出的关键。策划过程中要敢于突破传统思维，挖掘旅游目的地的独特资源和文化内涵，结合新颖的创意和表现形式，打造具有唯一性或独特性的旅游项目。例如，西安大唐不夜城将盛唐文化与现代科技相结合，通过"盛唐密盒"等创新演艺形式和光影特效，营造出沉浸式的盛唐体验，吸引大量游客。创新不仅体现在项目主题和内容上，还可以延伸至运营模式、营销手段等方面，持续为游客带来新鲜感和惊喜，提升旅游项目的吸引力和品牌影响力。

3. 文化凸显原则

文化是旅游的灵魂，旅游项目策划应高度重视文化元素的挖掘与展现。深入研究旅游目的地的历史文化、民俗风情、传统技艺等，将文化内涵融入旅游项目的各个环节，使其成为旅游项目的核心竞争力。例如，丽江古城的旅游项目策划，充分展现纳西族的东巴文化，从建筑风格、民俗活动到特色手工艺品，都体现着浓郁的民族文化特色。通过文化凸显，不仅能增强游客的文化体验，还能促进地方文化的传承与发展，使旅游项目具有深厚的文化底蕴和持久的生命力。

4. 可持续发展原则

旅游项目策划要兼顾经济效益、社会效益和生态效益，坚持可持续发展理念。在资源利用方面，合理规划开发强度，避免过度开发对自然资源和生态环境造成破坏，如在生态旅游项目策划中，严格控制游客容量，保护动植物栖息地。注重与当地社区的和谐发展，通过旅游项目带动就业，促进社区经济增长，提高居民生活水平，同时尊重当地居民的文化和生活方式，让居民成为旅游发展的受益者和支持者。此外，策划的旅游项目应具有长期运营和升级优化的潜力，以适应市场变化和游客需求的不断升级。

5. 可行性原则

旅游项目策划方案需要具备现实可行性。从项目的资金投入、技术条件、人力资源、政策环境等方面进行全面评估，确保策划的项目在现有条件下能够顺利实施。例如，在策划大型主题游乐项目时，要充分考虑建设资金的筹集、先进游乐设备的引进与维护技术、专业运营管理人才的配备等因素。同时，对项目实施过程中可能遇到的风险进行预判和分析，制订相应的应对措施，保证项目在经济、技术、社会等方面具有可行性，避免出现项目中途停滞或失败的情况。

（二）旅游项目策划的基本流程

1. 前期调研与分析

（1）旅游资源调研：对旅游目的地的自然资源和人文资源进行全面梳理。自然资源方面，详细考察地形地貌、气候条件、生物资源、水体景观等，如在策划山地旅游项目前，需要精准测量山体海拔、坡度，评估森林覆盖率、珍稀动植物分布等情况。人文资源调研涵盖历史文化遗迹、民俗风情、传统技艺、宗教文化等，像策划古镇旅游项目时，要深入研究古镇的建筑风格、历史典故、节庆活动等，挖掘资源独特性与价值。

（2）市场需求调研：运用问卷调查、访谈、大数据分析等方法，了解目标游客群体的年龄结构、消费能力、旅游偏好、出行习惯等。通过线上旅游平台数据，分析游客热门搜索关键词、旅游产品预订趋势；对不同年龄层游客进行访谈，掌握其对旅游项目的期望。例如，发现年轻游客热衷冒险体验，老年游客偏好康养休闲，以此为策划提供依据。

（3）竞争对手分析：研究同类旅游项目的主题定位、产品特色、营销策略、市场口碑等。例如，周边城市已开发的主题乐园，分析其游乐设施类型、门票价格策略、宣传渠道，找出自身项目的差异化竞争方向，避免同质化。

（4）政策法规研究：关注国家和地方旅游相关政策法规、行业标准，以及土地、环保、安全等方面规定。例如，了解文旅融合发展政策，把握乡村旅游扶持政策，确保策划项目符合政策导向，规避法律风险。

2. 主题定位与功能规划

（1）主题定位：结合调研结果，提炼旅游项目的核心主题。若旅游目的地有深厚的三国文化底蕴，可定位为"三国文化探秘之旅"；若拥有优质海滨资源，可打造"浪漫滨海度假"主题。主题要具有独特性、吸引力和文化内涵，能够引发游客情感共鸣。

（2）功能规划：根据主题和目标游客需求，规划项目功能分区。例如，综合性旅游度假区，划分住宿区、餐饮区、游乐区、休闲区、购物区等，各区域相互协调，满足游客多样化需求。同时，合理布局交通动线，确保游客在项目内通行便捷。

3. 产品与服务设计

（1）旅游产品设计：围绕主题开发特色旅游活动和体验项目。在文化主题旅游项目中，设计"非遗"手工艺制作体验、传统礼仪学习活动；生态旅游项目可推出丛林穿越、星空观测等项目。此外，开发旅游商品，如以项目主题为元素的文创产品、地方特色纪念品，延长旅游产业链。

（2）服务体系设计：制订完善的服务标准和流程，涵盖游客咨询、接待、游览、投诉处理等环节。培训专业服务人员，提高服务意识和技能，如景区讲解员需要具备丰富的知识储备和良好的沟通能力，为游客提供优质讲解服务。同时，引入智能化服务，如在线预订、智能导览，提升服务效率与游客体验。

4. 运营管理与营销策划

（1）运营管理方案制订：规划项目运营模式，确定人员配置、组织架构、管理制度。例如,采用自主运营或委托专业团队运营,明确各部门职责,制订财务管理制度、安全管理制度等。同时,建立游客反馈机制,及时收集意见,优化运营管理。

(2)营销推广策略制订:制订品牌宣传计划,利用线上线下渠道进行推广。线上通过社交媒体、旅游电商平台、短视频平台宣传项目特色;线下举办推介会、参加旅游展会,与旅行社合作拓展客源。设计促销活动,如节假日优惠套餐、会员积分制度,吸引游客关注和消费。

5. 方案评估与优化

邀请旅游行业专家、投资者、潜在游客等对策划方案进行评估,从项目可行性、市场前景、经济效益、社会效益等方面提出意见。根据评估结果,对方案进行优化调整,如修改不合理的功能分区、完善营销计划、降低运营成本,确保方案更具科学性和可操作性。

6. 方案实施与反馈

按照策划方案推进项目建设与运营,严格把控施工质量、时间节点和成本预算。项目运营过程中,持续收集游客反馈、市场数据和运营信息,定期对项目进行评估总结。根据反馈结果,对项目进行持续优化升级,如更新旅游产品、改进服务质量,保持项目的竞争力和吸引力。

◇任务实施

一、了解旅游项目策划的基本流程

了解并在表 7-2 中列出旅游项目策划的基本流程,包括每个阶段的主要任务及其完成每个任务的预期成果。

表 7-2 旅游项目策划基本流程

流程阶段	主要任务	预期成果

二、分析旅游项目策划的主要目标

选择某一旅游企业或目的地,在表 7-3 中列出其旅游项目策划的主要目标,并简要描述这些目标的具体内容和实现策略。

表 7-3　旅游项目策划目标分析

目标类型	目标描述	实现策略

三、学习旅游项目策划的核心内容

收集一个成功的旅游项目策划案例,从前期调研、创意构思、规划设计、运营管理四个方面分析旅游项目策划的核心内容,并简要描述每项内容的具体实施举措。请将分析内容填入表 7-4 中。

表 7-4　旅游项目策划核心内容分析

策划内容	核心要点	实施举措

四、掌握旅游项目策划的技术方法

收集不少于 3 个旅游项目策划案例,根据每个案例的特点,分析其旅游项目策划的创意技法,并解释其创意来源及实施方法。请将分析内容填入表 7-5 中。

表 7-5　旅游项目创意策划技法分析

案例名称	创意技法	创意来源及实施方法

◇任务小结

请学生将自评结果填入表 7-6 中。

表 7-6　学生自评

学生姓名	
学习内容概述	
收获与经验	
存在的问题	
改进措施	
学生自评（0~100 分）	

说明：学生自评得分计入表 7-7 中。

◇任务小结

以个人为单位进行评价，具体评价指标见表 7-7。

表 7-7　任务评价

评价维度	评价指标	评价标准	学生互评	教师评价	学生自评
职业技能（60 分）	完成情况（20 分）	是否按时完成了任务的所有要求			
	分析深度（20 分）	对内容的分析是否深入			
	创新创意（10 分）	是否提出了有创意的内容或解决方案			
	解决问题（10 分）	是否解决了实际问题且具有可行性和操作性			

续表

评价维度	评价指标	评价标准	学生互评	教师评价	学生自评
职业素养（40分）	学习态度（10分）	主动参与讨论研究，展示学习兴趣和理解			
	时间管理（10分）	按时完成工作，没有拖延和临时赶工			
	团队协作（10分）	有效沟通协作，积极参与任务分配与执行			
	总结反思（10分）	自我总结不足和优缺点，并提出改进建议			
总计					
总分					

说明：学生自评20%，学生互评30%，教师评价50%。总分90分及以上为优秀；80~89分为良好；70~79分为中等；60~69分为及格；60分以下为不及格。

◇拓展任务

一、案例分享：浙江莫干山裸心谷度假村旅游项目策划

名　　称：浙江莫干山裸心谷度假村规划设计

地　　域：浙江省德清县

时　　间：2011年

面　　积：360亩（约23万平方米）

"裸心"意味着回归本质，过简单的生活。它象征着全面的身心健康，从城市的繁重压力中解脱出来，重新回到自然的怀抱。利用乡土农舍改建而成的居所，提供生态自然的居住体验，强调可持续理念的高端野奢度假村，这就是裸心谷的开发模式。

（一）裸心谷简介

莫干山裸心谷位于浙江省莫干山，由裸心酒店管理集团推出。之所以叫裸心，是为了迎合目前人与自然协调可持续发展的理念，为了体现远离都市浮躁纷繁，放

下一切心灵负担，在自然中无压力放空的理念。

裸心谷在一个私人山谷中，是豪华自然养生中心，占地360亩，周边是丰茂的植被，有竹林，有村庄，有水域，环境优美空气清新，远离都市。裸心谷内建筑均为树顶别墅和夯土小屋，这些建筑的材料都是采用环保材料，其中的121间客房都分布在这些建筑中。除了住宿的设施，裸心谷还有许多用于休闲养生的设施，裸心谷内有三个室外游泳池，三个泳池中有一个可以冬季加热；裸心谷内还有可以骑自行车锻炼的自行车道和登山锻炼的登山道，以及可供旅客体验的有机农庄，让旅客接近自然在自然中锻炼养生享受自然；裸心谷内还有750平方米的水疗养生中心，有的理疗中心位于竹林深处的房屋之中，景色优美，寂静安逸。

在休闲方面，裸心谷还针对不同人的需求在一个小湖边设有裸心小馆，裸心小馆有四个分区：茶艺、竹艺、设计、陶艺。每一个分区分别在一栋不同风格的建筑里。在不同的分区里，旅客都能得到不同的文化体验与享受，可以自己动手制作手工艺品，亲自摘茶树上新鲜茶叶或在茶艺馆里品尝"白茶"，在陶艺馆里动手制作茶壶，体验当地生活方式。

（二）裸心理念——回归自然，远离现代都市忙碌生活的困扰，养身养心

我们很好地适应了这个我们自己建造出来的都市生活方式，但是我们不应该忘记那个真正的自己。有时，我们应该找回那个最本源的自己，赤裸裸地回归大自然，寻回自我。

（三）裸心谷开发模式

裸心谷——利用乡土农舍改建而成的居所，提供生态自然的居住体验，强调可持续理念的高端奢华度假村。

1. 特色

（1）设计构思：亚洲风情和非洲风情的巧妙结合，把非洲的粗犷热情，以及与自然密不可分，天衣无缝地衔接在亚洲的土地上。所有建筑的设计都以尽量减低对环境的影响，并与自然融为一体为最高原则。

（2）可持续发展理念：在建筑上坚守永续的原则，第一个在亚洲得到美国LEED绿色建筑认证白金奖。雇用当地居民，提升就业机会；所有的食物就地取材，以当

季的农产品为主，就近向当地农户购买。

2. 档次定位

以住宿为核心体验的高端度假产品，着力于品牌打造。

3. 客户定位

中高端度假和商务客户，以上海客户为主，辐射长三角，企业客户、团队拓展特别多。有相当多的国外背包客。

企业客户以团队拓展活动为主，能提供200人以上的团队活动，能够根据公司的要求安排短途旅游，有竹筏漂流、爬山、山地车、骑马等为不同企业创造享受大自然的体验。能够根据公司的实际需要，提供量身定制的公司团队建设和会议服务。

4. 产品形式

树顶别墅销售状况良好，无产权夯土小屋只租不售，以租金回现，长期经营，提升人气和品牌知名度。

（1）树顶别墅。

数量：36栋，客房121间。

价格：188平方米两居租金为4600元/天+15%服务费，约合5300元/天，三居7800元/天，四居10000元/天。

（2）夯土小屋。

数量：40栋。

价格：两人房（一个家庭），租金在1500~2000元/天+15%的服务费。

5. 运营模式

整个项目的开发及运营均由裸心酒店管理公司实施，并且莫干山裸心谷是其第一个项目；在运营管理上长期推出各类活动，吸引人气。

（1）婚礼：筹划婚礼的一切，从喜帖到宾客的接送服务，摄影，摄像。

（2）裸心珠光/春季户外音乐会：提供入住夯土小屋2晚；裸心谷自助早餐，爬山；往返直达班车。

还有采茶比赛、裸心团队挑战、竹筏建筑大赛、莫干山寻剑、方向感比赛、优化大师和迷你优化大师、爬山和山地车、破冰之旅。

（四）裸心谷度假驱动体系构建

1. 外部环境

谷地概念的营造，周边大规模的竹林环绕，辅以一望无际的茶园，使其具有脱离于都市之外的闲逸气息。

2. 居住体验

裸心乡，原乡体验，在保留原农舍本色的基础上改建成了原汁原味乡村风格的民房，以石径、石墙、石阶、竹篱、茅舍营造静逸质朴、闲情野趣的乡居情怀。

裸心谷，结合亚洲风情和非洲风情，把非洲的粗犷热情，利用天然建材，结合传统建造技术，打造成独特的奢华生态度假村，"与自然融为一体"是裸心谷的最高原则。

3. 配套体验

主要为游客提供餐饮、养生、商务会议、聚会等场地，满足度假体验及高端商务需求。

（1）会所：这里可以俯瞰大草坪和马场，还可在会所池畔泳池小憩，享受宁静同时会所餐厅会提供各种精致简餐。

（2）裸心馆：坐落于湖边的小屋，分别是茶艺馆，竹艺馆、陶艺馆及项目馆，可以在这里品尝莫干山白茶，顺便自己炒茶，同时欣赏莫干山的自然资源——竹子，最后，在陶艺馆，体验陶艺。

（3）Kikaboni餐厅：有机餐厅酒吧，是裸心谷最引以为傲的餐厅，装潢及菜色融合了亚洲及非洲的风格，以当季最新鲜的食材为主，满足来宾的味蕾。

（4）池吧：裸心谷最有特色的梯田酒吧，在此可以享用一份健康美味的西式简餐，外送服务可以将您的餐点送到度假村的任何角落——自家阳台、林木深处、游泳池畔或自己的房间，池吧还提供各种鸡尾酒、红酒。

（5）裸叶水疗中心：隐匿在密林中的裸叶水疗中心，按摩师可提供一系列服务，足底按摩、泰式按摩、全身精油按摩；还有专业的理疗师根据个人的特点，量身定制一套个人的完整疗程，包括运动、饮食及理疗；另外在景观休憩区，还可以做足底按摩和其他美容项目，一边赏景一边放松。

（6）会议中心：拥有最先进的影音设备，可容纳200人的主会议厅，一楼的会议厅还可举办大型会议，会议中间休息还可俯瞰茶园，会议结束后还可以举办一场森林中的野宴，另外还有露天剧场可以搞派对活动。

4. 娱乐项目

紧扣自然的主题，多元化的娱乐体验，强调参与性；娱乐项目的打造必须具备大规模的用地。

（1）骑马：针对不同年龄开办骑乘课程，为客人提供马背骑乘的机会。

（2）瑜伽：在裸心小馆提供私人瑜伽课程。

（3）爬山和山地车：裸心漫步，在赏美景的同时让身心焕然一新；向导还会安排 60 分钟的山地车骑行活动。

（4）书法课：为初学者或稍有基础的人开办书法课程。

（5）高尔夫：在裸心谷附近，有几个高尔夫球场，竹林环抱，河水流淌，为高尔夫玩家创造出更多挑战。

（6）鱼乐：可提供所有的钓鱼器具，包括交通和饮品，沉浸在大自然中享受鱼趣。

（7）采茶：白茶是上等茶之一，裸心谷有一片白茶园，每年在特定的时节，宾客可以自己采茶、炒茶，品茶。

（8）小芽乐园：为 3～12 岁的孩子开辟的乐园，同时提供保姆服务，还有不允许成人参加的睡衣派对。

（9）裸心泳池：位于山谷中心，品着鸡尾酒，沉醉在群山怀抱。

（五）模式可复制性分析

1. 选址要求

（1）自然环境：选择有地缘特色的自然环境，强调山水结合。

（2）人文环境：以当地建筑风貌、风俗人情和特色人文景观为主，具有国际影响力最佳。

（3）交通通达性：与周边中心城市距离最好不要超过 150 千米。

（4）内部环境：山地 + 峡谷 + 溪流，有一定的坡度，植被覆盖率较高。

（5）经济消费水平和习惯：收入较高，崇尚自然生活方式，有钱有闲，有周末和假日出游习惯。

注：以入住 2 天，人均消费 1 万元为例，需月收入 5 万元以上群体。

2. 土地开发政策

（1）用地性质：商业或旅游用地，最好能直接销售。

（2）规划要求：低容积率、高绿化率、低密度建筑。

（3）土地成本：根据各地差异，在总投资中占比较低，未来有上升趋势。

（4）开发要求：前期有招商需求，未来将限制开发。

3. 规划要求

（1）建筑规划：中西、本土和异域文化结合、亲近自然。

（2）景观规划：最低程度破坏原始景观和风貌。

（3）内部配套：主要以酒店配套为主，包括餐饮、会务、SPA，差异化开发越野赛道、马场等；交通停车相对集中，内部以酒店用车解决交通。

（4）市政配套：由于地处偏远，一般靠开发企业自行解决。

4. 投资收益分析

（1）建设成本：总体较低，以装修成本为主；外部配套具有很大的不确定性。

（2）运营成本：人员和营销成本较高，对地域性的人工、食材等有较高依赖性。

（3）收益分析：按当前价格计算，有非常高的盈利能力。

（4）未来预期：竞争可能加剧，售价和入住率有可能下降。

（六）投资风险评估

1. 当地政策分析

（1）政府招商：未来政策更倾向于保护，而不是开发，理念吸引力非常重要。

（2）土地政策：价格会上升，获得土地的渠道减少。

（3）产权和经营权：现有法律政策已有完善的保障。

2. 选址规划风险

（1）选址风险：主要依托景观、旅游和人文资源，以及经济和消费水平，具有较高的风险。

（2）规划风险：建筑、装修、设施设备和旅住方式的高度统一，具有较高的规划难度；外围配套对成本影响较大。

3. 经营风险敏感点

（1）销售渠道：主要利用特色理念塑造品牌；注重境内外特殊渠道推广，是文化经营和特色旅游服务的结合，具有一定的复制难度。

（2）酒店经营：软性服务和口碑传播非常重要。

4. 品牌及文化偏好风险

（1）崇尚自然：需要经营、开发、服务和理念的完整统一。

（2）中西、本土和异域的结合：需要内涵和外延的高度统一。

5. 经营管理风险

（1）竞争风险：未来同类型市场供应会增加，竞争必然加剧。

（2）替代性：此类度假产品的核心是自然环境＋特色酒店，旅游的内涵较深，但外延不够，可能遭遇其他旅游产品的冲击，导致吸引力下降。

（资料来源：成都日新意境规划设计运营集团. 浙江莫干山裸心谷度假村规划设计［EB/OL］.www.rixinlvye.com/Ztyj/shisi.html，2015-08-21/2025-06-03）

二、案例评析

莫干山裸心谷度假村作为中国高端生态度假旅游的代表项目，其旅游项目策划融合了自然、文化、可持续发展与奢华体验，形成了独特的品牌定位和运营模式。莫干山裸心谷度假村以其独特的设计理念、丰富的住宿与体验项目、高品质的服务以及精准的市场定位，成功打造了一个集生态、文化与奢华于一体的高端度假品牌。随着莫干山旅游市场的持续发展，裸心谷度假村将进一步拓展其品牌影响力，提升其在国际高端度假市场的竞争力。未来，度假村将加强与当地社区的合作，推动生态旅游与乡村振兴的融合发展。同时，度假村还将探索更多元化的经营方式，如引入数字科技、影视开发、研学教育等，打造综合性文旅IP。

三、案例借鉴

选择当地某一旅游目的地或景区，绘制旅游创意策划思维导图。

任务二　实施旅游项目策划

◇ **课前准备**

请每位同学自主收集并分析 2 个成功的旅游项目策划案例，重点分析案例概述、策划亮点、成功因素及启示或借鉴，将分析要点填写至表 7-8 中，并在课堂上进行分享讨论。

表 7-8　旅游项目策划案例分析

序号	案例名称	案例概述	策划亮点	成功因素	启示或借鉴

◇ **任务描述**

某旅游发展集团的项目总监（甲方）面对日益激烈的旅游市场竞争，深刻认识到优质旅游项目是提升旅游目的地吸引力、促进区域旅游经济发展的核心驱动力。为打造具有市场竞争力和独特体验价值的旅游项目，决定委托专业旅游策划机构（乙方）。乙方需要在全面调研旅游市场动态、政策环境以及项目所在地资源禀赋的基础上，结合游客消费升级趋势和个性化需求，从旅游项目的主题定位、功能规划、产品设计、运营管理到营销推广进行全流程策划。不仅要策划出契合当地文化特色、满足游客需求的旅游项目，还要制订详细的项目实施方案和可持续运营策略，确保项目能够顺利落地并实现长期盈利，提升旅游目的地的品牌影响力和市场美誉度。

◇ **任务分析**

你作为专业旅游策划机构的项目负责人（乙方），承接委托后，需要系统开展多维度工作。首先，要对旅游市场进行深度调研，包括分析目标游客群体的年龄结构、消费习惯、出行偏好，研究竞争对手的项目特色与营销策略，把握政策法规对旅游项目开发的支持与限制。同时，深入挖掘项目所在地的自然资源、人文历史、民俗风情等特色资源，提炼出具有独特吸引力的项目主题。在策划过程中，从项目的主题定位、功能分区规划、特色旅游产品设计，到运营模式选择、成本预算，再到营销渠道拓展、品牌推广策略制订，都需要进行精细化设计。要平衡好项目的创新性与可行性，确保项目既能满足游客需求，又能在现有资源和技术条件下顺利实施。

一、任务目标

（1）知识目标：掌握项目策划全流程（调研、定位、设计、运营）及可行性分析方法（SWOT、政策研究）。

（2）能力目标：能撰写项目策划书，涵盖功能布局（核心区+辅助区）、产品体系（基础+衍生产品）及营销计划。

（3）素养目标：强化项目管理与风险管控能力，注重生态保护与社区利益协调。

二、任务重点

项目定位方法（资源导向、市场需求）、功能分区规划（动静分离、交通动线）、线上线下营销活动设计。

三、任务难点

大型项目的利益相关方（政府、企业、社区）协调能力，以及长期运营中的业态创新（如智慧旅游技术应用）能力。

◇ 知识准备

一、旅游项目策划资料收集

（一）旅游市场资料收集

（1）消费者调研：通过线上问卷、线下访谈、焦点小组等方式，详细了解目标游客群体特征。涵盖年龄分布，如不同年龄段游客对旅游项目的偏好差异，年轻游客可能钟情冒险刺激项目，老年游客则倾向康养休闲；消费习惯，包括预算分配，在交通、住宿、餐饮、游玩项目上的花费倾向；出行偏好，是热衷跟团游的便捷，还是自助游的自由随性等。同时，分析游客旅游动机，是追求文化体验、休闲度假，还是寻求新奇探险，为项目定位提供依据。

（2）竞争对手分析：针对同类旅游项目，收集其主题定位，如以历史文化、自然风光、主题游乐为主题的不同项目定位差异；产品特色，像特色游乐设施、独特文化体验活动；价格策略，门票定价、套票组合价格等；营销渠道，是侧重线上社交媒体推广，还是依赖线下旅行社合作；市场口碑，从游客评价、网络评分了解其优势与不足。通过对比，找出自身项目差异化竞争方向，避免同质化竞争。

（二）政策法规资料收集

（1）行业政策：关注国家及地方出台的旅游产业发展政策，如文旅融合政策支持方向，对文化主题旅游项目的扶持措施；乡村旅游振兴政策，包括资金补贴、土地政策倾斜等，确保项目契合政策导向，争取政策红利。

（2）法规标准：研究土地使用法规，明确项目用地合法性与开发限制；安全法规，涵盖旅游设施安全标准、游客人身安全保障要求；环保法规，了解项目建设运营对生态环境的保护责任与规范，规避法律风险，保障项目顺利推进。

（三）项目地资源资料收集

（1）自然资源：对项目所在地的地形地貌，如山地、平原、峡谷、海滨等进行勘查，分析其可开发利用价值，山地可开发徒步、攀岩项目，海滨适宜水上运动。调查气候条件，考虑季节性旅游开发，如冬季滑雪、夏季避暑。统计生物资源，包括珍稀动植物分布，可设计生态科普旅游线路。评估水体景观，如河流、湖泊、瀑布，可开展漂流、垂钓、游船等项目。

（2）人文资源：深入挖掘历史文化遗迹，如古城、古寺、名人故居，通过修复、展示、文化演绎等方式融入旅游项目。整理民俗风情，像传统节庆、民间艺术、特色手工艺，设计参与体验活动。研究宗教文化，如寺庙、道观等宗教场所，开发宗教文化体验游，同时尊重宗教信仰与传统习俗。

（3）项目基地：分析项目基地的地理位置、交通条件及周边环境。地理位置决定了项目的可达性和市场覆盖范围，便捷的交通是吸引游客的重要因素。周边环境包括自然景观和人文景观，良好的生态环境和丰富的文化底蕴能提升项目的吸引力。同时，考虑项目基地的土地利用规划和建设限制，确保项目的合规性和可持续性。

二、旅游项目的 SWOT 分析

（一）优势（Strengths）

（1）资源独特性：若项目地拥有稀缺自然资源，如独特的喀斯特地貌、珍稀动植物，或是深厚的历史文化底蕴，像保存完好的千年古镇、独特的民俗文化，将成为项目的核心竞争力。独特资源能吸引特定游客群体，打造差异化旅游体验，形成难以复制的品牌优势。

（2）区位与交通优势：项目处于经济发达地区周边，或交通枢纽位置，便于游客抵达。靠近城市的短途旅游项目，能吸引大量周末游、短途游游客；交通便利可降低游客时间和经济成本，要提升项目吸引力和可达性。

（3）品牌与口碑基础：若项目依托已有知名景区、品牌或企业，可借助其影响力快速打开市场。前期良好的游客评价和市场口碑，能增强潜在游客信任感，通过口碑传播降低营销成本，吸引更多游客。

（二）劣势（Weaknesses）

（1）资源限制：部分项目地资源单一，如仅有单一自然景观，缺乏配套文化资源，难以满足游客多样化需求；或资源开发难度大，受地形、气候、资金等因素制约，导致开发成本高、周期长。

（2）基础设施薄弱：项目所在地交通、住宿、餐饮等基础设施不完善，道路状况差、住宿接待能力不足、餐饮选择少，会降低游客体验，影响项目吸引力和游客满意度，限制项目发展规模。

（3）专业人才短缺：旅游项目策划、运营、管理需要专业人才，若缺乏熟悉旅游市场、具备创新能力和管理经验的人才团队，可能导致项目定位不准、运营效率低、服务质量差，难以适应市场变化和竞争。

（三）机会（Opportunities）

（1）市场需求增长：随着人们生活水平提高，旅游消费需求持续增长，对个性化、体验式旅游项目需求旺盛。例如，研学旅游、康养旅游、乡村旅游等新业态兴起，为旅游项目开发提供广阔市场空间，可抓住趋势开发特色项目。

（2）政策支持：国家和地方政府出台一系列旅游产业扶持政策，如资金补贴、税收优惠、土地政策倾斜等。文旅融合、乡村振兴等政策推动，为旅游项目开发提供政策保障和发展机遇，可争取政策资源，降低开发成本。

（3）技术创新应用：互联网、大数据、人工智能、虚拟现实等技术发展，为旅游项目带来新机遇。利用线上平台进行精准营销，通过智能导览、虚拟体验提升游客体验，借助大数据分析优化项目运营管理，提高效率和竞争力。

（四）威胁（Threats）

（1）市场竞争激烈：旅游市场蓬勃发展，同类旅游项目不断涌现，竞争加剧。周边相似主题或类型的旅游项目，会分流客源，若项目缺乏特色和竞争力，可能面临游客减少、市场份额下降的风险。

（2）经济环境不稳定：全球或国内经济形势波动，影响居民消费能力和旅游意愿。经济衰退时，人们旅游预算缩减，高端旅游项目可能受冲击；汇率波动影响入境游和出境游市场，增加项目运营不确定性。

（3）环境与安全风险：自然灾害、公共卫生事件、社会安全问题等对旅游项目构成威胁。地震、洪水等自然灾害会破坏旅游设施和景观；疫情暴发会导致旅游需求骤降；社会治安问题影响游客安全感，损害项目形象和声誉。

三、旅游项目的定位方法

（一）旅游项目市场定位方法

（1）市场细分法：依据地理因素（如客源地、距离远近）、人口统计因素（年龄、性别、收入、职业）、心理因素（生活方式、个性、旅游动机）和行为因素（旅游频率、消费习惯、品牌忠诚度），将旅游市场划分为不同细分市场。例如，按照旅游动机细分，可分为文化体验型、休闲度假型、冒险探索型等，便于精准把握不同群体的需求。

（2）目标市场选择法：评估各细分市场的规模、增长潜力、竞争程度以及自身资源适配性。采用集中性营销策略，专注服务某一特定细分市场，如专注老年康养旅游市场；差异性营销策略，针对多个细分市场提供不同产品和服务；无差异营销策略，面向整个市场提供标准化产品和服务。

（3）市场定位图法：选取两个关键维度（如价格高低、品质优劣），将竞争对手和潜在项目定位在二维坐标图上，分析市场空白点和竞争态势，从而确定自身项目在市场中的独特位置，突出差异化优势。

（二）旅游项目发展定位方法

（1）资源导向定位法：深度挖掘项目所在地的自然资源（如山川、湖泊、森林）和人文资源（历史遗迹、民俗文化、传统技艺），以资源特色为核心确定发展方向。例如，依托当地独特的温泉资源，定位为温泉养生度假项目；凭借丰富的历史文化底蕴，打造历史文化主题旅游项目。

（2）市场需求定位法：通过市场调研，了解当前及未来旅游市场的需求趋势，结合自身能力，开发契合市场需求的项目。例如，针对亲子旅游需求增长，定位为亲子主题乐园；顺应研学旅游热潮，打造研学教育基地。

（3）竞争优势定位法：分析竞争对手的优势与劣势，找出自身独特的竞争优势，如独特的地理位置、先进的技术、优质的服务等，并以此为基础进行发展定位。例如，在周边景区以自然风光为主的情况下，定位为文化创意体验型项目，形成差异化竞争。

（4）政策导向定位法：关注国家和地方旅游产业政策、区域发展规划，将政策支持方向与自身资源相结合。例如，响应乡村振兴政策，将项目定位为乡村旅游综合体项目；或依据文旅融合政策，打造文化旅游融合示范项目，借助政策红利实现发展。

（三）旅游项目形象定位方法

（1）主题提炼法：围绕项目的核心特色和文化内涵，提炼出简洁、鲜明且具有吸引力的主题。例如，以"海上丝绸之路探秘"为主题定位海洋文化旅游项目，以"诗意田园，慢生活之旅"定位乡村休闲旅游项目，主题需要能引发目标游客的情感共鸣。

（2）品牌符号构建法：设计独特的品牌标志、标准色、宣传口号等视觉和语言符号。标志应简洁易记，体现项目特色；标准色传递项目氛围，如蓝色代表海洋主题项目的深邃；宣传口号朗朗上口，如"梦幻王国，欢乐无限"，强化项目形象认知。

（3）故事化塑造法：为旅游项目赋予故事和文化内涵，通过讲述项目背后的历史故事、传说、人物事迹等，增强项目的吸引力和感染力。例如，将古老的民间传说融入景区景点，让游客在游览过程中感受文化魅力，提升项目的形象层次。

（4）体验设计法：围绕定位的形象，设计全方位的游客体验。从景观营造、服务流程到互动活动，都要与形象保持一致。例如，定位为高端奢华度假的项目，在建筑风格、服务细节、配套设施上都要体现奢华品质，给游客带来沉浸式的高端体验，强化项目形象。

四、旅游项目的规划设计

（一）旅游项目的功能布局规划

（1）功能分区的依据与原则：功能分区需要紧密围绕项目定位、游客需求和场地条件展开。以项目定位为导向，文化主题项目将文化展示与体验置于核心，度假项目则侧重住宿与休闲；依据游客需求设置配套区域，如亲子项目应配备儿童游乐与休息区；结合场地地形、面积等条件，合理规划各区域规模与位置，遵循集中与分散结合、动静分区等原则，确保功能高效实现。

（2）核心功能区规划要点：不同类型项目核心功能区差异显著。文化主题项目的文化展示与体验区，需要根据文化内容规划展厅、演艺舞台、互动体验空间等，如博物馆式陈列、沉浸式实景演出场地；休闲度假项目的住宿与休闲娱乐区，需要结合目标客群设计房型，搭配泳池、SPA馆等娱乐设施，注重空间私密性与舒适性营造。

（3）辅助功能区规划细则：交通集散区需综合考虑游客流量，合理规划停车场规模、出入口数量与方向，游客中心应集咨询、票务、休息等功能于一体；餐饮购物区依据游客消费层次布局高、中、低档餐厅与特色商品店，注重餐饮与购物空间的联动设计；后勤服务区要保障运营效率，合理规划物资运输路线与设备维护场地，与游客活动区域保持适当隔离。

（4）动线设计的优化策略：游客动线设计关乎游览体验。步行动线需结合景观节点设计，设置景观步道、休憩座椅，营造舒适游览氛围；电瓶车、小火车等交通动线要科学规划站点，与核心景点和功能区紧密衔接；同时，设计清晰的标识系统，能引导游客顺畅通行，避免拥堵与路线重复。

（二）旅游项目的产品体系规划

（1）基础产品的品质保障：基础产品是项目运营根基。门票设计需要兼顾便捷性与防伪性，采用电子票务系统提升效率；基础交通服务如观光车、游船，要确保安全性与舒适性，定期维护设备；基础餐饮住宿需满足卫生、舒适等基本要求，建立服务标准与质量监管机制，保障游客基础需求。

（2）核心产品的特色打造：核心产品体现项目竞争力。文化类项目可挖掘"非遗"技艺，开设手工制作工坊、技艺传承课堂；生态旅游项目利用自然资源开发探险线路、生态科普课程；通过深度资源挖掘与创新设计，打造独特体验，形成市场差异化优势。

（3）衍生产品的多元开发：衍生产品拓展产业链。文创产品可将项目文化元素融入日常用品，如文具、饰品；旅游套餐整合住宿、餐饮、活动，推出优惠组合；数字产品利用VR、AR技术开发虚拟游览、线上导览，满足游客多样化需求，提升项目附加值。

（三）旅游项目的重点活动设计

（1）主题契合型活动策划：紧扣项目主题设计活动能强化氛围。文化项目可举办传统节庆，如还原古代祭祀仪式、民俗婚礼；度假项目结合浪漫主题打造烛光晚宴、星空音乐会，通过活动场景布置、互动环节设计，让游客深度感受项目主题文化。

（2）季节性活动创新：不同季节设计特色活动可保持吸引力。春季举办花卉展览、户外写生活动；夏季开展水上狂欢节、夜场演艺；秋季组织丰收市集、红叶摄影大赛；冬季打造冰雪乐园、温泉养生季，利用季节特色资源，为游客带来新鲜体验。

（3）互动体验式活动设计：互动体验活动提升游客参与感。设置手工制作工坊，如陶艺、烘焙体验；开展亲子游戏，如寻宝探险、亲子运动会；举办竞技赛事，如骑行挑战赛、登山擂台赛，通过活动设计增强游客与项目的互动，提升满意度与口碑。

（四）旅游项目的旅游线路设计

（1）游客群体导向的线路规划：针对不同游客设计专属线路。一日游线路聚焦核心景点，采用"快进快出"模式，合理安排游览时间；多日游线路注重节奏把控，结合不同主题规划每日行程，融入休息、娱乐环节，满足家庭、背包客等不同群体需求。

（2）线路顺序优化方法：遵循游览规律优化线路顺序。从入口附近景点开始，逐步向深处推进，避免游客长距离折返；按照景点难度与特色，先安排轻松游览项目，再过渡到深度体验项目；交替安排自然与人文景观，保持游客游览兴趣。

（3）特色元素融入策略：在线路中融入特色元素增强吸引力。设置网红打卡点，结合景观特色设计拍照场景；安排特色餐饮节点，推广地方美食；引入文化体验项目，如民俗表演、"非遗"体验；利用智能导览技术，提供个性化线路推荐与语音讲解，提升线路独特性与趣味性。

五、旅游项目的运营管理

（一）组织架构与人员管理

（1）合理搭建组织架构：根据旅游项目的规模、类型和业务需求，搭建高效的组织架构。大型综合性旅游项目可采用事业部制，设立运营部、营销部、财务部、后勤部、人力资源部等多个部门，各部门职责明确，分别负责项目日常运营、市场推广、财务管理、后勤保障和人员管理等工作；小型特色旅游项目则可采用扁平化组织架构，减少管理层级，提高决策效率，实现人员的灵活调配与协作。

（2）人员招聘与培训：制订科学的人员招聘计划，根据不同岗位需求选拔合适人才。对于一线服务岗位，如导游、客服，注重人员的沟通能力、服务意识和应变能力；技术岗位，如设备维护人员，要求具备专业技能和相关工作经验。招聘完成后，开展系统的培训工作，包括入职培训，让新员工了解项目文化、规章制度和工作流程；岗位技能培训，提升员工业务水平；服务意识培训，强化以游客为中心的服务理念，打造专业高效的运营团队。

（3）绩效考核与激励机制：建立完善的绩效考核体系，对员工工作表现进行量化评估。从工作业绩、工作态度、团队协作等多个维度设定考核指标，定期进行考核评分。根据考核结果实施激励措施，对表现优秀的员工给予奖金、晋升机会、荣誉表彰等奖励，激发员工工作积极性；对考核不达标员工进行帮扶或调整岗位，确保团队整体效能。

（二）服务质量管理

（1）制订服务标准：结合行业规范和项目特色，制订全面细致的服务标准。涵盖游客接待、游览讲解、餐饮住宿、购物服务等各个环节，明确服务流程、服务态度、服务质量要求。例如，规定导游讲解需要生动准确，讲解时长和频率符合标准；餐厅服务要做到上菜速度快、菜品质量稳定、环境卫生达标等。

（2）服务质量监督与改进：建立多维度的服务质量监督机制，通过游客反馈、内部检查、第三方评估等方式，及时发现服务问题。设立游客意见箱、在线评价平台，鼓励游客对服务进行评价和建议；定期开展内部服务质量检查，对各岗位服务情况进行评分；引入专业第三方机构进行评估，获取客观反馈。针对发现的问题，及时制订改进措施，优化服务流程，提升服务质量。

（3）客户关系管理：注重客户关系维护，建立游客信息数据库，记录游客基本信息、消费习惯、历史评价等数据。通过数据分析，了解游客需求和偏好，实现精准营销和个性化服务。在重要节日、游客生日等时间节点，发送祝福信息和专属优惠；对投诉游客进行及时回访和补偿，妥善处理纠纷，提高游客满意度和忠诚度。

（三）财务管理

（1）预算编制与成本控制：科学编制项目运营预算，包括收入预算、成本预算和费用预算。对各项收入来源进行合理预测，如门票收入、餐饮收入、购物收入等；详细核算运营成本，涵盖人力成本、物资采购成本、设备维护成本等；规划管理费用、营销费用等支出。在运营过程中，严格控制成本，建立成本审批制度，对各项支出进行审核和监控，避免不必要的开支，提高资金使用效率。

（2）收入管理与财务分析：加强收入管理，规范票务、餐饮、购物等收入环节的管理流程，确保收入准确入账。定期进行财务分析，通过《财务报表》分析项目的盈利能力、偿债能力和运营能力。分析收入结构、成本构成和利润变化趋势，发现财务问题并及时调整经营策略，为项目运营决策提供数据支持。

（3）风险管理：识别旅游项目运营过程中的财务风险，如市场波动导致的收入下降、成本上升风险，资金周转不畅风险等。制订风险应对措施，建立风险储备金，优化资金配置，降低财务风险对项目运营的影响。同时，关注政策法规变化对项目财务的影响，及时调整财务策略，确保项目财务安全。

（四）安全与应急管理

（1）安全制度建设：建立健全安全管理制度，涵盖设施设备安全、食品安全、消防安全、游客人身安全等各个方面。制订设备定期检查和维护制度，确保游乐设施、消防设备等正常运行；建立食品安全监管制度，从食材采购、加工到销售进行全程监控；制订游客安全管理规定，引导游客遵守景区安全要求。

（2）安全培训与演练：定期组织员工进行安全培训，提高员工安全意识和应急处理能力。培训内容包括安全知识讲解、安全操作规范培训、应急预案学习等。定期开展应急演练，模拟火灾、游客突发疾病、自然灾害等场景，检验和完善应急预案，确保在紧急情况下能够迅速、有效地进行应对，保障游客和员工生命财产安全。

（3）应急预案制订与执行：制订完善的应急预案，明确应急组织机构和职责分工，规定应急响应流程和处置措施。应急预案需涵盖各类突发事件，如自然灾害（地震、洪水、台风等）、公共卫生事件（传染病疫情、食物中毒等）、安全事故（游乐设施故障、火灾等）。在突发事件发生时，严格按照应急预案执行，及时启动应急响应，组织救援和疏散工作，减少事件造成的损失和影响，并做好事后恢复和总结工作。

六、旅游项目的营销推广

（一）品牌营销

（1）品牌定位与核心价值提炼：基于旅游项目的资源特色、市场定位和目标客群，精准提炼品牌核心价值。例如，主打文化体验的项目，可将"沉浸式文化传承之旅"作为核心价值；生态旅游项目则围绕"亲近自然，回归本真"塑造品牌。明确品牌定位，确定项目在市场中区别于竞争对手的独特形象，为后续营销推广奠定基础。

（2）品牌视觉体系构建：设计统一且具辨识度的品牌视觉标识，包括标志、标准字、标准色和辅助图形。标志需要简洁直观地传达项目特色，如以古文物造型体现文化项目，用青山绿水图案代表生态项目；标准色选择要契合品牌调性，蓝色传递海洋项目的深邃，绿色凸显生态项目的活力；将视觉元素应用于门票、宣传物料、建筑装饰等，强化品牌形象记忆。

（3）品牌故事传播：挖掘项目背后的历史渊源、文化内涵或开发故事，通过文字、图片、视频等形式传播。例如，讲述文化项目中古迹的历史典故，生态项目开发者守护自然的初心故事。利用社交媒体、官网、宣传册等渠道，将品牌故事融入营销内容，引发游客情感共鸣，提升品牌认同感。

（二）线上营销

（1）社交媒体营销：在微信、微博、抖音、小红书等平台开设官方账号，制订内容发布计划。定期分享项目特色景观、精彩活动、游客体验等内容，如抖音发布有震撼力的项目内容短视频，小红书分享游客打卡攻略。运用话题营销、互动活动（如抽奖、问答）提高粉丝参与度，借助网红、旅游达人的影响力进行推广，扩大品牌传播范围。

（2）在线旅游平台合作：与携程、美团、飞猪等在线旅游平台建立合作关系，优化产品展示页面。上传高清图片、详细介绍项目特色服务与活动，提供限时优惠、套餐组合等促销产品。利用平台数据分析游客需求，调整营销策略，同时及时回复游客评价，维护良好口碑，提高平台排名和曝光率。

（3）搜索引擎营销：通过搜索引擎优化（SEO）和搜索引擎广告（SEM）提升项目在搜索结果中的排名。优化官网关键词，如根据项目类型设置"××文化主题乐园""××生态度假村"等，撰写优质原创内容吸引搜索引擎收录。在百度推广、360推广等网站投放广告，设置精准关键词匹配，吸引潜在游客点击访问官网或在线预订平台。

(三) 线下营销

(1) 旅游展会与推介会：参加国内外知名旅游展会，如中国国际旅游交易会、世界旅游博览会，搭建特色展位展示项目亮点。准备精美的宣传资料、宣传视频，安排专业人员讲解，与旅行社、旅游机构、潜在客户建立联系。定期在目标客源地举办项目推介会，邀请当地旅游从业者、媒体、企业代表参加，现场进行项目展示和优惠促销活动。

(2) 旅行社合作：与各大旅行社签订合作协议，设计适合旅行社销售的旅游产品和线路。为旅行社提供有竞争力的佣金政策，定期组织旅行社工作人员考察项目，让其深入了解项目特色和服务。与旅行社联合推广，推出"旅行社专属优惠""团队旅游套餐"等，借助旅行社的销售渠道拓展客源。

(3) 异业合作：与酒店、餐厅、商场、交通企业等开展异业合作。例如，与酒店推出"住宿+旅游项目门票"套餐；和餐厅合作在店内摆放项目宣传资料，提供消费满额赠送门票优惠券活动；与交通企业合作，在车票、机票上印制项目广告，实现资源共享、互利共赢。

(四) 活动营销

(1) 主题活动策划：结合项目特色和季节、节日特点，策划主题活动。例如，春季举办"花海艺术节"，夏季开展"水上狂欢节"，秋季举办"红叶艺术节"冬季推出"冰雪嘉年华"；在春节、国庆等节日策划民俗表演、主题晚会等活动。通过主题活动吸引游客关注，增加项目曝光度，同时延长游客停留时间，提高二次消费。

(2) 事件营销：利用热点事件、社会话题策划营销活动。例如，当热门影视剧在当地取景时，推出"影视同款打卡游"；举办具有影响力的赛事、论坛、发布会等活动，邀请媒体报道，制造新闻热点，提升项目知名度和美誉度。

(3) 会员与忠诚度计划：建立会员体系，设置不同等级会员权益，如积分兑换门票、优先参与活动、专属折扣等。推出忠诚度计划，对多次消费的游客给予额外奖励，如赠送纪念品、免费体验项目等。通过会员和忠诚度计划，提高游客复购率，培养忠实客户群体。

◇ **任务实施**

一、收集旅游项目策划资料

学生选择某一旅游目的地或景区，全面收集与该旅游目的地或景区旅游项目策划相关的各类资料，为旅游项目策划提供翔实、可靠的资料基础。请将资料填入表7-9中。

表 7-9　旅游项目策划资料收集

序号	资料类别	具体内容

二、分析旅游项目市场需求

通过对选定旅游景区旅游项目客源市场的深入分析，明确旅游项目的主题定位、市场需求及竞争态势。请将分析内容填入表7-10中。

表 7-10　旅游项目市场需求分析

序号	需求分析点	具体分析内容

三、策划旅游项目创意方案

基于旅游项目客源市场需求的分析结果，学生为选定景区设计一个具有吸引力与市场价值的旅游项目创意方案。请将策划内容填入表7-11中。

表 7-11　旅游项目策划创意

序号	策划创意点	具体策略及措施

四、编制旅游项目策划方案

根据收集的旅游项目策划资料与数据，结合市场需求分析及创意策划，依据实际情况，拟定旅游项目策划方案的组成要素、核心观点及策划思路。请将方案填入表 7-12 中。

表 7-12　旅游项目策划方案

序号	组成要素	核心观点及策划思路

◇任务小结

请学生将自评结果填入表 7-13 中。

表 7-13　学生自评

学生姓名	
学习内容概述	
收获与经验	
存在的问题	
改进措施	
学生自评（0～100分）	

说明：学生自评得分计入表 7-14 中。

◇ 任务小结

以个人为单位进行评价，具体评价指标见表 7-14。

表 7-14　任务评价

评价维度	评价指标	评价标准	学生互评	教师评价	学生自评
职业技能（60分）	完成情况（20分）	是否按时完成了任务的所有要求			
	分析深度（20分）	对内容的分析是否深入			
	创新创意（10分）	是否提出了有创意的内容或解决方案			
	解决问题（10分）	是否解决了实际问题且具有可行性和操作性			
职业素养（40分）	学习态度（10分）	主动参与讨论研究，展示学习兴趣和理解			
	时间管理（10分）	按时完成工作，没有拖延和临时赶工			
	团队协作（10分）	有效沟通协作，积极参与任务分配与执行			
	总结反思（10分）	自我总结不足和优缺点，并提出改进建议			
总计					
总分					

说明：学生自评20%，学生互评30%，教师评价50%。总分90分及以上为优秀；80~89分为良好；70~79分为中等；60~69分为及格；60分以下为不及格。

◇ 拓展任务

研学基地旅游项目市场调研

一、调研目的

以深化教育与旅游融合、推动研学旅游高质量发展为目标，将研学基地建设与素质教育需求、地方文化资源挖掘相结合，调研当前研学基地旅游项目的建设运营现状、课程开发水平及市场接受程度。分析如何通过优化项目设计、创新课程体系，满足不同学段学生的学习与体验需求，促进教育资源与旅游资源的深度整合，提升研学基地的教育功能与市场竞争力,助力培养学生综合素质,同时推动地方文旅产业发展。

二、核心调研内容

(1)市场需求:不同学段(小学、初中、高中)学生及学校、家长对研学基地旅游项目的主题偏好(如自然科学、历史文化、红色教育、工业科技等),期望的研学时长、课程形式(实践操作、实地考察、专家讲座等)、安全保障措施;学生参与研学旅游的动机(知识获取、实践体验、团队协作等),以及家长和学校对研学项目的预算范围、质量要求。

(2)供给状况:现有研学基地旅游项目的分布区域、主题类型、课程体系特色;基地的硬件设施(住宿、餐饮、教学场地、活动场所等)配备情况;运营管理模式(自主运营、校企合作、政府主导等);师资力量(专业教师、导游、行业专家等)配备水平;项目的品牌知名度与市场口碑。

(3)发展瓶颈:研学基地旅游项目开发与运营中面临的问题,如课程内容与学校教育衔接不足、教育性与趣味性难以平衡、同质化竞争严重、基础设施建设滞后、专业人才短缺、资金投入不足、安全管理压力大等。

(4)竞争态势:主要竞争对手的研学基地旅游项目的核心优势、市场份额、定价策略、营销渠道;其在课程创新、服务质量、品牌推广等方面的特色举措;潜在竞争对手的进入威胁,如新兴研学机构、教育培训机构转型开展研学业务等情况。

三、执行方向

(1)实地考察:对已运营的研学基地进行实地走访,观察基地的硬件设施、课程开展情况、学生参与度;调研热门旅游景区、文化场馆等兼营研学业务的场所,了解其研学项目的组织形式与运营效果;走访学校周边的研学机构,掌握其业务模式与市场定位。

(2)深度访谈:与研学基地运营管理者、课程研发人员进行访谈,了解项目规划、运营难点、发展需求;与学校负责人、教师交流,获取学校对研学项目的期望与建议；与家长代表沟通，了解家长对研学旅游的关注点与顾虑。

（3）问卷调查：针对学生群体，设计线上线下调查问卷，收集他们对研学主题、活动形式的喜好；面向家长发放问卷，了解其对研学项目安全性、教育性、性价比的评价标准；向教育主管部门、旅游管理部门发放问卷，掌握政策导向与行业规范要求。

（4）数据分析：收集分析在线旅游平台、教育类网站上的研学项目销售数据、用户评价数据；研究行业报告、统计年鉴等资料，获取研学旅游市场规模、增长趋势、区域分布等宏观数据，为调研结论提供数据支撑。

任务三　项目实训与总结

◇实训工单

一、项目名称

本项目名称：研学基地旅游项目策划。

二、实训任务

任课教师将选取具有教育资源的景区或乡村振兴示范点（优先采用真实研学基地案例），学生分组组建项目策划团队（乙方）。各小组需要通过实地考察与用户访谈，分析基础教育阶段学生、学校及家长对研学旅游的核心需求（如安全性、课程融合度、互动体验等），梳理基地的自然/人文资源禀赋，精准定位研学项目主题与目标市场。通过团队研讨、头脑风暴等形式，构思创新型研学项目策划方案，内容涵盖课程体系设计、活动规划、基础设施建设、运营管理模式、营销推广策略及财务预算等方面，并制订详细执行计划。最终提交一份兼具创新性、教育性和实操性的研学基地旅游项目策划方案，并完成方案汇报展示与评估。

三、实训目标

（1）培养学生综合运用市场调研、资源评估、产品设计等专业能力，形成完整的研学旅游项目策划思维框架。

（2）强化创新意识与落地转化能力，通过文化资源活化、教育要素植入、科技手段融合等方式构建特色研学产品体系。

（3）提升项目管理全流程把控水平，包括需求诊断、方案编制、预算控制、风险评估及成果可视化表达等核心环节。

四、实训内容

（一）市场调研与分析

（1）收集研学旅游市场数据，分析不同学段学生对研学主题（自然科学、历史文化、红色教育等）、课程形式（实践操作、实地考察等）、时长安排的偏好，以及学校、家长对研学项目安全性、教育性、价格的要求。

（2）实地走访现有研学基地、景区研学项目及相关教育培训机构，调研其课程特色、运营模式、市场口碑，分析竞品优劣势，寻找差异化竞争机会。

（二）项目规划与设计

（1）结合地方特色资源，设计主题鲜明的研学课程体系，如依托当地历史遗迹开发历史文化研学课程，利用自然保护区设计生态科普课程，融入实践操作、专家讲座、互动游戏等多元教学形式。

（2）规划研学活动流程，设计开营仪式、课程教学、成果展示等环节，注重学生体验感与参与度；同时规划基地基础设施建设，包括教学场地、住宿餐饮、安全设施等。

（三）运营与营销策划

（1）制订《研学基地旅游项目策划方案》，明确运营管理模式（自主运营、校企合作等）、人员配置、财务预算、质量管控标准等内容。

（2）策划营销推广策略，确定目标市场与品牌定位，制订线上（社交媒体、教育平台）线下（学校合作、旅游展会）相结合的推广计划，设计招生宣传物料与优惠活动方案。

请将小组成员的任务分工填入表 7-15 中。

表 7-15　小组成员任务分工

组别	成员姓名	具体负责完成的工作及主要内容

五、实训要求

（一）项目流程规范

各小组需严格按照"市场调研—需求分析—创意策划—方案编制—成果汇报"五阶段推进工作，每阶段需提交过程性文档，并留存不少于 10 张反映工作场景的实景照片。要求采用甘特图工具绘制项目进度表，明确各环节时间节点及质量验收标准。

（二）成果质量要求

（1）最终成果材料（见表 7-16）包含：① 5000 字以上策划方案；② 8 分钟路演视频。

表 7-16　项目实训成果要求

序号	成果名称	具体内容
1	5000 字以上策划方案	提交完整的旅游策划方案，包括封面、目录、背景分析、旅游资源与条件分析、市场分析、定位分析、创意内容策划、保障与实施、附件等，要求内容完整、排版规范、图文并茂，创新可行
2	8 分钟路演视频	以团队为单位，进行策划方案的展示汇报，展示汇报内容包括团队协作分工及主要完成内容和总体贡献度、旅游项目策划方案的主要内容和创意展示

（2）策划方案排版标准规范，需设置三级标题并自动生成目录，商业数据必须注明来源并附原始调研问卷。

（3）路演环节采用"5+3"模式（5分钟陈述+3分钟问答），要求使用智慧教室或虚拟直播间采集录像视频。

六、实训评价

以小组为单位进行评价，具体评价指标见表7-17。

表7-17 项目实训评价

评价维度	评价指标	评价内容	评分标准	得分
职业技能（60分）	项目调研深度（20分）	调研的全面性与准确性	项目是否涵盖了目标市场的需求分析，竞争情况及潜在趋势，调研数据是否充分且可靠	
		数据分析方法	是否使用了有效的数据分析方法，如问卷调查、深度访谈、二次数据分析等	
		市场需求与竞争分析	能否通过调研分析目标市场的真实需求和竞争环境，明确竞争对手优势与劣势	
		数据支持与结论	调研数据是否直接支持方案中的结论，是否能清晰描绘目标市场需求与竞争现状	
	策划创意呈现（20分）	创意的独特性与创新性	提出的策划创意是否具有创新性，是否与现有市场做出差异化，有没有打破传统或提出新颖的视角	
		与目标市场的契合度	创意是否能有效吸引并满足目标游客群体的需求，是否能够通过创新解决实际问题	
		创意的实际可行性	提出的创意是否考虑到实际操作的可行性，能否在现实中落地执行	
		视觉表现与展示效果	创意是否通过图文并茂的方式清晰传达，展示是否具有吸引力，视觉效果是否清晰明了	
	方案整体质量（20分）	内容的全面性与完整性	方案是否涵盖了封面、目录、背景分析、现状分析、定位分析、内容策划、预算与实施等所有重要内容	
		方案的实用性与可操作性	策划方案是否具有具体明确的实质内容，并且能够在实际环境中执行，有无明确的时间表和执行标准	

续表

评价维度	评价指标	评价内容	评分标准	得分
职业技能（60分）	方案整体质量（20分）	整体质量与专业性	整个项目的方案是否具有较高的专业性，细节是否处理得当，内容是否充分，排版是否规范	
		可行性与影响力	方案是否具有可行性，并能够产生良好的市场效果和社会影响力	
职业素养（40分）	项目汇报效果（20分）	团队成员协作互动	在PPT展示中是否有明确的团队分工说明，团队成员是否能够协调统一地表达方案并有效回答问题	
		内容结构与清晰度	内容是否条理清晰，是否能够有效传达方案的要点、创新点和独特的创意	
		汇报逻辑性与流畅性	团队在汇报时是否具有良好的逻辑结构，演讲是否流畅、自然	
		PPT视觉效果与设计	PPT的设计是否简洁明了，图文搭配合理，视觉效果良好	
	团队合作情况（20分）	团队分工的合理性	团队成员是否能够根据各自优势合理分配任务，分工是否明确	
		团队协作的效果	团队成员之间的合作是否高效，是否能够在整个策划过程中保持沟通，协作是否顺畅	
		协作中的问题解决能力	在团队合作过程中，是否能够有效解决出现的问题，确保项目进度和质量	
		团队整体表现	团队合作是否融洽，是否能够共同推动项目进展，汇报中是否体现出整体协作精神	
总分				

说明：总分90分及以上为优秀；80~89分为良好；70~79分为中等；60~69分为及格；60分以下为不及格。

◇项目总结

以个人为单位，根据本项目学习内容和实训，填写并完成项目总结报告（见表7-18）。

表 7-18　项目总结报告

项目名称					
学生姓名		小组成员			
本人角色		完成的主要工作			
实训时间		校内指导教师		企业指导教师	
项目总结					
学习反思					
改进方向					

◇ 知识测评

一、名词解释

1. 旅游项目
2. 自然资源型项目
3. 智慧旅游项目

二、单选题

1. 旅游项目策划的核心流程第一步是（　　　）。

　　A. 主题定位　　　　　　　　B. 市场调研

　　C. 产品设计　　　　　　　　D. 营销推广

2. "上海迪士尼乐园"属于（　　　）。

　　A. 文化体验类项目　　　　　B. 主题游乐类项目

　　C. 生态旅游类项目　　　　　D. 商务会展类项目

3. 旅游项目策划的"可持续发展原则"要求（　　　）。

　　A. 优先开发自然资源

　　B. 平衡经济、生态与文化效益

　　C. 短期经济效益最大化

　　D. 忽视社区参与

三、多选题

1. 旅游项目按资源类型分类包括（　　　）。

　　A. 自然资源型（如九寨沟）

　　B. 人文资源型（如平遥古城）

　　C. 科技资源型

　　D. 混合资源型

2. 旅游项目的功能分区包括（　　　）。

　　A. 核心功能区（如文化体验区）

B. 辅助功能区（如交通集散区）

C. 后勤服务区（如物资储备区）

D. 无关区域

3. 旅游项目策划的特点包括（　　）。

A. 创新性（如沉浸式体验）

B. 综合性（多要素整合）

C. 时效性（如季节性活动）

D. 单一性（仅关注景点开发）

四、判断题

1. 旅游项目策划只需要关注游客体验，不需要考虑社区利益。（　　）

2. 新建旅游项目策划不需要可行性分析，直接开发即可。（　　）

3. 文旅融合项目需要避免商业化，仅展示文化原貌。（　　）

五、简答题

1. 简述旅游项目策划的意义。

2. 旅游项目策划的原则有哪些？

3. 按旅游业态分类，旅游项目可分为哪些类型？举例说明。